一读就上瘾的明朝史

第一卷

顾道惊城 著

台海出版社

图书在版编目（CIP）数据

一读就上瘾的明朝史. 第一卷 / 顾道惊城著. --北京：台海出版社，2021.5
ISBN 978-7-5168-2956-1

Ⅰ. ①—… Ⅱ. ①顾… Ⅲ. ①中国历史—明代—通俗读物 Ⅳ. ①K248.09

中国版本图书馆CIP数据核字（2021）第062649号

一读就上瘾的明朝史.第一卷

著　　者：顾道惊城

出 版 人：蔡　旭　　　　　　　　　　封面设计：今亮后声
责任编辑：王　萍

出版发行：台海出版社
地　　址：北京市东城区景山东街20号　　　邮政编码：　100009
电　　话：010-64041652（发行、邮购）
传　　真：010-84045799（总编室）
网　　址：http://www.taimeng.org.cn/thcbs/default.htm
E - mail：thcbs@126.com

经　　销：全国各地新华书店
印　　刷：天津旭非印刷有限公司
本书如有破损、缺页、装订错误，请与本社联系调换

开　　本：710毫米×1000毫米　　　1/16
字　　数：283千字　　　　　　　　印　　张：20
版　　次：2021年5月第1版　　　　印　　次：2021年5月第1次印刷
书　　号：ISBN 978-7-5168-2956-1

定　　价：59.80 元

时代铸就了朱元璋，让他带着仇恨成就了
一番大业； 时代也毁掉了朱元璋，让他用极
其残酷的手段去做一件不可能完成的事。

什么是历史？应该怎样看待和学习历史？我认为应该从以下三个层面出发。

第一，历史不仅是学科，更是当代史。

现代中国四大史学家之一的吕思勉先生在其著作《白话本国史》中，将南宋和议成功的功绩归于秦桧，并含糊其辞地传达了自己的一个观点：岳飞是军阀！

一时间舆论哗然，民众纷纷对其破口大骂："无耻之尤，居然敢侮辱岳王爷！"民国南京市长石瑛签发训令，明确表示"岳飞忠、秦桧奸"，同时下令销毁吕思勉的著作，更有人将吕思勉告上法庭，说他犯了"外患罪"，贬低岳飞就是贬低我中华民族。

吕思勉为什么说岳飞是军阀呢？他不过是在指桑骂槐，借着大骂南宋军阀岳飞的由头，暗责民国时期的遍地军阀。

如果历史仅是一门学科，吕思勉完全有资格发表自己的言论。在此次事件中，无论民众还是吕思勉，都只是把历史当作了手中的工具，而没有尊重历史的本貌。

第二，解读历史的最佳角度之一，应该是立场角度。

很多人问过我：为什么你在分析历史人物的时候，始终紧扣立场来论述呢？难道世界上就不会出现无视立场的圣人吗？哪怕是小概率事件？

对于这个问题，我的回答是：这世界上绝不会出现立场中立的圣人。如果你认为某人是立场中立的圣人，只因为你没看懂他的立场，或者说，你根本没搞清楚什么是"立场"。

第三，永远不能用非黑即白的眼光来看待历史人物和历史事件。

当我们痛斥大汉奸汪精卫祸国殃民的时候，千万不能忘记，他年轻的时候也曾抛头颅洒热血，只为推翻腐朽的清王朝；当我们热情讴歌史可法是民族英雄的时候，千万不能忘记，他也曾喊出过"连虏灭寇"的口号，把阶级矛盾置于民族矛盾之上。

是人都有优缺点，是人都有正反面，我们不能因为正面而否定反面，也不能因为反面而鄙夷正面，如何用一种更为客观甚至超然的眼光看待历史人物和历史事件，是对读史者心性和胸怀的最大考验。

以上，是我对于解读历史的一些看法，在此，要感谢我的老师泪痕春雨先生，在史料查询和脉络梳理方面，他给了我很大的支持与鼓励。

顾道惊城

2021年1月10日

目 录
Contents

01　论底层浮萍的自我修养

元文宗天历元年九月十八（1328年10月21日），濠州钟离（今安徽凤阳）太平乡孤庄村的农民朱五四家出生了一个男孩。

这本该是件喜事，但朱五四的心情却非常复杂。在这个男孩降生之前，他已经有三个儿子和两个女儿，在这个并不缺少延续香火的人的家庭，陆续添丁进口，倒是会给朱五四增加额外的负担，毕竟他不是财主，养不起这么些人。但孩子已经生下来了，不可能再塞回去，更不可能找个荒郊野岭扔掉，毕竟，那太缺德。

于是乎，在一个"表面欢喜、内心忧虑"的氛围中，这个男孩正式成了老朱家的一分子，他爹给他取了一个很有意思的名字——朱重八。

"重八"的意思就是"两个八"，换成比较有趣的说法就是"八八"，朱五四之所以会给儿子取这样一个名字，主要是为了方便排列记忆。因为朱五四的前三个儿子分别是朱重五、朱重六和朱重七，也就是"朱五五""朱六六"和"朱七七"。这样排下来，老四叫"朱八八"其实也很正常。

朱五四之所以会给孩子们取这样奇葩的名字，除了自身文化水平低，还在于那个时代对汉人太不友好。据说元朝统治者把被统治的人民分为四等：第一等是蒙古人，第二等是色目人（中西亚人，包括原西夏人和畏兀儿人等），第三等是汉人（原金统治区的汉族和契丹、女真族等），第四等是南人（原南宋统治区的汉族和其他各族）。

而朱五四就是不折不扣的南人，即元朝统治秩序中最低等的存在。这个等级的人如果不是秀才或官员，就不允许拥有正式的名字，只能像流水线上的产品一样被编号。

关于朱重八的童年生活，史书记载不多。我们只能含糊其词地说，他小时候应该是个放牛娃。这一点和他爹一样，或者说和当时大多数农民的成长历程一样：年幼时给地主放牛，成年后娶个出身差不多的农民媳妇，生下儿子接自己的班，然后继续给地主放牛，自己的工作则改为给地主种地，这样直到死去。

对于习惯坐在各种高档场所里谈天说地的精英们而言，这种生活未免太过艰辛；可对于那个时代的底层农民而言，这份工作虽然艰辛，却依然是求之不得的，因为只要地主老爷不出事，佃农一家的生活就能维持下去。

可随着时间的推移，朱五四想要维持这份"辛苦却稳定"的工作却变得越来越困难，因为接连不断的自然灾害，正频繁地肆虐着整个中原大地。

史学家邓云特（邓拓）先生曾在《中国救荒史》中大致统计过元朝时期发生的自然灾害次数，最终得出的数字为五百一十三次。但后来有学者发现邓先生给出的数字并不准确，因为在元朝统治中原的九十八年里，仅江西一省所爆发的灾害次数就超过了这一数字。最终学者们得出的结论是："可知元代之灾况，较其前之任何朝代，皆严重多矣。"

尽管我们不知道整个元朝爆发自然灾害的具体次数及分布时间，但有一点我们可以肯定：越到元朝末年，自然灾害所造成的影响就越大。

在王朝末期，各种外力的轮番击打，必然会使得中央政府的权力越来越弱小，而弱小到一定程度之后，就会产生"墙倒众人推"的现象，导致该政府最终被推翻，政权覆灭。

元朝灭亡的时间是1368年，朱重八出生的时间是1328年。朱重八的成长历程，就是元朝由盛到衰，继而引发天下大乱的过程。

1344年，旱灾席卷整个濠州，上至官商富豪，下至凄苦黎庶，所有人都无可避免地面临着同一个问题：如何活下去？

中上层的大人物们活得相对好一些，他们至少能保证自己和家人不会被饿死，可下层的百姓就惨了。本来只够维持生计，如今地主家中也没了余粮，还怎么能保证他们这些草根活命呢？

就在这一年，朱重八的父亲、母亲和大哥相继去世，朱重八的三哥到别人家里做了上门女婿，两个姐姐也已经嫁人。这样一来，原本人丁还算兴旺的朱家，就只剩下老二朱重六和老四朱重八。那一年，朱重八只有十七岁。

兄弟俩身无余财，别说为父母、兄长准备棺木、寿衣和葬礼，就连一块适合安葬的坟地都找不到。他们找过不止一家地主，希望他们能够施舍一点钱财，好让兄弟二人安葬亲人，甚至还做好了卖身为奴的打算，可最终得到的回复只有一个字——滚！

对于那些高高在上的地主而言，他们不过是打发了两个异想天开的叫花子。可他们没想到的是，他们的所作所为，在朱重八的心中留下了极深的阴影。若干年后，当朱重八成为至高无上的主宰者之后，几乎全国的地主都为此付出了惨痛的代价。

后来，是一个名叫刘继祖的邻居可怜朱家兄弟，于是施舍给了他们一小块地，让他们安葬自己的父母、兄长。

刘继祖为什么会这么做呢？或许只是随手的行善之举，可就是他这小小的善举，却在日后为他带来了巨大的回报。若干年后，朱重八封刘继祖为义惠侯，并且让他的子孙后代永远世袭这个爵位。

或许有人会感到疑惑，不就是一小块地吗？其实这里面除了有朱重八"滴水之恩当涌泉相报"的心思，还与一个传奇故事有关。

据说，当朱重八君临天下之后，曾打算将父母、兄长重新安葬。可就在这时，一位术士拦住了他，并对他说："您千万不能重新安葬这三位至亲，因为您当初错有错着，将自己的父母埋在了一块千年难遇的风水宝地之中，这才有了您君临天下的机会啊！"

听闻此言，朱重八回忆了一下："那一天，我正准备与二哥一同安葬三位至亲，突然间电闪雷鸣，大雨倾盆落下，一时间旱灾都得到了些微的缓解。我与二哥匆忙避雨，雨停之后，发现三位至亲已经被从山上冲刷而下的泥土埋葬好了。为了不惊动逝者，我和二哥放弃了将他们请出来重新埋葬的打算。"

那位术士听完之后一拍大腿："哎哟喂，这就对了！由于您选对了风水宝地，命中注定该君临天下，所以才天降大雨。这都是命中注定，您就是要注定君临天下的呀！"

言至于此，朱重八不信也得信，所以他重赏了刘继祖及其子孙后代。可当他想起自己的父母兄长，只能穿着一身破衣烂衫躺在泥泞的地下时，心中又免不了阵阵伤感。

朱重八啊，在那个人命如草芥的乱世，伤感的又岂止你一人？

02 人生中最重要的三年

将父母兄长安葬之后，为求活命，朱重八只能与二哥分开，独自前往皇觉寺。这并不是因为朱重八心向佛祖，而是他认为佛门慈悲，或许能让他有一口饭吃。

很显然，年轻识浅的朱重八把问题想得太简单了。俗话说"半大小子，吃穷老子"，寺庙又不是善堂，怎么会无缘无故收留一个大肚汉呢？如果所有与朱重八命运相似的人，在走投无路时都往寺庙里钻，这寺庙倒更像是一个水泊梁山。

我倒不是说朱重八这类人有多么凶狠可恶，而是说他们在走投无路时，很容易为了吃一口饱饭，干出一些令人瞠目结舌的事情来。如果这类人都进了皇觉寺，不但住持会觉得麻烦，当地官府也不会坐视不理。如果将来闹个什么案子，哪也不用去，就到皇觉寺里抓个替死鬼完事，反正他们也是贱命一条。如果事情发展到这个地步，众人会怎么看待皇觉寺呢？

但对于皇觉寺这样的机构而言，他们毕竟是要入世发展信徒、广结善缘、挣香火钱的，不能因为这种可能出现的隐患而将慕名投靠者拒之门外，哪怕明知他根本不信佛，只是为了混口饭吃。

对此，皇觉寺的住持想出了一个办法：在入寺的两三个月里，寺庙会为你量身制定一系列培训课程，让你在最短时间内成为业务精通的皇觉寺僧人，然后便把你分派出去，允许你打着"皇觉寺僧人"的旗号云游四方，自寻生路。

这样一来，皇觉寺就免除了后顾之忧。考虑到当时已经是饿殍满地，皇觉寺能想出这样的方法，也算是应对得体了。

在随后的三年时间里，朱重八名义上是云游天下的行脚僧，实则是一路化缘、乞讨的乞丐。当然，从外观形象上来看，僧人毕竟不同于乞丐，所以当朱重八拿着钵盂站在大户人家门口念经时，别人即使再讨厌他，也不至于动手伤人，顶多赶走了事；遇到信佛的善人，多少还会施舍他一点残羹冷炙。

这三年的日子过得苦不苦？自然是苦的，但对朱重八而言，这三年正是他人生蜕变的三年，在这三年里，朱重八获得了长足的进步与成长。

我们生活在和平年代中，很多人并不真正了解乞丐，认为只要放下脸面，愿意拿个碗到处走，看到人就张口要饭、要钱，一天下来总能吃饱。

可事实上，如果朱重八按照这种方式去乞讨，恐怕早就饿死了。

武侠小说中有所谓的丐帮，他们是一股弟子众多的江湖势力。在现实生活中，虽然未必会有组织严密的全国性乞讨组织，但在一定范围内，必然也会存在类似的帮派。

我们用一个例子来说明：假设濠州钟离是钟离帮的势力范围，那么在这个势力范围内有多少大户人家，有多少官僚商贾，钟离帮必然是一清二楚的；在钟离这个地界，一天大概能讨要多少钱粮，钟离帮必然也是心中有数的。如果有一天突然来了一帮外地人，借和尚的伪装，行乞讨之事宜，那不就等于是从钟离帮口中抢食吗？对于钟离帮而言，他们会怎样对待这帮外地人呢？必然是想办法教训一顿，然后把他们赶走；如果还非要一意孤行地在钟离讨生活，和钟离帮对着干，那么不好意思，大江大河往往都会成为这类人的最终归宿。

朱重八只是一个行脚僧，从外表上看，他并没有什么过人之处，当时天下大旱，像他这样"挂羊头卖狗肉"的人一定也不会少。对于其他州城府县的当地帮派而言，这伙人和蝗虫没有多大区别，如果不想办法收拾、管理他们，任由他们走到哪吃到哪，恐怕全天下都会不得安宁。流民总是可怕的，朱重八等人虽不是流民，但观其所作所为，区别似乎也不大。

在这种背景下，朱重八要想顺利地讨到吃食，又不引起当地帮派的警觉与攻击，自然是需要有些谋略的。

首先，朱重八每到一个地方，必然要先想办法拜码头，在给予地头蛇足够尊重的同时，又表现出自己的坦诚与担当：小子年轻识浅，本不敢在贵帮的地界觅食，无奈受生活所迫，也只能硬着头皮登门拜访，贵帮如果有什么规矩，尽可以划下道来，朱某人一力承担。

其次，虽然朱重八看起来没有什么过人之处，但他必须拿出一副"不是池中之物"的派头。换言之，朱重八必须让别人看到，他有过人的胆识和出众的能力。

第三，在最初的乞讨过程中，朱重八必然也会面临一些"疑难杂症"——这是地头蛇为他设的门槛，只要他能跨过这道门槛，才算入了地头蛇的眼，获得了在当地乞讨的资格。

最后，在与地头蛇接触的过程中，朱重八必须保持足够的理智：他既不能与对方太近，否则别人会想办法把他吸收进组织；但又不能离对方太远，让人觉得他不可亲近。只有挣扎在社会的阴暗面里，才能最全面地锻炼一个人在乱世中生存的能力。

在这三年的时间里，朱重八走遍了安徽、河南，在社会的阴暗面里历练出了一身"横练功夫"：他可以非常熟练地与地头蛇打交道，表现得非常洒脱，让人一看就不同凡响；他眼神坚定，举止大方，与他交往的人都认为他是可交之人；他从不贪婪，无论到手多少吃食和银钱，总会与别人分享……

正是这三年走南闯北的历练，使得朱重八从一个懵懂无知的毛头小子成长为顶天立地的血性男儿。他结交了许多朋友，却始终没有跟随他们一起在社会底层厮混，因为此时的朱重八纵然心有猛虎，却始终没能放下心结。

只有亲眼见识过黑暗的人，才会更为迫切地向往光明。朱重八能够在社会的阴暗面里混得风生水起，并不代表他喜欢这样的生活。

基于这个原因，1347年，在外闯荡了三年的朱重八，婉拒众多酒肉兄弟的挽留，毅然返回皇觉寺，成为一名正式僧侣，开始了他的"隐居"生活。

可朱重八还是把事情想得太简单了，江湖是个大染缸，进去以后想安然无恙地出来，那可实在是太难了。

03　乱世！乱世！

1352年的一天，已经在皇觉寺隐居五年的朱重八收到了一封信，信的内容是邀请他出山参加义军，共谋推翻元廷的大业，寄信人是他幼年时的好友汤和。

接到这封信之后，朱重八一时非常矛盾。凭他的本事，如果想要在帮派里混出头，恐怕不是什么难事，否则他也不可能安然无恙地在外度过三年。可对于朱重八而言，他内心深处还是有一种安分守己的小农思想。只要饿不死，就别走极端，因为有些路是没法回头的。

可从另一方面来看，这又未尝不是一个机会，因为此时的元朝已然是倒霉透顶，眼瞅着就要完蛋了。

早在1344年，也就是朱重八父母、兄长去世的那一年，中国北方还发生了一件大事：黄河决口。黄河是中华民族的母亲河，黄河决口这件大事如果处理不好，那肯定会引发巨大的动荡。

现在的问题在于：黄河决口了，朝廷应该怎么办呢？哪怕拉个小朋友出来，他都会告诉你：黄河决口了，朝廷自然应该组织人力、物力进行治理啊！

这个答案有问题吗？没有。可问题是，组织人力、物力进行治理，必然需要一笔天文数字的资金，更需要大量的劳动力。对于当时的元廷而言，这两个条件都无法满足。

一个政权的衰落，主要原因之一就是经济因素。我们在前文中说过，当中央政府的权力越来越弱小之时，就是该政权行将就木之时，而导致中央政府权力越来越弱小的原因，就表现在中央政府财力越来越薄弱，以致爆发财政危机。

正是因为有了这两个背景，元廷在治理黄河这件事情上一直反复犹豫，结果造成了大量的黄泛区，并产生大量的灾民。

或许有人会说，元廷虽然没钱，但至少还有赈灾的能力，现在黄泛区产生大量的灾民，元廷完全可以组织他们治理黄河决口问题，到时候只需给他们一口饭吃，就能在解决灾民吃饭问题的同时，也把治理黄河的工资一并给省了，一笔钱办两件事，"以工代赈"岂不是完美？

这个想法挺好，但实施起来有难度，因为当时的朝廷控制力已经大打折扣，恐怕没办法做好如此精细的组织工作。

在元朝后期，白莲教、弥勒教和明教等宗教已经开始广泛传播。参加这些宗教组织的都是一些社会地位较低的人，所以它们只是底层宗教组织，不可与道教、佛教等宗教相提并论。但这些宗教有一个优势，那就是几乎所有的底层民众都被它们给网罗了。

事实上，在朱重八云游的那三年里，正是上述宗教发展得如火如荼的时候。对于朱重八能够安全地在底层游走三年这件事，史学界还有一个较为小众的看法，那就是朱重八在此期间已经加入了白莲教，所以才能不惧地头蛇的威胁。然而更大的可能是，白莲教等底层宗教已经与地头蛇合流，成了社会底层阴暗面中的一大势力。

我们完全可以设想一下，当元廷将灾民聚集在一起准备治理黄河决口时，不知从何处突然冒出一个声音："暴元当亡，白莲花开！"你说接下来会发生什么事情呢？

此时的灾民通常会思考这样一个问题：我是大元子民，可黄河决口之后，朝廷却不管我们的死活，还要求我们"以工代赈"，为治理黄河出一分力，这难道不是朝廷的职权范围吗？

当灾民们陷入沉思时，如果再有一个充满诱惑力的声音从旁鼓动："暴元是北方少数民族入侵中原，现在寿数已尽，我们应该改天换地，再造汉家江山！"那么最终的结果必然是天雷勾动地火，各种矛盾将会一起爆发，到时又会怎样收场呢？其后果实在不敢想象。

元廷统治者必然能够预料到这样的场面，所以他们犹豫再三，却始终不敢组织人力治理黄河，只是被动地开仓放粮，希望能够拖延一段时日，或许会出现新的转机。

这一拖就是七年。到了1351年，元廷的拖延战术眼看就要失败，再不想点积极的办法，恐怕大规模民变就将出现，所以元廷的统治者只得极不情愿地拿出一笔钱，交给了时任宰相的名臣脱脱。

脱脱拿到这笔钱之后，立刻觉得自己无所不能，很快就可以力挽狂澜，可当脱脱强征了十五万民工，信心满满地打算治理黄河决口时，却发现发下去的这笔钱似乎没起任何作用，连个水花都没溅出来就消失无踪了。究其原因，还在于这笔钱被各级官僚层层扒皮，最后落到底层民众手上的时候，已经连一顿像样的饭食都吃不起了。

希望越大，失望也就越大。大家都听说朝廷拿出了一大笔钱用以赈济灾民，这才不情不愿地被强征来治理黄河，可等钱发下来之后，大家却有一种受到欺骗的感觉：这仨瓜俩枣的够干什么呀？

在这种背景下，各民间宗教开始发力，为首之人就是后来大名鼎鼎的韩山童和刘福通，这两个人堪称"元末的陈胜、吴广"。

韩、刘二人感受到了民工们的愤怒与无奈，觉得起事的时机已到，所以他们效法当初的陈胜、吴广，开始装神弄鬼。据说韩山童和刘福通提前在河道中埋了一个独眼石人，并在石人背后刻下"石人一只眼，挑动黄河天下反"的字样。当石人被挖出来之后，这句民谣越传越广，所有人内心深处潜伏的反抗情绪似乎都觉醒了，元廷统治者最为担心的事情终于还是发生了。

韩山童和刘福通打出了"反元复宋"的大旗，韩山童还自称北宋第八位皇帝宋徽宗的八世孙，刘福通则自称是南宋名将刘光世的后人。这其实挺扯的，宋徽宗姓赵，可他的八世孙却姓韩，稍微有点头脑的人都会觉得诡异。但当矛盾经过漫长的积累之后，就迫切地需要一个爆发口，管他是韩山童还是赵山童，反正我们现在就是要造他大元朝的反！

韩山童和刘福通的计划没什么问题，但他们显然低估了元廷的警戒程度：早在1344年就该治理的黄河，一直拖到七年之后的1351年，这证明元廷对于大规模民工聚集是高度戒备的，现在不过是拖不下去了，才勉强站出来做事。

基于这种思路，元廷内部肯定对可能出现的大规模叛乱有了一定的心理准备，也准备了不少预案，这一点与当初被陈胜、吴广打了个措手不及的秦朝不同。

韩山童和刘福通想效法陈胜、吴广，复制他们当初的辉煌，却没从对手的角度考虑：元朝并不是统治基础薄弱的秦朝，他们在这片土地上维持了近百年的统治，现在虽已日薄西山，彻底平乱或许不太容易，但下重手打击出头鸟却绝对是专业的。

于是乎，韩山童"出师未捷身先死"，还没来得及宣布起义正式开始，就被元廷抓起来砍了脑袋。当刘福通得知这一消息后，觉得时不我待，只能在仓促间赶快起兵。

只有等浪潮退去，我们才能知道谁在裸泳。元廷以雷霆手段杀死韩山童，占据了先发优势，但朝廷和百姓之间的矛盾积蓄已久，就缺一个爆发口。虽然刘福通起兵的时机和前期准备都谈不上有多好，但他起兵之后的效果却非常好。

1351年五月，刘福通在颍州（今安徽阜阳）起兵，只用了短短三个月的时间，军队规模就从数千人发展到了十余万人，并攻破了安徽北部的亳州。随后，刘福通向西进入河南，一路攻城略地捷报频传，大有席卷整个河南的态势。

就在刘福通起兵后，徐寿辉和彭莹玉（彭和尚）也在湖北起兵，大有席卷整个湖北的态势；芝麻李、赵均用和彭大占据徐州，在淮北一带发展势力；郭子兴等五人在濠州宣布起义，开始招收能人异士。

在反元斗争的起初阶段，宗教色彩是非常明显的：首倡义兵的刘福通和随后起兵的徐寿辉都是白莲教中的著名人物，郭子兴等人则是刘福通的手下，同样也是白莲教中人。彭莹玉则是弥勒教中大名鼎鼎的人物，随后出场的陈友谅和明玉珍也是弥勒教一员。倒是后世闻名遐迩的明教没什么拿得出手的大人物，它之所以出名，主要是因为明教的"明"和明朝的"明"是同一个字，以及金庸先生武侠小说《倚天屠龙记》广为传播的缘故。

但等到正式起兵之后，白莲教也好，弥勒教也罢，并没有表现出水火不相容的架势，反而是"我中有你，你中有我"地包容在一起，他们只是在头上裹了一条红头巾，用以表明自己的义军身份，当时的人们统称他们为"红巾军"。

汤和写信给朱重八，希望他加入的军队，就是由郭子兴统领的红巾军。

在接到汤和的书信之后，朱重八为什么会犹豫呢？主要原因在于，这样做的风险太大。郭子兴并不是什么大人物，投靠他多少有些没谱，万一被元廷追杀，那可是十死无生的事。

我们现在提起郭子兴，都知道那是元末著名的义军领袖，这其实是典型的"名人光环效应"。如果郭子兴不曾和朱重八有过交集，那么他就不太可能在史书中留下名字，因为像郭子兴这种级别的义军领袖，与张三李四不会有太大区别，充其量就是一个拥有几千兵马的草头王而已。

比如说刘福通，那可是白莲教赫赫有名的大人物，他在起兵之后，迅速席卷安徽北部和河南大部分地区，其权势完全可以与一个省级大佬相提并论。

刘福通是省级大佬，那么刘福通的主要部属呢？自然就是市级大佬；他们的得力属下呢？自然就是县级大佬，而郭子兴基本就处于这一档位。

如果是在现实生活中，我们能通过机缘巧合认识一位县级大佬，那自然也是了不得的事情。但在那个人人争先的乱世，这种级别的人物可谓要多少有多少，绝大多数县级大佬直到战死，都没能在史书中留下一星半点的痕迹。

朱重八可没长前后眼，自然不知道郭子兴会因为自己而名留青史，所以他始终在犹豫。史书在说起这件事的时候，还讲了一个非常传奇的故事。

据说当朱重八犹豫不决时，一位与他交好的师兄对他透露了一个信息：有人偷看了汤和写给你的信，得知你打算投奔郭子兴当反贼，决定报官请赏，你赶快逃走吧！得知这一消息后，朱重八仍是犹豫不决，因为他始终不想一条道走到黑，他认为自己的人生还有更多的可能，于是他前往皇觉寺的大殿，向菩萨讨了一卦。卦象显示，朱重八就该前往郭子兴处参军，这是命中注定的事。眼看菩萨都劝他赶紧决断，于是朱重八眼一闭，牙一咬，心一横："也罢！贫僧反了！"就这样，朱重八连夜逃离皇觉寺，只身前往郭子兴处投军。

对于这种说法，我是不太相信的，因为史书中出现过太多的宿命论。如果说这些宿命论都是假的，那未免有些极端；可如果说这些宿命论有一半是假的，那必定还有不少漏网之鱼。

史书为什么喜欢宣传宿命论呢？其目的就是为了彰显皇权的神圣性。

所有人都知道，想要在乱世中杀出一片天，他不但要有一个成熟而稳定的利益集团，更要有精通政治、经济、军事和民生的各类人才，关键时刻运气因素也是不可或缺的。

具体到朱重八身上就是：总而言之，我当初只是想安葬父母，却意外地选择了一块千年难遇的风水宝地；我只是想安稳地做个农民，可腐朽的元廷非要贪污民工的血汗钱，搞得民不聊生；当我好不容易定下心来，就想古佛青灯度过此生时，偏有小人闹事逼我参加义军。由此可见，老天爷认定我是时代天骄，非要强令我当皇帝，我不愿意他就不高兴，因为这天下都在等待着我君临啊！既然如此，我还是勉为其难地站出来拯救万民，当一个万众敬仰的皇帝吧！

大家可以翻开历史书，从汉高祖刘邦开始，一直到清太祖努尔哈赤为止，所有的开国皇帝在起事之初，都曾有过这样或那样"迫不得已"的经历。实际上，这里面绝大多数的内容都是胡说八道。

对于皇觉寺里的和尚而言，他们虽然已经遁入空门，但不代表他们整天窝在寺庙里与世隔绝，整个时局都是乱糟糟的，他们做事的时候肯定也会小心谨慎。现在可好，出了朱重八这样一位有可能投奔乱军的人物，大家会怎样对待他呢？是一拥而上抓住他，还是悄悄报官领赏钱呢？其实都不行。

敢于投奔乱军的，要么是连饭都吃不起的人，要么是那种不容于元廷的人，要么是那种远近闻名的滚刀肉，无论是哪种情况，这三类人都有一个共同点：敢玩命。

如果是官军那没办法，上命所迫，不得不与这些亡命徒周旋，可寺庙里敲钟念佛的和尚们并不都是鲁智深那种身手，他们难道就不怕事情败露之后，引来朱重八的杀机吗？

再者，居然还有和尚敢向朱重八通风报信，可见寺庙内部也不是铁板一块，要是真有人胆敢通过出卖朱重八的方式向元廷献媚，立时就会在皇觉寺内部掀起一股风浪。人抓住了还好说，万一人没抓住呢？恐怕皇觉寺众僧晚上睡觉都不得安宁了。

他们会想：我根本不想举报朱重八，可偏有小人从中作梗，要是朱重八回来报仇，可千万要杀对人啊！实在不行，我去给他带个路吧！如果皇觉寺众僧都这样想问题，恐怕寺庙管理者心里都会不约而同地想到一句话："人心散了，队伍不好带了。"为了避免这种情况发生，寺庙管理者肯定也不会允许众僧贸然举报朱重八的，因为那样不利于团结稳定。

通风报信的师兄是真实存在的，但他对朱重八说那番话的真正意思则是："我们都知道你是个大人物，无论你是否去投奔红巾军，都请你另寻安身之地，皇觉寺浅水难养蛟龙。"

朱重八知情识趣，所以很快就打定主意：此处不留爷，自有留爷处。

就这样，僧人朱重八消失了，取而代之的是乱世草莽朱重八，这一年是1352年，他二十五岁。

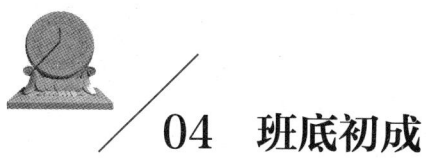

04　班底初成

当朱重八来到郭子兴的军营时，直接被守营的士兵给绑了起来，士兵们一副要打要杀的凶相，朱重八眼看就要性命不保，最后还是郭子兴的出现救下了他。

我初次读到这段内容时感觉非常奇怪，因为郭子兴所部的军纪似乎过于严明，看到一个稍微可疑的人，居然就二话不说直接绑了起来。

可当我接着往后读的时候，发现郭子兴的队伍居然抢劫老百姓，还喜欢抢友军物资，更喜欢没事找事制造摩擦，再联系到之前士兵捆绑朱重八那一幕，我顿时豁然开朗：这哪里是军纪严明啊，分明是军纪败坏，看到朱重八单人行走，就想着把他绑起来敲诈勒索。当大帅郭子兴亲自询问时，他们又以怀疑朱重八是元廷奸细为由替自己脱罪。

郭子兴了不了解内情呢？恐怕他是一清二楚的，毕竟都是自己的兵，但他也没有多说什么，只是亲自给朱重八松绑，并将他收编至步兵队伍。

把一柄锥子扔进口袋里，它很快就会崭露出自己的锋芒；把朱重八扔进行伍，他也能很快显露自己的锋芒。不久，朱重八被提拔为大帅府亲兵，成为郭子兴的亲随；又过了几个月，郭子兴对朱重八越看越满意，越看越欢喜，于是做主把自己的养女马氏嫁给了他。

这突如其来的意外惊喜之后，朱重八的人生迈上了一个新的台阶，投奔郭子兴这步棋真是走对了。由于朱重八此时已经成为大帅郭子兴的女婿，如果再用草根特色十足的名字"重八"或"八八"，那显然不太合适，于是他为自己起了一个新名字：元璋，字国瑞。

行文至此，我们的主角朱元璋终于拥有了伴随他一生的名字。但在郭子兴嫁女这件事情上，最令我感兴趣的不是朱元璋的新名字，而是朱元璋的真实相貌。

朱元璋流传至今的画像有两幅，其中一幅是圆脸老者，看上去慈眉善目，想必他年轻时一定是一个仪表堂堂的大丈夫；另一幅画得比较抽象，是一个瘦长马脸，看上去凶相十足又丑陋无比，万千人之中都很难遇到这样一张有特色的脸。

到底哪幅画才是朱元璋的真实相貌呢？我认为第一幅的可信度更高，而第二幅应该是伪作。

原因很简单，当时是一个人人争先的乱世，有人靠胆识发家，有人靠团队成事，而朱元璋之所以能在短时间内获得郭子兴的青睐，肯定与他游历三年的历练脱不了关系；但郭子兴提拔他当亲兵，又把养女嫁给他，则很可能与他的外貌息息相关。

郭子兴出身于富户之家，而这类人最看重外表，想要成为他的亲兵，且不说这人本事怎么样，至少身高和长相要拿得出手，往那一站就能让人觉得既威风又养眼。

如果朱元璋真长了一张抽象的瘦长马脸，姥姥不亲舅舅不爱的模样，郭子兴得有多想不开，才会让这样的人当自己的亲兵呢？如果郭子兴真是爱煞了朱元璋的才华，他完全可以让朱元璋做自己的幕僚，甚至是做自己的副将，而不是让他顶着一张丑脸给自己当亲兵。从古至今那么多人物中，我就没听说过有谁在挑选亲兵时，专门找那丑得与众不同的人来担当此任，这口味实在是太"特别"了。

再说了，马氏大小不计也是郭子兴的养女，哪怕郭子兴只是做个面子工程，为马氏选的夫君看起来也不能太矿矿，否则如果马氏知道自己将来要对着一个马脸丑汉过一辈子，突然想不开，在婚礼上"呜嗷"地一嗓子号了出来，你说这算怎么回事儿呢？别人知道这事之后，也会笑话郭子兴：为了笼络一个毫无背景的马脸丑汉，居然甘心把自己如花似玉的女儿舍出去，这姓郭的做事未免也太不讲究了。

通过分析之后，我认为朱元璋应该是一个英俊伟岸、仪表堂堂的帅小伙，但有一点不能否认，那就是他在投奔郭子兴的时候，还只是个一无所有的穷小子。这个一无所有的穷小子居然获得了大佬郭子兴的青睐，不但被破格提拔，短时间内连升好几级，最后还迎娶了美娇娘，朱元璋的人生真可以算得上是草根逆袭的模板。

尽管如此，朱元璋却依旧开心不起来，因为投军之初被郭子兴所部捆绑、搜刮的场景此时依然历历在目。朱元璋是一个胸怀日月的人，他根本看不上这些所谓的"义军"。

再者，此时的濠州城内鱼龙混杂，郭子兴只是占据濠州城的五位大帅之一，并没有独霸一方的实力，朱元璋跟在郭子兴身边，倒也不至于被人处处穿小鞋，但想要无所束缚地一展所长，那是想也别想。

于是在1353年，刚成婚没几个月的朱元璋就向大帅郭子兴请命："我对家乡钟离一带更为熟悉，愿意带着几个小伙伴回家乡发展。"得知朱元璋有如此抱负，郭子兴非常开心。

或许有人会感到奇怪，朱元璋翅膀刚长硬就想单飞，郭子兴为什么还会感到高兴呢？原因很简单，其实这就是乱世独有的风景。想在乱世快速发展，只知道守住身边的坛坛罐罐是不够的，大家会说这个人没出息，没有抱负和进取心。如果他把所有人才都牢牢地捆在自己身边，更会给人一种嫉贤妒能的感觉，这对那些事业处于起步阶段的草莽而言，是一个非常致命的打击。

于郭子兴而言，自己对朱元璋恩同再造，他是自己破格提拔的人才，他老婆还是自己的养女。如果郭子兴连这样的人都不放心，那还有什么人可以让他放心呢？

基于这个原因，郭子兴大手一挥：只要你能招到人，我就立刻批准你的请求。在征得了郭子兴的同意后，朱元璋也不含糊，短短几天就招募了七百多名士兵，并带着二十四个老乡和郭子兴的祝福，踏上了返乡发展的道路。

此处我觉得有很必要列出朱元璋这二十四个老乡的姓名，他们分别是：徐达、汤和、吴良、吴桢、花云、陈德、顾时、费聚、耿再成、耿炳文、唐胜宗、陆仲亨、华云龙、郑遇春、郑遇霖、郭兴、郭英、胡海、张龙、陈桓、谢成、李新材、张赫和周德兴。

在这二十四人当中，有些是我们非常熟悉的，有些是令我们感到陌生的，但无论熟悉还是陌生，他们在当时不过都是一些名不见经传的小人物，因为他们绝大多数都只是最底层的农民、乞丐和放牛娃。

人的命运就是如此奇妙，当朱元璋在皇觉寺辗转反侧时，他绝想不到自己可以在郭子兴军中成长得如此迅速；当这二十四个人跟着朱元璋返乡发展时，他们也绝想不到自己将来可以出将入相，青史留名。不管他们个人日后的沉浮荣辱如何，至少在争霸天下和建立大明的过程中，这二十四个人都是立有大功的。

朱元璋带着二十四个老乡和七百多名士兵离开了濠州，却并未向家乡钟离进发，而是一路向南行进，来到了定远附近。他们的目标是拿下定远，然后继续向南，拿下江淮枢纽之一的重镇滁州。

朱元璋为什么不回家乡钟离发展？因为那地方太小，距离濠州又太近，根本没有可供朱元璋大展拳脚的空间。对于朱元璋的突然变卦，郭子兴是不会感到奇怪的，因为两人在私下早已沟通过。所谓"回乡发展"的蹩脚借口，不过是郭子兴和朱元璋用来敷衍濠州城内另外四位豪帅的理由。等四位大帅回过神来，朱元璋已经率部走远，他们再想干预也无济于事，只能偶尔把这事提出来，给郭子兴添添堵，但相比朱元璋的发展壮大而言，这些许小事也不被郭子兴放在眼里。

目前唯一的问题就是：朱元璋真能率领一支孤军，在定远和滁州打出名堂吗？答案是肯定的。朱元璋不但拥有过人的魅力和高超的素质，在军事方面的水平也非常人可比。他先是一路招兵买马，把队伍扩充至三千多人，又用夜间偷袭的方式击溃定远守军，招募了不少精壮汉人。来到滁州城下时，朱元璋的军队已经扩张至两万多人。在围攻定远妙山时，占山为王的冯国用、冯国胜兄弟前来投靠，为朱元璋又添一大臂助。冯国用因病早逝，在明初笔墨不多，但在朱元璋建立功臣庙时，冯国用排在东序第一位（总计第八位）；而冯国胜就是后来的冯胜，这可是大名鼎鼎的人物，明初开国封六位大功臣为六公，冯国胜就是其一。

从七百多人到三千多人，再从三千多人到两万多人，朱元璋的队伍人数翻了好几番，如何做好管理工作？这对以朱元璋为核心的小团队而言，是一个非常严峻的考验。

可令人惊讶的是，朱元璋似乎并未遇到什么管理难题，他很快就攻下滁州，算是为自己的创业之旅挖到了第一桶金。那么问题来了：这两万多人当然不能由朱元璋一人管理，这会把他累死的。要说朱元璋拥有异于常人的才能倒是可以理解，难道他身边的二十四个老乡也是如此吗？答案显然是否定的。

徐达、汤和等人在日后都是独当一面的统帅，可此时的他们还很年轻，依然需要通过学习继续成长。哪怕是天赋异禀的朱元璋，此时也只是一个年仅二十六岁的年轻人，他必然也有着许多的缺点和不足。

朱元璋之所以能够如此顺利地管理好一支两万多人的团队，又能顺利地攻下滁州，皆因在此期间，他获得了一位读书人的效忠。此人可不是什么"书呆子"，而是一位乱世英才，他姓李名善长，字百室，是大明开国六公之首，更被后世普遍认为是"大明开国第一功臣"。

我们完全可以这样理解：朱元璋得到了李善长，就相当于刘邦得到了萧何，曹操得到了荀彧，成就霸业的重要拼图已经就位。

但从个人素质上来看，李善长似乎比不上萧何与荀彧。据史书记载，李善长虽名为儒生，但实际上没读过多少书，更不是什么饱学鸿儒，他只是定远的祭酒（类似于小学校长），在定远和滁州一带算是颇有名望。

然而对此时的朱元璋来说，他虽然已经拥兵两万余，却依然只是个上不得台面的草头王。说难听点，他就是个反贼，但凡有点格调的读书人，又有几个能瞧得上他？

很多人从结果反推，认为李善长投奔朱元璋是慧眼识英才，实际上，他只不过是在豪赌。凭李善长当时的社会地位和学识水平，也就朱元璋这类反贼瞧得上，朝廷里人才济济，轮不到李善长出头。

据说李善长与朱元璋秉烛夜谈，一夜过后，朱元璋认为自己找到一个旷世英才。这可真是太神了，就好像刘备与诸葛亮进行了一番谈话之后，立刻认定此人将是自己的得力臂助一样。事实上，这类说辞通常是不太可信的。

两人初次见面，一番交谈能说明什么？什么都说明不了。赵惠文王见过赵括不止一次，也没能看穿他"纸上谈兵"的本质；诸葛亮与马谡相交颇深，也没想到他能在街亭给自己捅那么大一个娄子。

刘备之所以能在与诸葛亮交谈之后，立刻认定他将是自己的得力臂助，那是因为诸葛亮代表着荆州的部分少壮派，他与刘备交谈甚欢，就是在向外界释放一个信号：我们荆州少壮派认为刘备不错，打算与他进行深度合作。对于一步一个坎儿，并已经在荆州蛰伏了七八年的刘备而言，还有什么人才能比此时的诸葛亮更有价值呢？诸葛亮的出现，就等于是给了他一个破局的机会啊。

朱元璋盛赞李善长的主要原因也在于此。此人虽然算不上什么大人物，但在定远、滁州一带颇有名望，如果能有此人相助，自己打下定远和滁州之后，可以大幅缩短安定这两个地区的时间，这对于急需一块牢固根据地的朱元璋而言，那是非常不错的；如果李善长还能帮他推荐一些人才和富商，那简直就是可遇而不可求的奇缘。

李善长生于1314年，此时他已经四十岁了，虽然谈不上学识渊博，但作为一个小学校长，除了管理孩子之外，还要经常与各路家长打交道，于是早已练就了一双火眼金睛。他知道朱元璋未必瞧得上自己，但以朱元璋现在的地位，也没资格嫌弃自己，而自己能帮助朱元璋稳定滁州和定远，只要办好了这件事，他绝对会高看自己一眼。

事实证明，李善长虽然学识不算出众，但真是一个聪明人。在李善长的帮助下，朱元璋成功占据了滁州和定远，并且很快建立起了自己的地盘。为了更好地巩固自己的事业，朱元璋一口气收了二十多个义子，倚为臂膀心腹。其中就有年仅八岁的沐英，朱元璋的侄子朱文正（大哥之子）和外甥李文忠（二姐之子）。这三人都在日后打天下和建立统治秩序的过程中，为朱元璋立下汗马功劳，只不过朱文正的结局不太好；李文忠却位列开国六公之一；沐英及其后人则为大明世镇云南，也就是金庸先生小说《鹿鼎记》中提及的沐王府。

带着朱文正前来投奔的是朱元璋的大嫂王氏，带着李文忠前来投奔的是他的二姐夫李贞。从他们的口中，朱元璋得到了散落亲人们的最新消息：曾与他一同埋葬父母、兄长的二哥已经去世，给别人当上门女婿的三哥也已去世，最疼爱自己的二姐也在两年前病逝，再加上早已离世的大哥、大姐和大姐夫，朱元璋这一辈的亲人中，只剩下眼前的大嫂王氏和二姐夫李贞。

到了1355年，朱元璋对滁州的掌控力日益加强，在当地的根基也日益牢固，许多义军纷纷慕名来投。这里面自然有不少军纪混乱的乌合之众，却也有不少训练有素的精锐之师。比如虹县邓友德所部就因军纪严明而深受朱元璋的喜爱，这个年仅十八岁的年轻人自然也备受重用。朱元璋为他改名邓愈，并封其为管军总管。

随后，朱元璋继续向南推进，先后攻下了全椒与和州（今安徽和县）。有了收服李善长的经验，朱元璋又熟门熟路地收服了部分在当地颇有名望的儒生及社会名流，并利用他们的影响力为自己巩固在当地的统治；同时再收一部分义子，协助自己管理当地民生、训练士兵。在这些儒生和社会名流当中，最著名的就是胡惟庸，那个号称"中国最后一位宰相"的人。

在攻打和州之前还有个小插曲，朱元璋遇到了一伙正在打家劫舍的强盗。朱元璋军纪严明，根本瞧不上这群乌合之众，但由于和州还没打下来，朱元璋还有更重要的事情要做，所以暂时也没有与这伙强盗打交道的意思。

可让朱元璋没想到的是，这伙强盗里有个小头目，因为仰慕朱元璋，居然带着一个小团队来投奔他。对于事业处于初起阶段的朱元璋而言，本应该来者不拒，但朱元璋觉得强盗的名声实在太臭，接纳他们弊大于利，于是他就对那伙强盗的小头目说："你们是不是没饭吃了？我可以给你们一点粮食。"言外之意就是：吃完之后麻溜地给我滚！

小头目一听，立刻对朱元璋说："我最初当强盗，的确是为了混口饭吃，但如今我不缺吃食，只希望能够跟着一位大人物打天下，不再浑浑噩噩地过活！"

朱元璋一听，觉得此人还算有些抱负，于是又问他："你们都没有受过正规训练，怎么跟我打天下呀？"小头目坚定地回答道："只要您愿意收留我，我愿意接受一切训练，如果您的目标是渡过长江，那么我就会成为您的渡江第一梯队！"

听到这话，朱元璋多少有些惊讶，攻下和州之后，自己的确有渡江攻打徽南的意思，但他一个打家劫舍的强盗，居然能看穿自己的战略意图？他是怎么做到的？莫非此人是天生将才？

产生兴趣的朱元璋继续与这个强盗小头目交谈，越交谈就越觉得有趣。此人虽然粗鲁，头脑却很清楚，自己随口说些什么，他一点就透。朱元璋终于确定，此人绝非寻常之辈，于是问他："你叫什么名字？"小头目大声地说道："我叫常遇春，希望日后能够为大帅效劳！"

就这样，大明开国六公的最后一位，人送外号"常十万"的常遇春正式来到朱元璋身边。

朱元璋打天下的过程还算顺利，几乎没有遇到特别大的波折，这与他及早确立核心班底有很大的关系。韩国公李善长、魏国公徐达、郑国公常茂（常遇春之子）、曹国公李文忠、宋国公冯胜（冯国胜）和卫国公邓愈，早在1355年，也就是朱元璋独自发展的第三年，这六位国公就已全部到位。除此之外，还有冯国用、胡大海、胡惟庸和赵德胜等一大批能臣武将加入，真可谓实力雄厚。

但这种结论往往是我们后世人通过结果倒推得出来的，比如我们一听徐达和常遇春的名字，就知道这两人皆为不世之名将，可在当时，他们并没有什么了不起。

虽然此时的朱元璋已经拥有了不逊于他岳父郭子兴的实力，但在那个带头大哥如韭菜般疯长的年代，朱元璋手里也就两万多人外加一群乡党，其实也没什么了不起的。

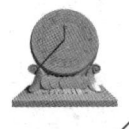

05　历史广角下的元末

　　从二十五岁投奔郭子兴，再到二十八岁将核心班底打造完毕，这三年对于朱元璋的重要程度丝毫不亚于他当行脚僧云游天下的那三年。可如果我们以历史的大广角来看，朱元璋的人生经历似乎也谈不上有多神奇。

　　比如，"首倡义兵"的刘福通手下有个名叫毛贵的人，他接到刘福通的命令后单独领兵出征，一路横扫山东与河北的大部分地区。

　　比如，刘福通手下有一个名叫关先生的人，他接到刘福通的命令后单独领兵出征，从山西一路北上，最终直接荡平了元廷的中都（今河北张家口），后又一路向东北杀入辽东。

　　比如，刘福通手下还有一个名叫李喜喜的人，他接到刘福通的命令后单独领兵出征，一路向西杀入关中，并最终攻入甘肃和宁夏。

　　从当时的形势来看，上述三人可比朱元璋威风多了。

　　刘福通所部主要在北方活动；南方最大的起义军则是徐寿辉和彭莹玉一系，这一系除了两个头领之外，还出现了陈友谅和明玉珍两位乱世枭雄。

　　明玉珍父子称雄巴蜀近二十年，绝对是标准的一方诸侯。陈友谅就不用多说了，这个人堪称朱元璋夺取天下的最大对手。

刘福通和徐寿辉、彭莹玉这一南一北两大造反集团非常强大，其他一些相对较小的叛乱集团同样也不含糊，比如称雄浙东的方国珍、称雄苏中的张士诚、称雄福建的陈友定和称雄徐州的彭大等。这些人随便哪一个实力都比当时的朱元璋强，还有人在未来对朱元璋造成了极大的阻碍。其实他们都和朱元璋一样，只是突然站在了元末乱世的风口上，获得了一步登天的机会。更重要的是，他们能够在当时取得如此赫赫战功，可见其利益集团在事业初起阶段，绝不比朱元璋集团差，甚至犹有过之。

在两极分化十分严重的社会中，当某位带头大哥组织起上百名底层百姓，决定杀入县城抢粮、抢物的时候，这位带头大哥和跟随他的上百名底层百姓就有了第一次实现阶层飞跃的机会。只要他们能够成功，这个县城所管辖的军事资源、政治资源和经济资源都将归他们所有，这也是他们宝贵的学习机会。

如果他们能够在这个县城站稳脚跟，自然就有机会设定更大的目标。为了完成这个目标，他们会通过各种方式壮大自身，包括但不限于给贫民发粮、号召贫民加入他们等方式。

一支上百人的小部队，逐渐成长为成千上万人的部队；一些连土地管理权都没有的底层百姓，逐渐成长为村级、乡级乃至县级领导。

不可否认，他们之所以能够实现阶层飞跃，是因为他们站在了时代的风口上，但时代的风口也不是什么人都能站住的，因为稍有不慎就可能会被吹走。

我们来假设一个场景：上百个底层百姓在带头大哥的带领下攻占了一座县城，现在要选一个能够帮助带头大哥搞定县财政的副县长，那究竟该选谁呢？如果按照盛世的标准，那自然是选择一个在财务方面有特长的人就行；可在乱世，一切都要凭军事实力说话。

听说你财务水平不错？行，我去当这个主管县财政的副县长，你给我当师爷。什么？你说你可以绕过我，自己当这个主管县财政的副县长？你就不怕我半夜给你一刀，送你去见阎罗王吗？告诉你，这是个吃人的世道，敢不听我的话，你保证活不过今晚！

面对这种狠人，你就是拥有注册会计师资格证又有什么用呢？那个主管县财政的副县长职位根本轮不到你。就算你所在的团队中没有这种狠人，难道你以为自己就有机会了吗？同样也很难。

比如在竞选之前，一位平时就颇有威望的长者级人物越众而出，态度明确地要争这个位置，你一个年纪轻轻的毛头小子拿什么跟人家争？人家点名要你去打下手，不去就会被团队排挤，你敢不去？

无论在什么时代，机遇都只会青睐那些勇气、运气、智商、情商都极高的人。如果一个人在盛世都只能当一个唯唯诺诺的小人物，那么他即使穿越到乱世，最好的结果恐怕也仅仅是苟延残喘。

乱世的确有许多改变命运的机会，有许多站在时代舞台上呼风唤雨的机会，但那些机会通常都不是为普通人准备的，至少不是为大家所认为的普通人准备的。

这些都是在乱世中司空见惯的事，也是乱世的魅力所在。但我们也不能光见贼吃肉，不见贼挨打。乱世的确有独特的机会，但乱世的风险也数倍、数十倍乃至数百倍于盛世。

当韩山童和刘福通密谋造反失败后，韩山童被杀，刘福通强行起兵大获成功。可当反应过来的元廷政府军大举出动时，刘福通立刻一败再败，差点被打得销声匿迹。在此过程当中，有许多与朱元璋实力相当，甚至比朱元璋实力还强的乱世枭雄在刘福通手下效力，却在这一轮轮的打击中灰飞烟灭了。

后来刘福通卷土重来，更是干得惊天动地，直接与元廷政府军主力硬碰硬地干。结果呢，刘福通自然是取得了很多次胜利，但他的军队也损失惨重。在此过程当中，同样有许多不逊于朱元璋的乱世枭雄在刘福通手下效力，最终也在这一轮轮的争斗中黯然离场。

毛贵、关先生和李喜喜这三人其实是比较幸运的，因为他们毕竟在史书上留下了自己的姓名。我们完全有理由相信，在元廷一轮又一轮的打击中，有许多和他们类似的人，都因为各种各样的原因消失了，最终连个名字都没能留下。

如果不开前后眼，就凭朱元璋目前的这点底牌，谁敢说他一定能笑到最后呢？想要在乱世出人头地，朱元璋还需继续努力才行。

1355年，正当朱元璋春风得意时，他的岳父郭子兴病逝了。对于郭子兴病逝这件事，朱元璋的心情是极为复杂的。首先，是郭子兴发现了朱元璋，并且破格提拔了他，这叫"知遇之恩"，朱元璋对郭子兴必然有一份感激之情；其次，郭子兴对朱元璋是既拉拢又防范，对朱元璋的军队也没停止过分化瓦解。

早在朱元璋攻下滁州时，郭子兴就以各种名目强行干涉朱元璋的人事任免，后来因为与濠州另外四位豪帅的矛盾逐渐加剧，他干脆借着"不与驴骡同槽"的理由，光明正大地入驻滁州，夺了朱元璋的兵权。

朱元璋则表现得极为顺服：我朱元璋的一切都是岳父给的，别说是军队，就算是要我朱元璋这条命，那也就是一句话的事。

面对朱元璋这样赤胆忠心的表态，郭子兴自然是一副老怀大慰的样子，郭子兴的儿子郭天叙对朱元璋也表现得十分亲善。但就在这种其乐融融的氛围中，一股微妙的情绪开始生根发芽，朱元璋与郭氏父子之间的裂痕开始慢慢扩大。

究其原因，还在于郭子兴打算调拨朱元璋的军队时，却发现士兵和军官们总是一副阳奉阴违的怠懒样子。面对此情此景，郭子兴当时就火了：就凭你们这种水准，到底是怎么打下滁州的？

见郭子兴大发雷霆，统兵的将领们不但没有畏惧，反而立刻借着这个由头向他诉苦："当初朱大帅带领我们打滁州的时候可是说过，他会继续带我们向南行军，所缴获的物资大部分都会分给我们。可当朱大帅听说您要来，立刻就把储存物资的库房给锁了，说是等您来统一调配。您来了以后，把库房钥匙一收，咱们啥也没捞着，底下的兄弟们都有怨言，只是看在您是朱大帅岳父的分上暗气暗消了。现在您打算调动我们，我们自然是不敢反抗的，可我们也要斗胆问一句：'您是不是带着我们继续向南进军？下次缴获的军需物资能有我们的份儿吗？'"

此话一出口，郭子兴傻眼了。郭子兴为什么要控制这支军队？他根本就没有继续向南行军的打算，而是准备带着这支攻过城、见过血的精锐之师往北走，杀回濠州去干掉那四个总跟自己较劲的宿敌。

等拿下濠州之后，郭子兴舍得把军需物资分给这帮大头兵吗？显然是舍不得的。郭子兴要真有这种眼界和魄力，他也不至于缩在濠州和别人内斗，更不至于来抢夺朱元璋的劳动果实。

对于眼前这种尴尬的局面，朱元璋一直冷眼旁观。眼看郭子兴要下不来台，他立刻主动出面递梯子："岳父，您尽管在滁州安坐，有机会咱们再杀回濠州。我现在愿意继续向南扩张，咱们努力发展势力，将来别说区区一个濠州，就连整个淮泗都将成为我们的囊中物！到了那个时候，我们就有充裕的物资给军队发福利了。"

郭子兴也知道朱元璋能干，更知道如果没有朱元璋，自己恐怕也玩不过这帮骄兵悍将。于是他做出了妥协，自己坐镇滁州，暂时不想北上攻打濠州的事，同时分一部分兵给朱元璋，让朱元璋去攻打和州，只要打下来，朱元璋就可以把和州当成大本营，自己保证绝不会再夺朱元璋的军队和地盘。

就这样，朱元璋攻下和州之后，便打算在这里长期驻军；郭子兴则远离了濠州那片是非之地，在滁州当土皇帝，双方逐渐相安无事。

没过多久，郭子兴病逝，他的儿子郭天叙对重回濠州没有丝毫兴趣，反而认同朱元璋南下渡江的战略，认为这才是义军发展的正确方向。从表面上看，郭天叙的职位高于朱元璋，但朱元璋的军事水平更高，郭天叙对此心知肚明，所以他在保证了自己的地位不受朱元璋威胁之后，愿意全力支持朱元璋。毕竟目前还处于打天下的阶段，不能干出让部众寒心的事。

从气度上来讲，郭天叙比他爹郭子兴还是要强一些的，但郭天叙显然低估了朱元璋的野心，更低估了朱元璋的狠毒。

1355年夏，朱元璋所部顺利渡江。在经历了几次小型战役之后，朱元璋将目光对准了太平城。太平城的守将叫陈野先，是一个颇有谋略的军事人才，朱元璋几次强攻都未能奏效，最终还是由于天降大雨，汤和带着敢死队员从城外的排水管道爬了进去，这才最终攻下太平城。

朱元璋十分欣赏陈野先，就劝他投降，陈野先大概也有些贪生怕死，于是就顺势投降了朱元璋。可陈野先这个人是正规军出身，又有着光明的前途，他根本看不上朱元璋的草头班子，所以总想找机会重回元廷。

据史书记载，1355年秋，朱元璋命郭天叙、张天祐（郭天叙的舅舅）二人率军进攻集庆，同时派陈野先为郭天叙助阵。理由是陈野先熟悉集庆一带的地理环境，也与集庆（今江苏南京）守将相熟，说不定可以在攻打集庆的过程中再立新功。

陈野先此刻想的根本不是什么再立新功，而是想找机会用郭天叙和张天祐两人的人头作为进身之阶。郭天叙是义军的都元帅，张天祐是义军的右都副元帅，这两个职务都是红巾军大佬刘福通亲封，含金量十足。

在这种"有心算无意"的背景下，陈野先邀请郭天叙和张天祐来帐中饮宴，席间趁两人不注意，玩了一手"酒杯落地，帐外闪出五百刀斧手"的把戏，郭天叙和张天祐就这样人头落地了。

当朱元璋得知郭天叙和张天祐二人被杀的消息之后，那是当场就放声号啕："我家岳父最爱的就是郭天叙这个儿子，现在因为我用人不当错信陈野先，导致天叙哥被杀，将来我还有什么颜面去九泉之下见我的岳父啊！"

悲痛欲绝的朱元璋立刻整顿兵马，打算找陈野先算账，然而他却突然得到消息：陈野先不知道被从哪里冒出来的一伙毛贼给杀了。后来有人说那不是一伙毛贼，而是金坛县某位地主的私人武装，具体是哪位地主也不知道。然后又有人说都不对，是驻守在集庆的元军杀了陈野先，打算用这个背叛元廷的反贼人头来邀功呢。

总而言之一句话，陈野先死了，被谁杀的？说不清楚。

首次攻击集庆失败，再加上现在已经快到冬天，又得到了陈野先被杀的消息，所以朱元璋的情绪大概是缓和了一点，于是他决定暂时罢兵，整顿人马。

到了1356年春，朱元璋亲自率军出征，先是在采石大败元军守将海牙，又在攻打集庆的过程中活捉了陈野先的儿子陈兆先。陈野先被杀之后，他的部将被陈兆先所整合，现在都被朱元璋俘虏，总人数约为三万六千人。

按理说，如果朱元璋真心痛郭天叙的阵亡，就绝不会轻易放过陈兆先，这是仇人之子啊！可朱元璋在活捉陈兆先之后，先是好言安抚，然后又委以重任，并从陈兆先所部的三万六千俘虏中挑出五百人，充任自己的护卫亲随，完全看不出他对陈兆先有多仇视。

当然了，我们有充足的理由为朱元璋开脱：比如说这三万六千俘虏人心不稳，如果不加以安抚就会如何如何。这种说法当然是正确的，但我想强调的是，如果朱元璋真打算为郭天叙报仇，以他的聪明才智，完全可以找到两全其美的办法，可朱元璋并没有这样做。

后来，陈兆先在鄱阳湖水战中为朱元璋尽忠，朱元璋还为其落泪，并追封为颍上郡侯，上演了一出"君臣相得"的大戏。至于郭天叙……谁是郭天叙？

顺便多说一句，郭子兴有三个儿子，长子早死，姓名不详；次子郭天叙，于1355年秋天被陈野先谋杀；三子郭天爵，据说打算除掉朱元璋，于1356年，也就是郭天叙被杀之后不到一年的时间内被朱元璋处死，破格提拔朱元璋的郭子兴就这样绝了后。

朱元璋的手段够狠，但我们似乎也不该站在道德制高点指责他，那毕竟是一个人人争先的乱世，焉知郭天叙对朱元璋的信任不是为了麻痹他，将来找机会夺权呢？

朱元璋的所作所为只是"先下手为强"，这样才能让权力更多地集中在自己一人身上，从而保证整个集团的行动一致性，保证该集团在利益分配方面的高度统一。这对有志于在乱世逐鹿的枭雄而言，显然是利大于弊的。

06　双管齐下的整顿

攻下集庆之后，朱元璋将其改名为应天府，也就是现在的南京。此刻元廷将主要精力都用于平定北方叛乱，朱元璋在长江南岸所受到的压力相对较小，但此处也不是任由朱元璋拿捏的软柿子。

在长江中下游，除了有各路官军之外，还有徐寿辉和张士诚的两支义军，他们的实力都比朱元璋强，所占的地盘也比朱元璋大。尽管外部强敌环伺，但对于此时的朱元璋集团而言，最大的危机并不在于此。他们的问题是如何处理内部的各种矛盾，比如说义军的腐化该如何处理，论功行赏的尺度该如何把握，已经到手的利益该如何转化为战斗力，等等。

前文我也说过，义军之所以能刺激底层民众跟着他们造反，最主要的原因就是放任抢劫，这不但可以释放人性最深处的恶，还可以用这样的方式强令底层百姓缴纳投名状，通过这种方式把他们绑在身边，更可以让他们借此跨越阶层。

但在义军形成一定规模之后，再这样做就有问题了。常言道："得民心者得天下。"这句话固然有不少的说教意味，但有一点我们无法否认，如果一支军队永远像蝗虫一样，每到一处就大搞"三光政策"，那么这支军队无论有多么强大，等待着他们的都将是老百姓的反抗。从古至今，无论中外，还没有哪一支军队能够通过这种方式获得最终的胜利。都说元廷残暴，但他们之所以能够建立统治秩序，必然有不少人在与他们合作的过程中得到了好处，否则这个政权根本建立不起来。

对于朱元璋而言，拿下应天府也只是成功之路刚刚起步，如果就此放肆、堕落，那么他们早晚会丧失民心。如果应天府真被这帮骄兵悍将搞成了人间地狱，朱元璋还能放心地把此地当作大本营吗？肯定是不能了。因为当地不甘压迫的底层民众必然会自发地组织起武装力量，专门找朱元璋控制力薄弱的环节下手。如此一来，朱元璋的统治成本就会变得非常高，原本几个士兵就能轻松控制的县城，现在可能要放几百个士兵才能勉强控制。到那时，朱元璋能勉强维持住应天府的统治就已经不错了，哪里还有继续扩张的实力呢？

可问题就在于，如果不允许军队抢劫，士兵会不会有一种受骗的感觉呢？想当初，你朱大帅忽悠我们参军的时候可是说了，只要拿下集庆，饭管饱，钱管够，把我们刺激得两眼直放光。现在集庆拿下来了，你还正儿八经地改了个名字叫应天府，却跟我们大谈军队纪律建设，整天令行禁止，这也太欺负人了吧？

一旦军队有了抵触情绪，他们就容易在训练时装模作样，然后在战斗中出工不出力。到那时，朱元璋拿什么打天下呢？

摆在朱元璋面前的难题就是：当军队和百姓的利益发生冲突时，我该支持谁？朱元璋对此的应对方法是分两步走。

第一步就是告诉军队：抢劫百姓是不对的，我们也是老百姓，不能自相残杀。

打下应天府之后，朱元璋准备立刻攻打镇江，但在大军即将出征时，却发生了一件大事：原本被任命为攻打镇江的总指挥徐达，突然因违反军纪被朱元璋抓了起来，眼看就要开刀问斩。

原来，在攻下应天府之后，徐达嫌朱元璋给自己的封赏太少，整天满腹牢骚，给部下的承诺迟迟无法兑现，对于徐达本人的威望更是一种打击。在这样的背景下，徐达的部队就出现了各种违法乱纪行为，而徐达对此是睁一只眼闭一只眼。由于徐达是朱元璋的发小，更是朱元璋最为倚重的心腹大将，所以负责纪律监察的官员惹不起徐达，对于这种行为也不敢管，只得悄悄地上报给朱元璋。

朱元璋得知这一消息之后气坏了，立刻把徐达叫过来大骂了一顿。面对朱元璋的责骂，徐达也很委屈，他仗着自己和朱元璋从小相熟，那是大嘴一张，什么难听的大实话都说出来了。翻来覆去就是言而无信、对不起兄弟、让自己没面子之类的话。

朱元璋就这样静静地听着，结果却越听越失望。朱元璋心想："徐达你有难处是不假，可你有没有站在我的角度上思考过问题呢？永远都是一种打工仔思维，这样的人能有大局观和大视界吗？这样的人真值得我委以重任吗？"

朱元璋这样想，但他没说出来。过了许久，徐达的牢骚也发得差不多了，朱元璋心里的想法也大致成型了："明天我会把你收监，五天后我会对你发起公审，最终的定刑是两百鞭，你挺住了，我会命人手下留情的。"

徐达顿时就呆住了，本以为可以"大事化小，小事化了"，结果怎么是"小事化大，大事化炸"呢？

徐达毕竟还是一员不可多得的战将，于是朱元璋只能按下心中不满，耐心地给他解释："咱哥俩是什么关系？现在我需要有人为我分忧，你能做到吗？"

甭管是领导还是发小，朱元璋把话都说到这份上了，徐达自然只能忙不迭地点头。朱元璋又说："你觉得违反军纪没什么大不了的，别人也会这么想，长此以往，我们义军的纪律就得不到保证，战斗力也会衰减。到时候，我们所有人都会被其他集团淘汰，最终是什么下场呢？干别的事业被淘汰了，我们或许还能回家种地，但如果在争霸天下的过程中被淘汰，恐怕我们都要成为孤魂野鬼啊。为今之计，我只能'杀鸡儆猴'，如果我从重处罚你，别人看我对你这样的心腹都如此心狠手辣，他们就不敢再违反军纪了。你放心，这次你受了委屈，下次我会找机会补偿你的。"

朱元璋的说法自然是有道理的，可这样一来，坐蜡的就是徐达了。原本是朱元璋最重要的手下，现在却被当众鞭笞，哪怕朱元璋明确表示这只是做做样子，但谁敢保证别人不会有其他看法呢？再者，如果徐达手下的士兵发现，带领自己冲锋陷阵的徐大将军被当众处刑，他们又会有什么想法呢？

朱元璋的意思就是：徐达，把你的面子和里子全部丢光，成全我们这支义军的美好未来吧！想想过去，想想现在，再想想未来，徐达面色阴晴不定，但最后一咬牙一跺脚，还是点头答应了下来。他不答应也没办法，朱元璋随时可以给他玩一手假戏真做，难道徐达还敢火并朱元璋吗？

就这样，在即将出兵攻打镇江的节骨眼，总指挥徐达却被绑在木桩上，一左一右两个行刑者手握皮鞭，一下接一下地朝徐达身上抽去。

这件事给整支义军带来了极大触动，他们发现朱元璋并不是在开玩笑，而是动真格的。连徐达这样的心腹都挨了鞭子，其他人犯事恐怕要搭上自己的小命。

大棒挥了下去，下一步就该给几个甜枣吃，所以朱元璋的第二步就是告诉军队：跟着我，升官发财指日可待。

在攻下镇江之后，朱元璋又派邓愈攻下了广德。随后，朱元璋在众人的拥戴下称"吴国公"，设江南行中书省。很多人或许会奇怪，朱元璋称公，跟下面人有什么关系呢？在乱世之中，很多反贼都喜欢在事业初成的时候搞出各种大新闻，今天你称个公，明天我称个王，后天他称个帝，反正怎么开心怎么来。

老大一副高高在上的模样，下面的小兄弟们看着也开心。老大称公，我们就是县级功臣；老大称王，我们就是市级功臣；老大称帝，那可太好了，我们就是王级功臣！大家穿上一身官服，戴着显赫的头衔荣归乡里，岂不美哉？

对于朝堂上那帮官僚而言，如果征伐对象只是某座山的山大王或者某个水泊里的贼头，那他们通常都会睁一只眼闭一只眼，只要对方不惹出大事，官军通常不会以他们为首要目标。官军最喜欢剿灭的就是那种势力弱小，却又整出一大串头衔的反贼，这样向朝廷邀功时也好说：某年某月某日，我军浴血奋战，剿灭自称某某王的反贼朱老头，斩首数万。该反贼势力东到浙江，西至湖南，北达长江，南抵广东，极其庞大。

实际上，这所谓的某某王就是个拥众数千的小贼头，其中还有八成是妇孺，他只是不自量力地弄了个王级头衔过干瘾；所谓的势力极其庞大，只是曾在这些地方流窜过而已。但皇帝不知道这些弯弯绕呀，他还真以为有个王级反贼被剿灭了，于是大量封赏，这些"劳苦功高"的官军们一个个喜笑颜开。至于官军是如何从拥众数千的小贼头身上拿下万人首级这件事嘛，周围不是有老百姓吗？就用他们的脑袋将就凑数吧！黑暗吗？这就是现实，杀良冒功一向是封建军队升官发财的不二法宝。

而对那些与朱元璋实力相当，地盘又相距不远的反贼而言，朱元璋这个反贼团伙也是不受待见的。大家都还顶着草寇的头衔四处劫道，你朱元璋居然敢自称公？你是不是觉得没官军注意，你心里不踏实啊？你是不是觉得我们这儿的英雄好汉早晚都会跪在你面前叫你大哥啊？既然如此，我们不如先联手把你给灭了，省得你在这儿找不自在！

看明白了吧？有多大实力叫多大号，千万别眼大肚小惹人厌，弄不好就把小命给丢了。

都说元末官军的战斗力差，那也得看是跟谁比。就全天下的义军而言，元军的确没本事把他们全部剿灭，可如果元军打定主意，就盯着其中某一股义军狠揍，那么这股义军的命运必然会十分不妙。

　　比如说徐寿辉，那绝对是元末义军的旗帜性人物，无论资历还是实力都是上上之选。早在1351年，徐寿辉就在蕲水（今湖北浠水）称帝并建立天完政权。什么叫天完呢？就是在"大"字上面加一横，"元"字上面加个宝盖，处处压了大元一头，够嚣张吧？结果呢？徐寿辉称帝不到一年，就被元军打得抱头鼠窜。因为南方元军不管不顾，只盯着他一家打，徐寿辉哪顶得住这个压力啊？

　　比如说张士诚，那也是元末义军中大名鼎鼎的人物，虽然在当时比不上徐寿辉，但在南方基本也是坐二望一。1354年，张士诚在高邮称王，元朝名相脱脱亲自率军围剿，张士诚被重重围困，也是险些被打得万劫不复，但最终因脱脱被解职而侥幸击溃元军。

　　朱元璋称公时已经是1356年，此时的他有没有足够的实力称公呢？我认为是有些勉强，但对于此时的朱元璋而言，这也是没有办法的办法，毕竟军队和臣僚都需要安抚。朱元璋就是用这件事，向众多属下传递一个信息：只要能让大家获得好处，我哪怕是冒着生命危险，也绝不会退缩，因为我相信，你们会保护我。

　　当然了，朱元璋称公也是韩林儿的意思，毕竟此时的朱元璋还是龙凤政权的臣子，自然也不好违拗"陛下"的旨意。

07 "同性相斥"张士诚

朱元璋通过严惩徐达和称公的方式，勉强安抚了军心，但副作用很快也凸显出来了。当朱元璋给张士诚递送文书表示亲善友好时，张士诚不但没有回音，反而扣住了朱元璋的信使，并亲自率军进攻镇江。这意思就是明明白白地告诉朱元璋：听说你擅自出兵攻城略地，问过我没有？听说你擅自称公，我同意没有？

对于张士诚的突然发难，朱元璋是心里有数的。江南就这么点地方，徐寿辉和张士诚已经快到水火难容的地步了，现在自己又横插一杠子，玩了一手"猛龙过江"。本就不大的蛋糕又多了一个饕餮恶客试图分享，他们怎么会开心呢？但乱世争雄，本就容不得花架子，你要战，那便战！

严刑峻法镇住了蠢蠢欲动的心，美妙前景迷住了迸发火星的眼，在这轮"镇江保卫战"中，朱元璋的军队格外勇猛，急于戴罪立功的徐达也格外卖命，数次击败张士诚。

张士诚眼看拿不下镇江，自然也不愿意继续往里面添油，一是胜负难料，二是不愿意与朱元璋血战，白让旁观者捡便宜。就这样，为期一个多月的"镇江保卫战",以张士诚败退而告终。

张士诚那边算是告终了,朱元璋这边可还没完呢,姓张的无故攻击义军同僚,朱元璋集团众将士的士气和火气都处于旺盛状态,自然要想办法找回场子。在这种背景下,朱元璋把目光瞄准了常州。此地虽然是长江下游战略要地之一,但只要谋划得当,也是有易主的可能。因为常州是1356年年初才落到张士诚手中,至今还未满一年,张士诚在此地的统治基础还十分薄弱,最适合作为朱元璋集团向东发展的突破口。

在"镇江保卫战"中立有功勋的徐达再接再厉,寄希望于一战定常州。可常州毕竟城高粮足,仓促间很难破城,于是双方又陷入了僵局。张士诚偷鸡不成蚀把米,本想在朱元璋面前要个威风,没想到反被朱元璋按住暴揍了一顿,差点儿没把小命给搭进去,心里的憋屈就别提了。

可心里气归气,眼前的现实问题还是得解决呀,徐达那个兵痞带兵把常州团团围住,此处又是战略要地,不容有失,这可咋办呢?万般无奈之下,张士诚只好给朱元璋写信讨饶:"总而言之,千错万错都是兄弟我的错,希望你老兄看在咱们同是义军一脉的分儿上,放兄弟一马,将来兄弟我一定唯您老人家马首是瞻!"

对于这种毫无诚意的谈判条件,朱元璋是理都不理,把信往火炉里一扔,转头就给徐达下命令:"加强攻势,把张士诚给我往死里打!"

接到命令的徐达又是一通猛攻,好家伙,可把张士诚给吓得够呛,常州守军天天给张士诚写信求援,据说朱元璋的士兵有好几次都爬上城楼了。再这样下去,常州早晚要失守啊。于是乎,张士诚又写了一封信给朱元璋:"老兄,咱有话好好说不行吗?你别让徐达整天敲锣打鼓地吓唬我。只要你停止攻打常州,我立刻奉上二十万石军粮、五百两黄金和三百斤白银,以后我每年都按照这个数额给你,从今往后,有你老兄在的地方,我张士诚退避三舍!"

按说张士诚开出的这个条件已经足够打动人了,朱元璋只要命徐达稍微松松手，就可以捞到一笔意外之财，还能在日后与张士诚的争斗过程中占据理论优势。可朱元璋照样是二话不说，再一次把信扔进了火炉。但与上一回不同的是，朱元璋给张士诚回信了。

在回信中，朱元璋先是严厉指责了张士诚扣留并羞辱己方信使的不义举动，以及对义军兄弟挥舞屠刀的残暴恶行，然后又要求张士诚把赔款数额翻倍，军粮则增加为五十万石，更要求与张士诚划定疆界，常州以西不许他染指。

客观地说，朱元璋这个要求是有些过分了，张士诚只是处于下风，又不是没有一搏之力，朱元璋这样欺负人，就不怕把张士诚给惹火吗？事实上，朱元璋的用意就是激怒张士诚，逼他与自己决战，然后找机会干掉他。

朱元璋为何如此急切地要置张士诚于死地呢？其实他俩并没有私怨，也谈不上憎恨，更多的还是忌惮。在起兵之前，张士诚是一个私盐贩子，据说他武艺高强，为人豪爽，哪怕自己穷得都快吃不上饭了，还是会把粮食分给周边的穷苦人。渐渐地，张士诚获得了许多人的拥戴，在家乡拥有极高的人望。

虽然张士诚为人豪爽，但他可不是什么毫无原则的滥好人。借助于自己的威信，张士诚经常插手私盐贩子之间的争斗，以一种裁判的姿态出现，判定谁对谁不对。如果被判有过错的一方不服，张士诚就会旗帜鲜明地加入他判定为正确的一方。久而久之，私盐贩子们只要有什么矛盾，都会来找张士诚，而张士诚是能管则管，能断则断。如果出现一些不好断的案件，比如说双方都有道理也都有无奈，那么张士诚就会拍着胸脯说："既然大家看得起我，这次事情的损失就由我老张一力承担，你们双方都别发愁了，有什么事大家以后商量着办就行。"

身边有这样一位人物，大家在遇到困难时，就习惯了找他出面做决断。所以在元末乱局爆发之时，张士诚拍板决定："咱们也反了，重造汉家江山！"

随后的事情就这么顺其自然了。起义原本很顺利，但张士诚贸然称王，立刻被元廷盯上，然后瞬间被打得口吐鲜血。关键时刻，元廷爆发内讧，奉命围剿张士诚的名相脱脱被免职，张士诚顺势击溃元军，算是逃过一劫。

侥幸逃生的张士诚认为自己是天命所归，所以开始肆无忌惮地扩张地盘，最终把如意算盘打到了朱元璋的头上，结果吃了这么大一个亏。张士诚这人有一个最大的特点：虽然出身草莽，但他对读书人特别好，所以在张士诚的地盘内，统治秩序建立得都比较完善。这才是朱元璋最担心的问题。

朱元璋拿下滁州与和州时，主要手段就是与当地的儒生、社会名流结成利益共同体，并任用他们为自己治理地方，这种方法确实取得了不错的效果。但朱元璋是一个乡土观念很重的人，他可以分一些利益给这帮人，却不会任由他们轻易进入自己的决策中心。在这方面，张士诚做得可比朱元璋要彻底，他不但任用当地社会的名流为自己治理地方，还让他们进入自己的权力核心，参与重大决策和利益分配；更重要的是，"张士诚"这个名字都是某位读书人给他取的。朱元璋当初叫朱重八，张士诚当初叫张九四，这哥儿俩的出身也差不多。

面对张士诚这样一个比自己还能放下身段，比自己还会团结知识分子和士绅的枭雄，朱元璋怎么可能不忌惮呢？如果自己最大的优势逐渐变得不再是优势了该怎么办？那自然是灭掉那个拥有相同优势的竞争者，这才是朱元璋看到张士诚就眼红的真正原因。

当张士诚接到朱元璋这封"狮子大开口"的信之后，鼻子都差点气歪了：我不过是暂时处于守势而已，不明内情的人看到这封信，恐怕还以为我快要成你的俘虏了呢。姓朱的，放马过来！

朱元璋漫天要价，张士诚拒绝就地还钱。双方这么来回一折腾，时间已经来到了1357年年初，冰消雪融正是攻城的大好时机。断断续续休整了三四个月的徐达开始发力，终于在三月中攻下了常州。

常州丢失之后，张士诚本打算整顿兵马与朱元璋再次较量，可还没等张士诚出兵，他又在六月份接到了朱元璋攻下江阴的消息。紧接着七月又传来了徐达攻克常熟的消息，自己最为倚重的三弟张士德也在战场上被俘虏了。

张士诚起兵之所以能如此顺利，除了元廷在南方布置的兵力不算太强之外，能征善战、有勇有谋的张士德也出力不小。这么能干的好帮手都被朱元璋生擒活捉，张士诚突然有了一种"天要亡我"的感觉。

朱元璋抓住张士德后，和他进行过一次交谈，双方谈到了各自的家庭背景，年轻时的成长经历，以及起兵之后的各种凶险。讲到开心处，两人放声大笑；讲到悲伤处，一人叹息，一人则从旁劝慰。不明内情的人看到这一幕，还以为这两位是故友重逢呢，殊不知这二位不久前还是在战场上兵戎相见的敌人。

聪明人最擅长发现谁是自己的同类。朱元璋发现，张士德与自己一样出身寒微，也与自己一样才华横溢，更有与自己一样"拯救万民于水火"的崇高理想，于是他那颗爱才之心开始蠢蠢欲动。

朱元璋对张士德说："你是一位非常有才华的人，现在正值壮年，杀了你实在是太可惜了。可如果不杀你，我又不想面对你这么难缠的敌人，你说我该怎么办呢？"张士德闻弦歌而知雅意，便对朱元璋说："我原本以为您只是一个祸乱天下的灾星，可经过此次交谈，却发现您拥有一颗定鼎天下的雄心和济世安民的仁心。我们兄弟起兵反抗暴元，并不是为了什么功名利禄，只是为了让老百姓过上太平日子。既然天下已经有了您这样的雄主，我们又何必阻挡天兵，妄改天命呢？不如这样，我写封信给我的大哥张士诚，让他率部投降，不知您意下如何？"

此言一出，朱元璋立马就笑了。和聪明人交谈真是轻松，要是能收服张士诚，自己再与西边的徐寿辉交战就会更有把握。退一步说，就算张士德没法劝降张士诚，自己也可以把这个人才暂时留在身边，张士诚没了这么个能干的兄弟帮忙，自己要消灭他可就更方便了。

于是双方约定，张士德写信劝降张士诚，朱元璋则保证张家兄弟的福利和待遇，双方在佛前发誓互不辜负。可出乎朱元璋意料的是，与自己交谈，与自己立约，再到佛前发誓等环节，居然都是张士德的计策。张士德根本没打算投降，朱元璋看出他是一个聪明人，他也从朱元璋身上嗅到了同类的气息，知道这个人不好对付，所以他与朱元璋虚与委蛇，表面上写好了一封劝降信交给朱元璋，实际上他早已买通看守，与自己的亲信接上了头，并派亲信紧急送出自己的亲笔信给大哥张士诚。

这封亲笔信的字数不多，核心内容只有一个：你肯定打不过朱元璋，不要犹豫也不要挣扎，赶快向元廷乞降，朱元璋绝对不敢得罪元廷。这样一来，我们就有救了！

张士诚接到信后，先是验看笔迹，又反复盘问信使，最终认定这封信就是自己三弟所写，于是立刻决定按照三弟信中所写的内容行动。张士诚找到了元廷江浙行省的右丞相达识帖睦迩，并表达了自己对当朝皇帝的敬仰与倾慕，希望能够投降，与大元一同肃清反贼。

元廷在江南缺兵少将，因而对朱元璋等反贼没有太好的办法，现在居然有一个地位不逊于朱元璋的反贼决心投降，这可是重大利好消息。但兹事体大，达识帖睦迩不敢擅自决断，于是将此事上报给了大都中央政府。

接到奏报之后，大都中央政府也是非常开心，南方平乱总算出现了一缕曙光，而江南鱼米之乡钱粮颇多，如果张士诚能够奉上些许钱粮，北方的剿匪行动就能获得更好的效果。于是，相关任命很快送抵张士诚处：元廷封张士诚为太尉，他手下的文武官员也纷纷获得了相应官职，张士诚这下算是受了招安，摇身一变成为吃皇粮的官军。

得知张士诚投靠元廷之后，朱元璋勃然大怒，并立刻想通了其中关节。张士德这个臭小子居然敢耍我！

当愤怒的朱元璋迫不及待地想要找张士德算账时，却听闻张士德早就开始偷偷绝食，已于数日前饿死。这段时间朱元璋恰好比较忙，所以没来得及顾上这边。乍一听到张士德的死讯，他不由得愣住了。这下可麻烦了，张士诚原本已经被朱元璋打得首尾难相应，只要再加把劲，说不定就要被赶到现在的上海滩，继而下海喂鱼了。

可当张士诚投靠元廷之后，元军虽然不会为了张士诚与朱元璋血战，却也知道保持他们之间的均势。此时朱元璋势强，元军肯定会想办法偷袭朱元璋的防区，为张士诚缓解压力。在这个当口，如果张士诚集结重兵，摆出一副与朱元璋拼命的架势，西边的徐寿辉再顺势出兵趁火打劫，那么朱元璋就要同时面对三股强敌。

打得过吗？打不过。有办法吗？没办法。这是硬实力的差距，绝不是哪位军师挥挥扇子就能解决的问题。眼看消灭张士诚的良机就这样从身边溜走，朱元璋也只得放弃既定的作战方针。

悻悻不已的朱元璋开始调转枪头，将主要精力集中于消灭元军。在随后的战争中，朱元璋先后拿下了池州和扬州，勉强为1357年画上了一个还算圆满的句号。

08 "如影随形"陈友谅

1358年，朱元璋微调了自己的战略部署，原本他是打算继续向东追击张士诚，把他赶到海里喂鱼，后来却发现张士诚已经抱上了元廷的大粗腿，于是决定向南进军，蚕食元廷和张士诚的其他地盘。

同年三月，朱元璋攻克被张士诚占领的建德，并打算以建德为基点，继续向东推进。像这样从两个方向同时出兵，看准机会还是有把握灭掉张士诚的。但就在朱元璋刚拿下建德不久，他就接到了常遇春送来的紧急情报："徐寿辉突袭池州，战场形势不容乐观。"这封奏报刚送到应天府，常遇春就因所部伤亡过重而导致兵力捉襟见肘，最终只能趁夜色率残部突围，池州失守。

应天府大帅府邸，当常遇春的奏报送到朱元璋面前时，他愤怒地砸碎了一个瓷器，随后还不解恨，又狠狠地抽出佩剑，朝着满屋的家具砍去。他大骂："徐寿辉你这个混蛋！好好说话你不听，非逼着我和你决战吗？你派明玉珍攻打重庆的时候我都没出兵，现在你跟我玩这招！不死不休对你有什么好处啊？"

朱元璋的愤怒有一定道理。1357年，徐寿辉的部将明玉珍准备攻战重庆，当时就有人向朱元璋提议，趁着徐寿辉集团注意力西转的空隙，找机会偷袭他们。朱元璋左思右想，放弃了这个打算，原因是他打算先收拾张士诚，因为张士诚率先动手，朱元璋有足够的理由反击。而徐寿辉几乎没有主动招惹过朱元璋，更没有与元军媾和。虽然徐寿辉与刘福通不在一个系统内，但朱元璋还不想过早地与他决裂，这与既定计划和现实利益不符。

既然暂时不打算翻脸，朱元璋就打算把面子工作做到极致，于是他派人联系了徐寿辉，并向他做出保证："重庆你爱怎么打就怎么打，把兵全调过去都没事，我要是出兵打你，将来必遭天谴！"

面对朱元璋的善意，徐寿辉自然也做出了些许表示，承认朱元璋的吴国公身份，更希望双方能够互通有无、加深合作，共同推翻无道的暴元。

在朱元璋看来，徐寿辉和张士诚都属于同一类人，就是看上去威风凛凛，实际上是"守成有余、进取不足"的人，他们没有乱世枭雄那种睥睨天下的野心与霸气，更缺乏一点赌性。

对于这种人，朱元璋从内心深处是看不上的。可就是这个朱元璋看不上的人，却给他玩了一出"声东击西"。重庆刚打下来，就想着对朱元璋下手。

虽说池州距离朱元璋的核心控制区域较远，在朱元璋的战略规划中属于可以反复争夺的地盘，丢了以后再抢回来就行，不是多大的事，可徐寿辉的这种表现完美地骗过了朱元璋。原本以为他只是志大才疏的曹爽，却没想到这货居然是老谋深算的司马懿。

面对张士德失算一回，面对徐寿辉再次失算，朱元璋这个脸可丢大了。事实上，朱元璋对徐寿辉的判断并没有错，但他还不太了解徐寿辉集团的内部情况。此次出兵的主导者并不是徐寿辉，而是徐寿辉名义上的部将，天完政权的实际掌控者——陈友谅。

我在前文谈及毛贵、关先生和李喜喜时，别说普通历史爱好者了，就是略微了解元末历史的人都未必知道这几个人。他们虽然也是名动一时的大人物，却由于没能笑到最后，所以名声不显。陈友谅就不一样了，别说是略微了解元末历史的人，就是普通历史爱好者都很少有不知道他的。这位爷堪称朱元璋称霸道路上最大的一块绊脚石，他起家的经过同样极富传奇色彩。

陈友谅出生于沔阳黄蓬（今湖北仙桃沔城）的一个渔夫家庭，是家中的老三，原名陈九四。一听这名儿您就该知道，陈友谅的出身和朱元璋那是半斤八两，只不过陈家比朱家富裕一些，所以陈友谅的童年要比朱元璋的童年幸福，至少他能进学堂念书，还有老师传授他武艺。

陈友谅不仅家世比朱元璋强，起点也比朱元璋高。

1352年，朱元璋投奔郭子兴，刚见面就被绑起来敲诈勒索不说，进了军队还得从大头兵开始干起。

1355年，陈友谅正式起义，进入天完政权担任簿书掾（文职官员），成为丞相倪文俊的直属部下。

1355年，郭子兴病逝，他的次子郭天叙和内弟张天祐也于同年兵败被杀，朱元璋集团内部基本肃清了反对派，开始走上迅速扩张的道路。

1357年，天完政权的丞相倪文俊和皇帝徐寿辉开始火并，倪文俊夺权失败，于是逃到了属下陈友谅处，却被陈友谅一刀砍掉脑袋，军队也被兼并了。

随后，陈友谅自任平章政事（等同于丞相），并开始尝试着控制操纵实力大损的天完皇帝徐寿辉，于1358年取得了显著成效。

从这个时间线来看，陈友谅虽然比朱元璋晚三年起步，但发展步骤和间隔时间几乎一致，甚至可以说是如影随形。朱元璋和陈友谅之所以会发展得如此迅速，只因为这两人几乎是一个模子刻出来的：同样阴险狠毒，同样为达目的不择手段。

但这只是两人的内在相似处，从外在来看，两人毫无相似处。朱元璋为人热忱，陈友谅为人阴沉；朱元璋受人爱戴，陈友谅让人畏惧。

从现有的史料来看，郭子兴病逝与朱元璋毫无关系，郭天叙和张天祐战败被杀也只能说朱元璋有重大嫌疑，却没有定论。但陈友谅可不是这样的。倪文俊被陈友谅亲手所杀，这是确凿无疑的；后来的徐寿辉也被陈友谅亲手所杀，这也是板上钉钉的。

对于朱元璋而言，他完全可以用"表面君子，背后小人"的那套手段慢慢对付张士诚和徐寿辉，各种歪招、邪招、怪招、狠招使出来，张士诚和徐寿辉未必抵挡得住，可对手一旦换成陈友谅，这事儿就难办了。从突袭池州这件事来看，陈友谅的做事手法基本就是出其不意，攻其不备，而且可以为达目的不择手段，为人处世的下限比起朱元璋来要低得多。

正当朱元璋为陈友谅头痛时，门口的卫兵传来信息：李善长求见。李善长进来以后，发现屋内一片狼藉，朱元璋拿着宝剑站在中央，一副余怒未消却又彷徨无奈的样子。

李善长还从未见过朱元璋如此模样，他也不敢拿捏语调，所以直入正题："大帅，可是在担忧陈友谅的西线攻势？"朱元璋答道："现在兵力都铺开了，我们的主要精力还是放在东线，但陈友谅弄这么一出，实在是令我感到恼火！"

李善长一听这话就放心了，朱元璋还是在尽最大可能地克制自己，他没有因池州的失守而胡乱出招，目前最重要的是如何在不动兵戈的前提下解决西线陈友谅的威胁。

朱元璋在等，他在等李善长给他一个答案。李善长果然是老谋深算，只见他沉吟片刻，张口说出了一个名字："赵普胜。"

朱元璋听明白了，沉吟片刻之后，缓缓地点了点头。此次突袭池州虽然出自陈友谅的授意，但领兵之人并不是陈友谅，而是天完政权的另外一位大将，此人名叫赵普胜。据说他武艺高强，善用双刀，人送外号"双刀赵"。

在赵普胜攻陷池州的同月，陈友谅也攻占了龙兴（今江西南昌部分地区），后又继续向东北方向进军。从表面上看，陈友谅已经基本把朱元璋的西线锁死，只要继续施加压力，势必会逼着朱元璋回师与自己决战。

如果陈友谅真打算对付朱元璋，那么这将是最好的结果，因为朱元璋的主要兵力此时被拖在浙东，自己只要加速行军，完全可以用闪电战的方式让朱元璋首尾难顾。我们甚至可以大胆提出设想，如果陈友谅能够与赵普胜两路并进，最终在宣城至芜湖一线击溃朱元璋仓促集结的军队，天完大军就能顺流而下，直取应天府。

但就在这个当口，赵普胜派使者送了一封信给陈友谅，说此时长江水流湍急，且朱元璋早已秘密将东部的军队全部调回，并不适合继续进兵，应该稍事等待。看完赵普胜的信，陈友谅的表情十分精彩，套用一句现在流行的话就是"像雾像雨又像风"。赵普胜信中所写的内容，怎么看都像是在扯淡，但赵普胜的意思很清楚，就是不希望陈友谅继续推进。

对于赵普胜的所作所为，主流观点认为这是他不满陈友谅擅杀倪文俊，在赵普胜看来这是忘恩负义，所以他拒绝向前推进。我不敢说这种观点不对，赵普胜在天完政权中始终处于半独立的状态，他跟倪文俊也没有多少私交，要说这种人会出于义愤反对陈友谅，多少也有点不可思议。而最合理的解释就是，赵普胜担心陈友谅伺机坐大，最终把自己也给吞并了。

在倪文俊被陈友谅杀死之后，整个天完政权实际上已经分裂成了五部分，分别是：徐寿辉部、陈友谅部、赵普胜部、明玉珍部和欧普祥部。

经过一年的努力，陈友谅几乎掌控了徐寿辉；明玉珍打下重庆，远离了权力旋涡；欧普祥在江西西部，赵普胜在安庆一带，基本都处于默默经营自家势力的状态。

陈友谅这人有个习惯，那就是在内部问题没有完全解决时，就没有对外扩张的动力，或者说他对外扩张的原因其实都是为了解决内部问题。

陈友谅命赵普胜突袭池州，其实就是在给赵普胜下套，只要朱元璋改变作战计划，向西进攻赵普胜，他就有充分的理由率军进入赵普胜的辖区。这事儿办好了就是联合赵普胜一起战胜朱元璋，在此过程中自然可以玩一手"假途灭虢"（泛指用借路的名义而灭亡这个国家）的把戏，顺便把赵普胜一起解决；这事儿办砸了就是没能顶住朱元璋的进攻，但此刻赵普胜顶在前面，倒霉的也不会是自己。

陈友谅这一手玩得很是漂亮，但赵普胜也不傻，他自然不愿意给陈友谅当炮灰，更不愿意成为陈友谅集权的牺牲品，于是他给陈友谅讲了一个"狼吃鬼"的故事，意图蒙混过关。

对于赵普胜的这种表态，陈友谅自然是极为不满的，但赵普胜始终摆出一副半死不活的样子，好像是在对陈友谅说："你这样强迫我攻打朱元璋，难道就不怕我临阵倒戈，和朱元璋联合起来收拾你吗？"

面对滚刀肉一般的赵普胜，陈友谅暂时也没有什么办法摆平他，于是双方各退一步：赵普胜将主要兵力东移到池州，顶住朱元璋可能到来的报复；陈友谅向西部或南部发展，不得掺和东部战线的相关事宜。

这个结果能让陈友谅满意吗？恐怕很难，因为此时的赵普胜本该成为三明治中间的煎蛋，可随着事态的发展，赵普胜却摇身一变，借助朱元璋的威势，成了随风摇摆的墙头草。

陈友谅恨赵普胜那是恨得牙痒，却也只能捏着鼻子认了。他不再想着向东进军，转头扎进江西，先去找欧普祥的麻烦。

陈友谅和赵普胜之间是什么关系，双方目前处于一个怎样尴尬的局面，李善长可谓是一清二楚，他对朱元璋说出赵普胜的名字，目的就是引导朱元璋朝着天完政权内部斗争的方向思考，而不要被其表象所迷惑。

西部的陈友谅已经不再是威胁，赵普胜也要防范陈友谅与朱元璋达成一致来坑害自己，短期内恐怕也不会有所动作，朱元璋趁着这样的一个时间差，攻下了由元将石抹宜孙镇守的婺州（今浙江金华），彻底打通了进军浙东的通道。

09 "可怜巴巴"方国珍

张士诚投靠元廷暂时不好惹，陈友谅领兵入江西，朱元璋便将下一个攻略目标定在了"海精"方国珍的身上。

自渡江以来，朱元璋的日子并不算好过，主要原因在于他周围的敌人实在是太多了：刚渡江时没招谁没惹谁，张士诚突然跑过来攻城；好不容易反打一波，眼看就要把张士诚赶进大海喂鱼了，元廷又跑出来装模作样地主持正义；自己正想办法继续从元廷和张士诚手里抠好处呢，陈友谅和赵普胜又跳出来刷存在感，还把池州给夺了。

现在张士诚、陈友谅和赵普胜都暂时消停了，朱元璋立刻就想着把没和自己结仇，又在浙东有较大影响力的方国珍拉进己方阵营。

和朱元璋、张士诚、陈友谅三人不同，方国珍并不曾拥有一个"数字曾用名"，他以前叫方谷珍，可见老方家与前面那三位有阶级上的不同。但不管老方家祖上有多少荣耀，到了方国珍这一辈都已经没落了，他和张士诚是同行——以贩卖私盐为业。

方国珍有个外号叫"海精"，据说这个外号来自台州地区的一句民谣"洋屿青，出海精"。这句民谣里包含着当地民众对元廷高压管制的极度不满：

"现在洋屿山都被你们给薅青了，海精很快就会出来收拾你们！"

我们可以将上述四人的家乡做一下对比。

朱元璋的家乡人民大概是比较老实的，虽说家家户户基本上都有人饿死，但咱也没听说濠州有什么了不起的反元武装，只是在天下大乱之后，才冒出郭子兴等五位豪帅。

陈友谅的家乡人民应该也挺友善的，首先是没什么灾祸，所以一直等到天完政权的倪文俊带兵打过来之后，陈友谅才正式宣布起兵反元，其实这也属于被逼无奈。

张士诚和方国珍的家乡人民可就厉害了，他们靠海吃海，受灾祸的影响较小。但对于习惯每天跟大海搏斗的人而言，与天斗是他们的日常，对于元廷的恭敬度和忠诚度都比较有限，所以这两人的家乡人民几乎都是主动杀官造反。

尽管出身相似，但张士诚和方国珍这两人的性格却有极大的不同。对于张士诚来说，天大地大面子最大，只要你肯给我老张面子，哪怕我吃点亏也行，这使得张士诚在家乡的威望极高。从这个角度来看，张士诚有点像《水浒传》里的托塔天王晁盖。

对于方国珍来说，天大地大面子最大，只要你肯给我老方面子，那么我一定会带你混个前程出来。所以当方国珍决定造反时，他不但拉着自己的三个兄弟同生共死，还软硬兼施地鼓动了数百人跟他一起行动。从这个角度来看，方国珍就有点像《水浒传》里的及时雨宋江。

在梁山上，晁盖虽说一直是大哥，但他这个大哥经常被手下的众兄弟忽视，等他决定出山时，其权势已经被宋江挖得不剩多少了。在元朝局势中，像晁盖的张士诚则被朱元璋打得捉襟见肘，最后不得不抱着元廷的大腿苟延残喘；而像宋江的方国珍则带着一队人马逍遥于海上，当起了名副其实的浙东之王。

都说韩山童和刘福通是"元末的陈胜、吴广",因为他们首倡义兵,其实这个说法是可以讨论的。这二人起兵所造成的影响最大,正是由于他们的揭竿而起,才打开了元末群雄并立的新局面,从这个角度来看,说他们首倡义兵,是"元末的陈胜、吴广"并无不妥。可如果单从起兵时间来看,方国珍起兵反元是在1348年,比韩、刘二人起兵的时间更早。这一年他率领数千之众出没于东海,经常前往温州洗劫百姓和富商。只不过由于方国珍的起义并未对全局造成多大的影响,他的这支武装又有十足的流寇性质,所以谈及元末首倡义兵者,通常都没有方国珍什么事儿。

朱元璋打算对付方国珍,却也要考虑方国珍的江湖地位——尽管他捞不到"首倡义兵"的头衔,但方国珍集团依然是元末资历最老的起义军之一。要是方国珍一门心思地和朱元璋在海上打游击,像海贼那样时不时地骚扰沿海城市,朱元璋恐怕要被他烦死。

对于这种人,招降才是最稳妥的。可方国珍是个海贼,想让他诚心归附,恐怕也不是件易事。见利忘义对海贼是家常便饭,朱元璋如果开启"撒钱模式",方国珍自然会巴巴地跑过来跪在地上叫土豪,但等到朱元璋不愿继续撒钱时,就是方国珍反水的时候了。

而且就算是双方处于"蜜月期",朱元璋也休想让方国珍给自己当炮灰,朱元璋只要敢触动方国珍的核心利益,方国珍必然会当场翻脸。关于这一点,洞悉人心、洞察人性的朱元璋心里肯定也是有数的,他不奢望方国珍会被自己的"王霸之气"所震慑,但他相信方国珍是个聪明人。只要自己拥有绝对的压制力,方国珍就肯定不会做傻事。

朱元璋是在赌,如果能在短期内暂时摆平方国珍,让他别在关键时刻站出来捣乱,甚至能帮忙从海上给张士诚捣捣乱,那就再好不过了。

既然想通了,那就开始干。但具体该怎么干呢?难道直接派个使者到方国珍那里耍个威风?不行,这样太粗暴了,效果还未必好。朱元璋想了想,决定还是用自己的老方法，派社会名流出马。

在渡江之前，朱元璋无论是打滁州还是打和州，都会尝试与当地的社会名流建立交情，在建立自己统治秩序的同时，也充分尊重他们的既得利益。但是渡江之后，朱元璋就没怎么用过这一招，因为实在是忙不过来。现在好不容易有了喘息之机，再加上刚打下的婺州还没消化，于是朱元璋决定把"消化婺州"和"招揽方国珍"这两件大事合而为一。

在这种背景下，婺州著名的才子和大儒，如范祖干、叶仪和许元等三十余人纷纷收到了朱元璋的邀请，让他们在婺州开课讲学，读圣贤之书，行仁义教化。

与此同时，朱元璋还将婺州更名为宁越府，并开仓放粮赈济贫苦百姓，这可谓下了血本。朱元璋的付出自然是有回报的，整个宁越府被他建设得犹如人间仙境一般，士农工商提起朱元璋来，莫不由衷地表示崇敬与赞扬。

朱元璋为什么要在宁越府如此兴师动众呢？前文我说过，这个宁越府就是现在的金华市，属于浙东，它正处于方国珍的影响力辐射范围之内。朱元璋在此地行善，敏锐的方国珍肯定会接收到这股来自朱元璋的善意。

据野史记载，当方国珍所部听说朱元璋在宁越府日行数善时，其手下部分出身于宁越府的海贼都想改邪归正，回到家乡重新当一个安善良民。这把方国珍气得不行，最后大开杀戒，以致整个方国珍军中出身于宁越府的海贼数量变得极为稀少。

这段记载我是不相信的，野史之所以会这样写，目的是为方国珍日后的反复无常埋一个伏笔。实际上，以方国珍的聪明，他就算再不喜欢朱元璋，也不可能用如此明目张胆的方式与朱元璋作对。但这则野史至少说明一个问题：当朱元璋在宁越府的影响力越来越大时，方国珍是可以感受到的。这也从侧面说明了朱元璋将"消化婺州"和"招揽方国珍"这两件大事合而为一的做法是多么高明。

经过一系列铺垫之后，朱元璋正式出招：1358年十二月二十四日，朱元璋派遣使者到方国珍处，希望方国珍能够接受北方小明王韩林儿的册封。朱元璋目前依然是小明王名义上的臣子，他要求方国珍接受小明王的册封，自然不可能真将方国珍的相关信息送到北方去给小明王过目，而是用这种方式要方国珍低头，接受自己的领导，毕竟自己是小明王亲封的吴国公，他完全有资格领导归附于小明王的方国珍。

在面对朱元璋的招揽时，方国珍表现得很暧昧。他一面表示自己早就仰慕吴国公的威仪，一面又说自己随时都会处于元廷的打击之下，日子过得苦不堪言，吴国公能否看在自己身为小弟的分儿上，先赞助个仨瓜俩枣？

从表面上看，方国珍简直就是个钱串子脑袋，朱元璋的使者刚到，他就迫不及待地开口要钱，吃相极其难看。可如果我们从方国珍的表述来看，他其实是隐晦地向朱元璋表示：我愿意接受小明王的册封，也愿意给你当小弟，但如果你镇不住局势，可别怪我背信弃义。

当然了，话不会说得这么直白，但意思就是这么个意思。当使者带着方国珍的复信回来交差时，朱元璋又开始踌躇了。方国珍首鼠两端的态度并未出乎他的预料，但方国珍有些过于滑头了，自己带给他的威胁是不是还不太够呢？

李善长得知这一消息后便对朱元璋说："大帅您先前一直在宁越府施行德政仁政，却始终不愿意使用武力威胁方国珍，无非是认为方国珍不会在乎步兵和骑兵的威胁，可现在看来好像不是这么回事。"李善长这话说得很隐晦，但朱元璋一下就听懂了。

方国珍的优势主要在海上，他的确不担心我的步兵和骑兵会威胁到他。但我之前打张士诚功败垂成，面对陈友谅和赵普胜又处处忍让，要是再不展示一下我的肌肉，恐怕真会给人一种好欺负的错觉。想通了的朱元璋顾不得此时正是冬天，他立刻命令各路将领集结，准备出兵攻打浙东诸地，但结果很不理想，打了半天一块地也没打下来。

朱元璋得知这一消息后，再次召集众将开会，并语重心长地对他们说："我要求你们努力练兵，就是希望你们能够在困难的攻坚战中获得胜利。可你们有些人呢，总以为自己有多了不起，总想着攻下城池之后炫耀自己的武力，这是不对的。我们更应该宣扬的是与民秋毫无犯，从不滥杀无辜。我不是在跟你们讲大道理，而是希望你们能够为后世子孙积德。"

很多朋友都跟我抱怨过，领导开会说的话都是大话和套话，根本听不懂。事实上，如果能做到"听话听音"，如果能仔细琢磨领导话中的内涵，对我们在职场上的帮助将会非常大。

朱元璋这番话的意思就是说：我在宁越府创造了一个人间天堂，现在又让你们去攻略浙东，你们居然都没领略到我的意图，真是让我太失望了。现在是冬天，我怎么可能让你们硬桥硬马地去攻城呢？多带上几个宁越府的读书人和老百姓，找机会让他们混进城去做做思想和宣传工作，那不是事半功倍吗？

众将恍然大悟，还是大帅想得周全。没过几日，胡大海攻克诸暨的消息传来，随后几日尽是捷报。在这严寒的冬日里，整个浙东却迸发出一股与气候全然不符的热情。面对此情此景，方国珍有些慌了。

朱元璋对方国珍非常了解，其实方国珍对朱元璋也很了解。如果双方的实力处于对等状态，那么他们就会信心十足地为自己留底牌，因为他们可以充分估算出对方的实力。可如果其中一方明显比另一方强大，事情就没有这么简单了。

朱元璋比方国珍强，所以朱元璋可以在心中为方国珍锁定一副框架：你方国珍不管怎么蹦跶，反正也出不了这个框，那么我就以这个框为范围，慢慢地和你玩。而方国珍呢？由于他的实力弱于朱元璋，所以他没法在心中为朱元璋锁定一副框架，因为他不知道朱元璋的实力会不会突然暴增，一旦出现这种情况，他也不确定自己能否承受得住代价。

朱元璋手握主动权，他知道自己不可能将浙东全部打下来，因为这会把方国珍逼成真正的海贼，这并不符合自己的利益。所以朱元璋的目标并未改变，就是希望方国珍能够放下敌意，尽量听话。可这是朱元璋的底线，方国珍并不知情啊。

在方国珍看来，自己当初婉拒了朱元璋的册封，会不会使得朱元璋对自己丧失信心，然后把"宁越府模式"一比一复刻在浙东，逐步断掉自己的根基呢？如果双方实力相当，方国珍自然敢哈哈一笑："放心吧，绝不可能，姓朱的没那个实力。"可现在诸暨等地先后失守，谁知道那帮社会名流和儒生与朱元璋达成了什么协议呢？这协议里面是否包括自己的项上人头呢？方国珍越想越烦，到最后都开始失眠了。

早知如此，何必当初？尽管丧失了主动权，但方国珍还是不想就这样认输。1359年正月底，方国珍给朱元璋写了一封信，声称自己一向爱好和平，不想看到浙东遍地烽烟，只要朱元璋同意罢兵言和，自己情愿把温州、台州和庆元（今浙江宁波）全部奉上，同时还把自己的二儿子方关送到朱元璋那里去，方便每日接受"教诲"。

朱元璋一看到信，脸立刻就黑了。方国珍，这家伙未免也太贼了！方国珍这番话可信吗？不可信。且不说温州和台州对方国珍有多重要，单说庆元就不可能，因为庆元是方国珍最重要的据点之一，如果把庆元给了朱元璋，恐怕方国珍就真的只能下海当海贼了。

方国珍这招叫作"以退为进"。你姓朱的不是喜欢浙东这块地吗？你也别费劲打了，我全部给你，包括我的治所庆元都给你，我下海去喂鱼。如果你觉得还不解气，我把我儿子给你一个，踢着玩，打着玩，削着玩你随意，行不行？

朱元璋敢接吗？不敢。他就怕方国珍一不做二不休跟自己死硬到底，怎么可能如此逼迫方国珍呢？但朱元璋越想越气，自己好不容易营造起来的气氛，居然被方国珍用这种无厘头的方式给化解了！

当方国珍的二儿子方关被送过来时，朱元璋写了一封回信，命方关带着信滚回去。在信中，朱元璋措辞严厉地指责方国珍：我早就说过，只希望你接受小明王的册封，你却始终怀疑我要兼并你，现在又开始意气用事。如果你是真心归附，就别跟我提什么人质，以后一心一意为我大宋（小明王韩林儿建立的国家国号为宋）效力即可。

看到朱元璋这封表面措辞严厉，实则色厉内荏的回信之后，方国珍笑了，笑得很开心。

在朱元璋和方国珍的初次较量中，朱元璋始终占据体量优势，又有变婺州为宁越府的妙招。但方国珍也不白给，他在处于劣势的情况下釜底抽薪，彻底试探出了朱元璋的底牌，双方最终还是貌合神离地展开了所谓的"合作"。

10 徽州鸿儒

在与方国珍的博弈过程中，朱元璋花大功夫改善了宁越府的民生水平。为此，他甚至率领亲兵卫队常驻宁越府，这是极为罕见的。要知道，朱元璋是一个崇尚勤俭节约的人，自他渡江以来，只是在应天府搞了一番面子工程，进行了大修大建。

这也可以理解，因为应天府是朱元璋的大本营，他自然愿意为此付出大量心力，而宁越府又有什么特殊之处，可以得到朱元璋的额外关照呢？在我看来，但凡是志在天下的逐鹿者，都会对宁越府另眼相看的。

在宋末元初之时，宁越府（当时还叫婺州）出现了四位嫡传自朱熹的大贤，他们分别是何基、王柏、金履祥和许谦，人称"北山四先生"。受"北山四先生"的影响，宁越府一直拥有理学研究的火热气氛。自元朝建立以来，这里就一直都是理学的中心，被称为"小邹鲁"。而理学，是元朝的官方正统学术。要想夺取天下，除了要抓牢"枪杆子"和"钱袋子"，还必须掌握"笔杆子"，这恐怕也是朱元璋重点考虑的问题之一。

在上一章节中，我对建设宁越府的相关事宜只是一笔带过，因为上一章节的主角是方国珍，不能弄出第二个主角来喧宾夺主。

对朱元璋而言，与方国珍结盟固然重要，但在建设宁越府的过程中，他遇到了另一个对他而言同样重要的人。此人生于1299年，比朱元璋大二十九岁，徽州人，他的名字叫朱升。

不熟悉元末、明初历史的朋友可能对这个名字不太熟悉，但他所说的一句名言，大家应该都听过——"高筑墙，广积粮，缓称王"。

如果说李善长只是一个有些许文化的读书人，那么朱升就是一个货真价实的饱学鸿儒。朱升的人生道路一直走得比较顺畅，他少年时便随名师江敏求和金斋谕学习；到十七岁时，朱升拜在休宁县霞瀛开馆讲学的陈栎老先生门下；到十九岁时，朱升就已经考上了秀才。如果按照正常的轨迹发展，朱升应该继续进学，逐步成为举人和进士，踏上漫漫为官之路，可年轻的朱升却在考上秀才之后选择了"不务正业"。

朱升似乎将兴趣转移到了诗词歌赋和文章注解上，他开始舞文弄墨，专注于在文坛上打拼。熟悉朱升的人在提起他时总会摇头叹息，仿佛在感叹一颗政坛新星的提前陨落。但我在读到朱升的这段早年经历时，眼前却跳出了一个少年老成的形象：当大家都以为他在肆意挥霍天分时，他却敏锐地预感到了一些不太美妙的未来。

当时的元朝正值爱育黎拔力八达（元仁宗）在位，这位皇帝是从哥哥海山（元武宗）手里接过的皇位，兄弟两人还约定：爱育黎拔力八达将来必须把皇位还给海山的儿子。这种"哥哥传位给弟弟，要求弟弟以后传位给侄子，弟弟却最终传位给自己儿子"的桥段，在中国历史上发生了很多次，最早可以上溯至春秋战国，比如宋国大名鼎鼎的"十世之乱"。

朱升熟读史书，他认为元廷内乱将起，自己现在出仕祸福难料，不如先想办法夯实自身基础，静待其变。果然，到了1320年，爱育黎拔力八达病危，他没有按照约定，将皇位传给哥哥海山的儿子和世㻋，而是传给了自己的儿子硕德八剌（元英宗）。

面对这种局面，和世㻋自然不服，于是元廷内讧正式展开，双方你来我往好不热闹，一直到妥懽帖睦尔（元顺帝）扳倒权臣伯颜之后，这股内讧风潮才算逐渐平息。而此时已经是1340年，朱升也已经四十一岁了。

在经过一段时间的观察之后，朱升发现元顺帝似乎已经坐稳了皇位，于是在1341年考上了进士，并于1351年成为池州路学正，一个负责教育的九品小官。我在写朱元璋时就说过，三年的行脚僧生涯是朱元璋人生发生蜕变的转折点。对于朱升而言，从1318年考上秀才到1341年考上进士的这二十三年间，也是他人生发生蜕变的转折点，其并不像主流观点所认为的那样，只是写写诗词，注释经典。

1352年，徐寿辉将战火烧到了徽州，而此时的朱升恰好就在家乡，以他的眼光，自然看不上徐寿辉这位天完政权的草莽天子，于是找了个偏僻的小山头开始隐居，此时的朱升已经五十三岁了。

在隐居数年之后，朱升不但没有被众人遗忘，名头反而越来越大，以至于朱元璋都听说了这位奇人的种种传说。于是在1357年底，朱元璋在攻下徽州之后，专门派邓愈前往朱升隐居的石门山，诚心诚意地请他出山辅佐自己。

对于朱元璋的邀约，朱升一再表示自己非常想去，但由于年老多病，已经成了一个废人，实在是有心无力，还望朱大帅另请高明。据说，朱升似乎是觉得这样贸然拒绝朱元璋很不礼貌，于是给了邓愈一个锦囊并对他说："我听说大帅即将攻打婺州，如果战事不顺，可以打开锦囊，里面有破城妙招。"

果然不出朱升所料，婺州非常难打，朱元璋几次强攻都无法奏效，灰头土脸很不开心。这时邓愈就在一旁提醒朱元璋："大帅，朱先生不是给了您一个锦囊，说战事不顺可以打开。"朱元璋想起此事，立刻打开锦囊，看过之后欣喜若狂，立刻按照锦囊所写的方式部署军队，终于找到了婺州的弱点，然后顺利拿下婺州。

大家有没有觉得这个桥段非常熟悉？没错，这样的桥段频繁出现在《三国演义》里，诸葛亮最喜欢玩这招。我非常怀疑罗贯中在写诸葛亮的锦囊妙计时，恐怕就是听说过朱升的这个故事，并以此为原型进行了改编。

尽管"锦囊妙计"的故事很神奇，但这个故事的关键内容却被忽视了。战场上的形势瞬息万变，谁也不敢说自己可以在今天预料到一个月后会发生什么事，指望一个锦囊救命，岂不是刻舟求剑的做法？

锦囊内写的肯定是破城妙计，但这个妙计大概率与军事无关，而是朱升在告诉朱元璋，一旦战事不顺，谁可以帮助你从内部破城。朱元璋依计行事，果然找到了那个可以帮助他破城的人（或团体），最终顺利地进入了婺州。当朱元璋习惯性地开始复盘时，自然会发现朱升的用处：一个小小锦囊就能令婺州城破，这个人的能量实在是太大了。

于是，朱元璋再次派人去请朱升，一再表示自己的仰慕之情，希望朱升能够出山指导自己。我同样怀疑：罗贯中在写刘备三顾茅庐时，恐怕也是因为听说过朱元璋两次邀请朱升的事，于是化用到小说当中。

当朱元璋的使者再次来到石门山时，朱升动心了。在这段时间里，朱升已经通过各种隐秘渠道，将朱元璋的背景资料调查得十分清楚，知道他出身穷苦却十分尊重文化人，李善长和胡惟庸等大批文人都得到了重用。

此时是1358年，朱升已经五十九岁了，如果再不找一位值得投奔的明主，自己这辈子也差不多了。按照史书记载，朱升摇着羽扇飘然来到朱元璋的军营，给他留下了"高筑墙，广积粮，缓称王"这九字箴言。朱元璋在得到这九字箴言之后大喜过望，眼前的重重迷雾仿佛被轻轻拨开，光明未来就在眼前。

可实际上，类似的道理朱元璋早就知道了。刚渡江时，手下就建议朱元璋称王，可朱元璋反复权衡利弊，最终还是决定接受小明王韩林儿的册封，只称吴国公。是朱元璋没野心吗？不是，朱元璋的权力欲非常强，这个特点贯穿了他的一生。是朱元璋实力不足吗？初期也许确实不足，但在击败张士诚之后，朱元璋便已经拥有了称王的实力。归根结底，还在于朱元璋此时非常清醒，他知道不能高调树敌，更不能得意忘形。

朱元璋之所以会大喜过望，并不是因为这九字箴言有多么难得，而在于朱升所表达出来的用意非常难得。正如朱元璋盛赞李善长是"萧何在世"一样，其本意并不在于李善长本人有多少能力，而在于李善长站在朱元璋一边所能造成的影响有多深。

朱升在宁越府一带的影响力非比寻常，否则也不可能用区区一个锦囊就拿下一座城。现在，这个影响力非比寻常的大儒站在了朱元璋一边，而且积极地建言献策，这比任何宣传都更重要。

正是因为有了朱升的加入，才有了范祖干、叶仪、许元、叶瓒玉、胡翰和吴沉等三十余人先后接受朱元璋邀请，为朱元璋大搞宣传的事。这里顺便说一句，大明的首位太子太傅——宋濂就是宁越府人，只不过他此刻并未接受朱元璋赐予的官职，只是在宁越府郡学当了一名专职传授五经的教师。

宋濂号称神童，又是"浙东四先生"之一，初次受聘就是当五经教师，后来还接受朱元璋的征召，成为其长子朱标的老师，大明建国之后更被朱元璋誉为"开国文臣之首"。尽管宋濂履历惊人，但这个"文臣之首"依然有些奇怪。历朝历代都是评选开国功臣，从来就没听说过评选开国文臣，朱元璋可算是为宋濂开了先河。

朱元璋之所以会这样做，主要还是为了感谢宁越府理学界对自己的大力支持。或许有人会问："当初为朱元璋出大力的人明明是朱升，他为什么偏要感谢宋濂呢？"这是因为朱升在朱元璋集团一向低调，以至于史书对他的记录都不太多。朱元璋建立明朝之后，朱升就找机会告老还乡了。

1370年，也就是大明建立的第三年，朱升病故，享年七十一岁。虽说朱升可能是《三国演义》中诸葛亮的原型，但观其所作所为，却总会令我想起那个在《三国演义》中戏份不多，却在《三国志》中鼎鼎有名的人物——贾诩。一样的明哲保身，一样的健康长寿。

值得一提的是，李善长和徐达等多位开国功臣的制诰文字都是由朱升执笔书写，这大概也是朱元璋给予朱升的一份敬意吧。

11 青田才子

与方国珍结盟事毕，朱元璋暂时放宽了心。经过一番博弈，找到一个名义上的盟友，朱元璋算是可以好好地休息一段时间了。

所谓的休息，并不是说朱元璋集团就要刀兵入库、马放南山，而是说他不用再连轴转，可以好好消化这一段时间以来的战果，巩固自己的统治。在这段时间内，朱元璋收复了池州，江左、浙右诸郡几乎全被他收入囊中，成为南方排名前二的实力派。

1359年十一月，朱元璋攻克处州（今浙江丽水），守将石抹宜孙败逃至庆元，最终为朱元璋部将耿再成所杀。

石抹宜孙是契丹人，他的五世祖石抹也先曾随成吉思汗手下大将木华黎攻宋，随后定居台州。随着元朝的建立，迁居南方的石抹氏虽然依旧世袭武职，却逐渐拿起诗书，走上了"允文允武"的道路。

据史书记载，石抹宜孙的祖父石抹良辅去世之后"存遗书数千卷"；他的父亲石抹继祖更是一个"上知天文、下知地理"的儒学大师，据说还十分擅长数学。成长在这样的家庭中，石抹宜孙自然也是耳濡目染，养就一副儒将气派，在他二十多岁时，便承袭父爵镇守处州，凭借政治地位和文学素养，成功吸纳了浙东文坛的多位士人，其中包括刘基、王毅、苏友龙、苏伯衡和王祎等。

在这些人当中最出名的是刘基，也就是我们常说的刘伯温。刘伯温本名刘基，伯温是他的字。按说以字称人显得不太正式，但刘伯温这个名字普及度太高，所以本书从此刻不提刘基，只写刘伯温，以方便大家阅读。

朱升十九岁考中秀才，可以说是非常优秀了；而在谈及刘伯温时，我们要竖起大拇指赞叹一声"天才"，因为他十二岁就考中了秀才。

我在前文中说，《三国演义》中诸葛亮的原型应该是徽州老儒朱升，这是从"锦囊妙计""三顾茅庐"和"隆中对"的角度出发。可如果从"草船借箭""借东风"和"辅佐幼主"的角度出发，罗贯中应该是从刘伯温的身上得到了灵感。

朱升偏好诗词歌赋和史学典籍，而刘伯温则更偏好于天文地理和兵法数学。《三国演义》中的诸葛亮擅长诗词歌赋，他写的歌可以让种地的农民们齐声高唱。他又擅长天文地理，知道三日后会有大雾，于是有了草船借箭；更知道东风何时刮起，于是有了巧借东风。罗贯中将朱升与刘伯温的特长杂糅在一起，塑造出了一个神仙似的诸葛亮。

到十七岁时，刘伯温开始跟随名士郑复初学习程朱理学，这对刘伯温的影响非常大，因为程朱理学的核心观点就是"存天理，灭人欲"，讲究顺应潮流和保持低欲望。刘伯温在学习过程中，又加入了自己的理解，最终变成了"人不可逆天，人不可多欲"。

刘伯温写过一篇名为《卖柑者言》的寓言故事，大意是说杭州有个卖水果的小贩，他有祖传的特殊贮存技术，柑橘放几年都不会坏。大家觉得他的柑橘一定非常好，所以都喜欢来他这儿买柑橘。可这个小贩所卖的柑橘都是"金玉其外，败絮其中"，切开以后臭不可闻。有人找小贩理论，小贩笑着对他说：

"大家都喜欢我的柑橘，唯独你不喜欢，你怎么不找找自己的原因，反而要来找我柑橘的原因呢？"

刘伯温之所以会写这篇文章，是为了表达他对元廷腐败、黑暗的不满，同时满含着自己想要出将入相，凭借才华和能力改变这一现象，重塑大元江山的美好期盼。换言之，刘伯温始终认为：朝廷就像一棵大树，它之所以会腐败和黑暗，都是因为啃食大树的蛀虫太多，只要清理掉蛀虫，大树就会焕发生机。不能因为大树有蛀虫就砍树，这叫"逆天而为"；那些砍树的人根本不是为了世间清明，而是想砍掉大树腾出空位，栽上自己培养的树苗，这叫"私欲旺盛"。

从这个角度来看，刘伯温更像诸葛亮了。虽然出现了桓帝、灵帝这样昏庸无道的天子，但我们的使命应该是恢复汉室清明，而不能像曹贼那样乱砍滥伐。抱着这种态度，刘伯温始终在寻找可以帮他一同恢复元廷清明的忠臣。比如说石抹宜孙，在刘伯温看来就是一个合适的对象，所以刘伯温与石抹宜孙的关系非常好，两人经常互赠诗词。

对当时的元廷天子元顺帝妥懽帖睦尔，刘伯温也是大加赞赏，他曾在元顺帝生日时写诗遥颂"万年主寿长，百拜臣首稽"。对当时的宰相脱脱，刘伯温则认为他是一个能够力挽狂澜的大英雄，更是自己崇拜的偶像，于是写诗歌颂道"太师祇园英，聪明实神启"。我倒不是说刘伯温这马屁拍得有多肉麻，而是说他这个人天生就瞧不起那些乱世枭雄，认为他们全都是乱臣贼子。

朱元璋打下处州之后，曾按照惯例邀请当地社会名流来自己账下效力，却发现应者寥寥。最初，朱元璋也没把这事放在心上，石抹宜孙毕竟在此地经营多年，效忠于元廷的人肯定很多。但处州位于长江以南，是传统的汉人聚居地，只要自己略微放下点身段，再打出类似于"驱逐胡虏"的旗号，给他们一个面子，相信他们是能够想通的。

朱元璋所料不错，当他放出相关信号后，各界名流陆陆续续地都来了，唯独有三个名人没到，他们分别是刘伯温、章溢和叶琛。得知这一消息后，朱元璋还是没把这事放在心上，他想，这三位估计是大咖，不能随大流一同前来，那我派专人去请他们，满足他们好面子的虚荣心，这样总行了吧？

于是一番手忙脚乱之后，章溢和叶琛被请进轿子里抬到了朱元璋的帅堂前。朱元璋站在门口笑眯眯地数着人数："一、二……一、二……一……二……嘿，不是说有三个吗？怎么就请过来两个？"被朱元璋派出去请人的使者孙炎连忙上前禀报："章溢先生和叶琛先生都来了，刘伯温先生说自己病了，实在没法过来见您。"

朱元璋这下可有点儿不高兴了：我第一次放低身段邀请你，你假装看不见；我第二次派人用八抬大轿请你，你假装生病，这谱摆得也太大了吧？第二天，朱元璋又命孙炎去请刘伯温，这回他给孙炎下了死命令："请不到刘伯温，你就别回来见我！"

一脸委屈的孙炎再次来到了刘伯温的家中，诚恳地邀请刘伯温前去面见朱元璋，并表示酒宴已经备齐，单等先生一人。刘伯温还是那副病恹恹的模样，有气无力地对孙炎说："我现在病得腿软，说话也没力气，吴国公（朱元璋）身经百战，一身龙虎之气更是至阳至刚，恐怕我刚到他面前，就要被他这股气势给弄死，不敢去啊。"

一个执意邀请，另一个执意不去，双方就这样你来我往几个回合、十几个回合、几十个回合，最后刘伯温实在没办法，就命下人拿了一把宝剑给孙炎："孙兄，我是真去不了。你要是不满意，就抽剑把我给砍了吧！"孙炎心里那股气也上来了，立刻怼了回去："你应该亲自把宝剑献给吴国公，让他杀尽所有不肯顺应天命的人！"刘伯温听到孙炎这样一说，就知道不去是不行了，于是心不甘情不愿地上了八抬大轿，前去面见朱元璋。

这虽然是正史中的记载，但其实对此我是有疑问的。从朱元璋的角度来看，如果他只是看重刘伯温的名声，执意请他出山，完全可以用一种较为温和的方式，没必要派孙炎过去吓唬他。读书人嘛，吃软不吃硬，如果孙炎一声令下，让士兵架着刘伯温来到朱元璋面前，朱元璋"礼贤下士"的人设就崩了。

从刘伯温的角度来看，如果他只是死忠于元廷，不愿为朱元璋这样的反贼效劳，他完全可以渡江北上，还可以隐居山林，干吗在家里等着朱元璋来请呢？他又不是真生病了。

事实上，这是朱元璋和刘伯温在隔空博弈。在朱元璋攻下处州之前，刘伯温是有官职在身的。据史书记载，在朱元璋攻下处州之前，刘伯温在石抹宜孙麾下效力，主要工作是抵抗方国珍的海上侵袭。等朱元璋攻打处州时，刘伯温因厌恶官场倾轧，已经辞官归故乡了。

可在刘伯温的传记中，又说在他辞官之前，经略使李国凤认为刘伯温颇有功劳，决定向元廷如实禀报，可是官场黑暗，依然有小人说刘伯温的坏话。基于这种情况，李国凤本想带走刘伯温，但刘伯温没有接受，而是选择了辞官。

这里面就有问题了，李国凤是经略使，这是总揽一方军政大权的高官，不可能天天在处州这么个小地方泡着。李国凤也是巡查至处州时，才发现这里居然有刘伯温这样的人才，于是动了爱才之心。问题就在于：李国凤巡查至处州的时间是1359年，也就是朱元璋攻打处州的那一年，后来因战局糜烂才选择离开的。换言之，在刘伯温辞官时，正是朱元璋攻打处州的时间。

在朱元璋攻打处州的过程中，刘伯温有没有在石抹宜孙麾下出谋划策？对于这个问题我本来是不敢确定的，但在看过朱元璋和刘伯温两人的诡异交锋之后，我基本可以断定：在朱元璋攻打处州时，刘伯温不但积极地为石抹宜孙出谋划策，很可能还与朱元璋有过照面，双方知道彼此的存在。

接下来的事情就很好解释了，刘伯温担心朱元璋清算自己，所以梗着脖子不屈服；朱元璋大概也知道刘伯温会这么做，所以才对孙炎说，刘伯温不来你就别回来。

在朱元璋死命令的逼迫下，孙炎真有可能对刘伯温说："今天你无论如何都要跟我去见元帅，不想活着见，那就尸体见！"

对刘伯温而言，如果真听到这种话，他肯定会跟孙炎走的。一方面是因为孙炎被朱元璋下了死命令，真的会杀人；另一方面是朱元璋的态度，既然"不见面就处死"，那不就是明摆着告诉刘伯温"见面可能不死"吗？不管怎么说，刘伯温决定赌一把，见朱元璋一面，说不定他就把自己留在身边了。

行文至此，读者朋友们或许会感到奇怪，既然刘伯温不想死，当初他干吗不跟着李国凤走，而非要在这儿跟朱元璋玩危险的游戏呢？原因只有一个，这时的刘伯温已经想通，元廷扶不起来了，他决定改换门庭。千万不要以为这是刘伯温第一次辞官，在此之前，刘伯温已经有了两次辞官经历，而此时的刘伯温已经四十八岁了，他连在处州这种小地方当个小官都不安生，你说他在元廷体制内还能有多大前途呢？

无论是诸葛亮还是刘伯温，他们的确都有着读书人的孤高和忠诚，但其实他们也都是识时务的聪明人。诸葛亮为什么等着刘备来请自己，而不是巴巴地跑到曹操那里去拜见汉献帝呢？不就是因为直接匡扶汉室已经不可能了，所以才要曲线救国吗？

对于此时的刘伯温而言，再想着一步一个脚印爬上元廷高官的位置，几乎是不可想象的事，而就算让他爬上去，面对全天下此起彼伏的义军，身处于那个腐化堕落的元廷又能有什么办法呢？既然匡扶元廷已经成为泡影，还不如加入一个可能夺取天下的利益集团，为再造社稷尽一分力。

对朱元璋而言，他其实非常喜欢刘伯温这种聪明人，他们知道什么叫"事不可为则不为"，也知道什么叫"良臣择主而事"。和这类人打交道必须把握住一个准则，那就是绝对不能心急，在做事前要多想，别仓促下决断。

如果朱元璋没看懂刘伯温的套路，只是觉得这个人不上道，于是随便派个人把他给宰了，岂不是就失去了一个人才？或者只是觉得这个人沽名钓誉，于是就不再理会他，刘伯温岂不是就只能另寻去处，甚至老死田间？

诸葛亮固然是一个难得的忠臣，但我们也不应忘记大度放权的刘备和刘禅父子，如果他们不够了解诸葛亮，甚至没完没了地猜忌和打压诸葛亮，那么留给诸葛亮的道路就只剩两条：要么被打压至死，要么奋起反抗。可无论诸葛亮做出何种选择，他都很难拥有千年不衰的完美形象了。

先是获得了朱升的认可，后又取得了刘伯温的信任，朱元璋在识人用人方面的才能，的确会令常人感到难以企及。也只有这样的人，才真正有资格逐鹿天下；也只有这样的人，才真正能在乱世发光发亮。

12 黯然离场和被迫变招

朱元璋先后收服朱升和刘伯温，在宁越府和处州建立起了较为牢固的统治基础，这个阶段的工作应该说是卓有成效的。但朱元璋根本来不及休息，反而立刻又要投入到紧张的工作当中。

朱元璋之所以会这样急迫，是因为他西边的赵普胜部出了大事：1359年九月，陈友谅设计暗杀了赵普胜，并积极接受他的军政遗产。

天完政权是徐寿辉和彭莹玉共同建立的，按照现在的说法，天完政权的股份主要把持在这两人的手上。但彭莹玉于1353年就义，他手中的军政遗产就被分给了自己的各位弟子。

在元末有一帮名字里面带"普"字的乱世枭雄，比如杨普雄、丁普郎、项普略、欧普祥、陈普文、赵普胜和邹普胜等，他们都是彭莹玉的弟子，属于辈分最高的"普字辈"，也是分得彭莹玉遗产最多的一群人。

而徐寿辉这一系的主要领导人数没有"普字辈"那么多，但都是个顶个儿的大咖。比如天完政权曾经的丞相倪文俊，比如割据巴蜀二十余年的明玉珍，再比如号称"朱元璋一生之敌"的陈友谅。

在随后的发展历程中，徐寿辉由于魄力不足，根本无力压制"普字辈"，所以丞相倪文俊便希望把徐寿辉赶下台，然后带着明玉珍等人收拾"普字辈"。

在内讧过程中，倪文俊不敌徐寿辉，逃到了亲信陈友谅的地盘，最终却被陈友谅所杀，而陈友谅则接收了倪文俊的余部，开始拥有与徐寿辉、明玉珍鼎足而立的资格。

外有"普字辈"压顶，内有陈友谅、徐寿辉蠢蠢欲动，明玉珍率先选择后退，他明确表示：自己愿意为天完开疆拓土，往西边的重庆发展，不掺和内部的这些破事儿。

明玉珍退让之后，陈友谅立刻重复着倪文俊的行动，那就是和天完政权的皇帝徐寿辉争权夺利。徐寿辉为人老成保守，并不是陈友谅的对手，他手下的那点儿势力也逐步被陈友谅蚕食。

应该说，到了1358年，抛开远遁巴蜀的明玉珍不谈，陈友谅已经成为天完政权徐寿辉一系势力最大的人，徐寿辉在很大程度上都要看陈友谅的眼色行事。在这种背景下，陈友谅自然要将目光转向彭莹玉一系的"普字辈"，只有除掉他们，陈友谅才算是真正掌控了天完政权。

陈友谅收拾"普字辈"的过程顺利吗？并不顺利。陈友谅和赵普胜过招的事我在前文说过。他命令赵普胜打池州，就是想挑起赵普胜和朱元璋的矛盾。但朱元璋和赵普胜都是理智的人，所以他们不约而同地选择了罢兵，空留陈友谅在原地跳脚。

眼见收拾不了赵普胜，于是陈友谅开始向西南转移进入江西。江西西部是欧普祥的地盘，陈友谅拿下元廷驻守的数座城池之后，打算向欧普祥下手。

"普字辈"内部也不是铁板一块，赵普胜看到陈友谅放过自己，转头去找欧普祥的麻烦，那是大大舒了一口气。在赵普胜看来，你陈友谅和其他"普字辈"的人打生打死都无所谓，别来找自己的麻烦就行。

赵普胜是舒了一口气，朱元璋可就不开心了。要是陈友谅灭掉了欧普祥，再次率军东进怎么办？赵普胜肯定挡不住陈友谅，到时候肯定又要拉着自己当靠山，狐假虎威地吓唬陈友谅。

可按照朱元璋的战略设想，最完美的剧本应该是这样的：赵普胜和欧普祥等天完政权的"普字辈"大佬合力拖住陈友谅时，自己抓紧时间，联合方国珍赶快把张士诚给灭了，然后再玩个"假途灭虢"的把戏，想办法把方国珍也给灭了。到那时，陈友谅和"普字辈"大佬之间要么处于胶着状态，要么一方被灭一方险胜，自己则可以从容地收拾残局。

如果上述两种情况都未发生，那么长江以南的局势就变成明玉珍占据上游，陈友谅和"普字辈"大佬共享中游，朱元璋独占下游，这也比朱元璋现在这样左右受夹攻要好得多。

朱元璋为什么不愿意先与陈友谅交锋呢？原因很简单，陈友谅处于中游，中游打下游是顺流而下，天然就占据优势。而朱元璋如果没能吃掉方国珍所部，他手下的战船数量也不足，恐难以与陈友谅争锋。

在这个战略设想当中，最重要的自然是"普字辈"大佬，他们必须死死拖住陈友谅，为自己争取时间。可眼看欧普祥就要挺不住了，赵普胜却在一旁嘻嘻哈哈地看热闹，这怎么能行呢？

于是朱元璋决定攻打池州，逼着赵普胜把大本营西移回安庆，并营造出一股随时会攻打安庆的气氛。这样做的好处是可以逼迫赵普胜向陈友谅求援，如果陈友谅率兵来救，欧普祥那边的压力就会小很多，自己只要把陈友谅拖在安庆一带，欧普祥就有机会在江西给陈友谅捣乱。如果陈友谅见死不救，那至少拿回了池州，"普字辈"大佬也可以在内部攻讦陈友谅，自己可以有较为充足的时间发展，瞅准时机先收拾张士诚。

收复池州的战役进行得非常顺利，赵普胜被朱元璋的军队打得抱头鼠窜，最终只得收拾残兵败将逃回安庆。赵普胜躲在城中，一方面向朱元璋求和，另一方面赶忙联系皇帝徐寿辉和平章陈友谅：我要被朱元璋灭掉了，你们快来救我！

收复池州之后，朱元璋回到宁越府，一方面在长兴、江阴和常州等地与张士诚展开较量，另一方面则开始部署攻打处州的事宜，这才有了后来收服刘伯温的一系列事件。

预料中的追兵没有来到，赵普胜慢慢也回过味来，看来朱元璋并不想动我，只是觉得我在池州碍眼，想把我打发到江西和陈友谅团聚罢了。赵普胜也不傻，陈友谅在江西收拾欧普祥，自己没必要凑那个热闹，既然已经被困在安庆动弹不得，那就暂且如此吧！等陈友谅收拾完欧普祥之后，朱元璋就会记起我的好了，到时候再让他恭恭敬敬地把我请回池州去，否则我绝不帮他。

定下心来的赵普胜立刻又派人向西边的徐寿辉和陈友谅送信，大意是说安庆目前固若金汤，朱元璋不敢来犯，等我休养一段时间之后，再点齐兵马把池州夺回来，你们忙你们的，我这儿暂时不用管了。

赵普胜和朱元璋打得起劲儿，陈友谅在一旁看得分明：朱元璋这招叫"驱虎吞狼"，希望我们天完内部先斗起来，方便他姓朱的向东发展。你别想好事了！无论赵普胜还是朱元璋，他们对陈友谅都足够重视，但他们显然低估了陈友谅的下限，更低估了陈友谅的决断力。

想当初，朱元璋和张士诚之间打得热火朝天，元廷介入之后，朱元璋立刻停手，哪怕是赵普胜突袭池州，朱元璋也没敢还手。为什么？因为朱元璋担心轻举妄动会招致夹击。事后虽然证明朱元璋有些多虑，但我们必须得说，想要夺取天下，既要有放手一搏的勇气，更要有小心谨慎的心态。

如果按照朱元璋的标准来推断，在江西形势不明时，陈友谅肯定是不敢擅自离开的，因为陈友谅周围也有徐寿辉、欧普祥和赵普胜三大政敌。如果因为陈友谅的突然离开，导致江西形势发生逆转，那陈友谅的未来恐怕就有些不妙了。到那个时候，被陈友谅看作傀儡的徐寿辉有可能联合兵败的赵普胜一起配合欧普祥，三方合力将陈友谅夹在中间。

可陈友谅看准了他们不会联合，或者说看准了他们的动作会慢一拍，而朱元璋又在围攻处州，所以他当机立断，欧普祥这边先不管了，赵普胜现在正处于低谷期，先把这人给解决掉，朱元璋没工夫来救他。

就这样，陈友谅摆出一桌鸿门宴，轻松干掉了赵普胜。赵普胜一死，周边势力都开始紧张了，尤其是朱元璋。老朱心里是千悔万悔。真没想到陈友谅胆子这么大，居然敢放下江西，带兵从江州（今江西九江）连夜赶往安庆收拾赵普胜，而且不是活捉或软禁，是直接击杀，他就不怕天完内部产生哗变吗？欧普祥也是废物，这个时间差难道就不知道利用起来吗？徐寿辉更是没用，你就眼睁睁看着自己内部倾轧吗？

事已至此，说再多也没用了，唯一的好消息是陈友谅虽然行险，却依然不敢在安庆久留。这里毕竟是赵普胜长期经营的根据地，所以在解决掉赵普胜之后，陈友谅立刻返回了江州，朱元璋也不用担心西线受到攻击，所以还是安心围攻处州。

尽管如此，朱元璋的心情还是非常沉重。赵普胜已死，没有他居中润滑，自己和陈友谅的地盘直接相邻，大战已不可避免，但己方军队人数和水师战船均不如陈友谅，东边还有张士诚虎视眈眈，方国珍不过是墙头草，根本就靠不住，一旦轻启战端，祸福难料。

不管事情有多难，总要想办法去面对。朱元璋先是派人联系方国珍，要给他升官。方国珍也不傻，你朱元璋眼看就要被陈友谅收拾了，我干吗现在接受你的官职啊。于是他对朱元璋的使者说自己身体不好，眼看活不了多久，实在没办法接受吴国公的美意，请替我谢谢他。

方国珍的拒绝并未出乎朱元璋的预料，他本来也是抱着"有枣没枣打一竿子"的想法碰运气，现在方国珍靠不上，张士诚态度暧昧，那就暂时别管他们了，安心考虑陈友谅的事吧。

陈友谅有高超的决断力，朱元璋能与之争锋，在这方面的才干自然也毫不逊色。当朱元璋决定凭借一己之力与陈友谅抗衡时，就已经做好了破釜沉舟的准备。

首先，朱元璋命徐达、常遇春固守池州一线，防备陈友谅的突袭；其次，朱元璋命汤和、吴良和耿炳文固守常州江阴一线，防备张士诚的突袭；第三，朱元璋命夏煜加强与方国珍的联系，尽最大可能拖住他，不能帮忙也别添乱；最后，朱元璋亲率大军坐镇应天府，等待决战日的来临。

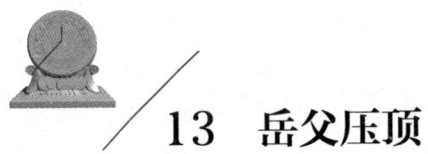

13　岳父压顶

在提及朱元璋与陈友谅交恶的原因时，史书给大家讲了一个故事。

1360年五月，陈友谅率军进攻池州，徐达和常遇春固守城池，最终击败了陈友谅的部队，还抓了三千名俘虏。在如何处理俘虏的问题上，徐达和常遇春起了争执。徐达认为陈友谅势大，我们不能轻率决定这些俘虏的命运，应该让吴国公来决断。常遇春则认为，我们和陈友谅之间必有一战，区别就是哪天开打而已，这三千俘虏不如直接杀了，免得吴国公一心软又放他们回去，将来我们还要再面对他们，徒增伤亡。

两人争执不下，徐达立刻写信禀告朱元璋。收到徐达的来信之后，朱元璋命令将这三千俘虏押回应天府，可信使刚到池州，就收到了常遇春传来的消息：常将军嫌这些人都是白吃饭的累赘，已经在几天前把他们全部活埋了。陈友谅得知这一消息后勃然大怒，立刻率军顺江直下，誓要与朱元璋展开决战！

在谈及"常遇春杀降"这个问题时，史学界的主流看法都是说常遇春破坏了朱元璋的既定战略，以至于朱元璋只能仓促应战，才有了后来的一系列惊险情况。这个观点不能说是空穴来风，双方交战的导火索基本就是此次常遇春杀降。可问题就在于：即使没有常遇春杀降，双方很快也会打起来。

对朱元璋来说，常遇春杀降不但没有破坏自己的既定战略，反而在一定程度上促进了自己的战略实施。不知大家是否还记得常遇春与朱元璋相遇的事，他是一个学习能力极强的聪明人，虽然一贯喜欢杀降，但就是借给常遇春几个胆子，他也不敢破坏朱元璋的战略部署，否则有几条命都不够死的。而朱元璋对常遇春始终是喜爱有加，全然没有那种领袖对臣子的防备，倒像是大哥对小弟的爱护。

常遇春之所以敢按照过去的习惯杀降，就是因为他看懂了朱元璋的布置：尽管自己也没准备好，但朱元璋巴不得早点开打，这仗打得越乱，己方胜率就越高。

三国时期，诸葛亮是没完没了地招惹曹魏，可总是小心谨慎，并不过分深入魏国区域。只要司马懿敢派大军追击，诸葛亮就立刻撤兵，捎带着还把追击的魏军击溃。

蜀汉的实力不如曹魏，诸葛亮难道不知道这一点吗？他知道。正因为诸葛亮知道，所以他必须不断地出兵骚扰曹魏。如果双方罢兵努力发展，以魏国的体量，只会比蜀国发展得更快，双方的差距就会越拉越大，到那时，魏国要灭蜀国就容易多了。

朱元璋此时的困境与诸葛亮当时所面临的困境相似。朱元璋体量完全比不上陈友谅，如果任由陈友谅发展，等他逐一吞掉徐寿辉和"普字辈"大佬之后，必然会来找自己的麻烦；而自己努力发展的速度绝对比不过陈友谅，到那时差距只会越拉越大。

朱元璋目前唯一能做的，就是趁陈友谅并未进化成"完全体"时，将其拖入战争的泥淖，然后伺机打败他。常遇春正是看懂了这一点，才会毫不收敛地继续他的"杀降大业"，徐达与常遇春相比，在战略眼光上还是差了一些。

就在常遇春杀降后不到一个月的时间，陈友谅的大军就赶到了战场，第一仗就把朱元璋给打蒙了：陈友谅先下采石，又克太平（今安徽马鞍山当涂县），守将朱文逊（朱元璋养子）、院判花云、知府许瑗先后战死。

或许有朋友会奇怪，朱元璋不是想早点与陈友谅开战吗？怎么会在第一仗就被打蒙了呢？尽管常遇春猜对了朱元璋的心思，学习诸葛亮袭扰魏国的方式可取，但在具体实施上却要小心再小心，仔细再仔细。诸葛亮可以借助地形玩防守反击，陈友谅想收拾朱元璋可没有这种顾忌，他的水军完全可以顺流而下，朱元璋根本无力抵挡。

徐达和常遇春是朱元璋手下最为得力的两员战将，朱元璋把他们放在池州，就是希望他们能构筑起第一道防线阻击陈友谅。为此，朱元璋为徐达和常遇春配备了五千精锐守城，并在九华山下埋伏了上万人。

现在可好，陈友谅对池州不管不顾，居然开着战船直接攻城，这恐怕是朱元璋所没有想到的。朱文逊才能一般，花云算得上一员猛将，但此时的太平只有三千人镇守。与徐达常遇春那边的兵力配备一对比，我们自然可以得出结论：朱元璋根本没料到陈友谅会用这种方式来发动进攻。

这是朱元璋与陈友谅的初次交锋，军事才能出色的朱元璋惨败，可见陈友谅行军作战真是有一手。而陈友谅在随后的表现，却为后人留下了颇多争议。

初战告捷的陈友谅并未乘胜追击，而是"邀请"天完政权的皇帝徐寿辉来采石，祭拜神明，保佑大军连战连捷。我之所以会为"邀请"二字打上双引号，是因为徐寿辉根本就不想来，他是被陈友谅派去的使者一路架着过来的。

来到采石之后，徐寿辉就感觉自己恐怕活不了了，于是苦苦哀求陈友谅，自己愿意交出手中的全部筹码，并保证替他说服明玉珍，保证将天完政权完好无损地交到陈友谅手上。对于徐寿辉的这种保证，陈友谅不屑一顾。当时的天完政权内部早已是派系林立，徐寿辉谁也管不了，指望他帮忙说服明玉珍，多少有些不切实际。

陈友谅认为自己可以用最有效、最快捷的方式拿下整个天完政权，但在这之前，他肯定要把徐寿辉这位皇帝除掉。

就这样，陈友谅杀死了天完政权的唯一一任皇帝徐寿辉，并将国号改为"汉"，年号改为"大义"，自己当了皇帝。"大义"这个年号说起来有些讽刺，陈友谅先杀丞相倪文俊，后杀同僚赵普胜，再杀皇帝徐寿辉，整个天完政权里就数他最没资格称这个"义"字。

但也有另外一种解读，说这个"大义"其实是"大义灭亲"的意思。如果陈友谅最终修成正果，那么若干年后大家回想起来，都会说本朝太祖皇帝姓陈讳友谅，他怀着一颗再造天下的慈悲心，无惧世俗眼光，以"大义灭亲"为手段，专打那些阻碍天下统一的义军首领，比如徐寿辉，比如朱元璋，比如张士诚……扯远了。

关于陈友谅除掉徐寿辉并自立为帝这一行为，在天完政权内部引起了极大波澜：明玉珍和欧普祥立刻表态，陈友谅是杀害皇帝陛下的乱臣贼子，我绝不听他号令。

可以说正是因为陈友谅这一通乱砍乱杀，使得整个天完政权削弱不少，很多人认为，这才是陈友谅不能得天下的主要原因。这个观点不能说不对，但显然是以结果推过程，因为陈友谅失败了，所以我们总结出陈友谅失败的原因。

从当时的环境来看，陈友谅击杀徐寿辉，真的会对他造成极大影响吗？至少那个时候不会，反而有积极的正面效果。徐寿辉被杀之后，明玉珍和欧普祥明确表示要与陈友谅决裂；可在陈友谅杀徐寿辉之前，这二位难道是陈友谅的铁哥们儿？同样不是。

无论陈友谅杀不杀徐寿辉，明玉珍和欧普祥都不会向陈友谅臣服，因为他们已经习惯了在自己的独立王国称王称霸，徐寿辉活着的时候尚且管不了他们，怎么徐寿辉一死，他们就开始掉眼泪了？这是鳄鱼的眼泪吧？

我们来算一笔账，陈友谅击杀赵普胜和徐寿辉，可以尽情地接管他们的地盘。至于那些反对派，反正陈友谅和他们都只是"表面同事"而已，现在不过是提前撕破脸皮罢了。或许有人会说，明玉珍、欧普祥和陈友谅撕破脸，朱元璋完全可以联络他们共同对付陈友谅啊。放心吧，明、欧两人就是想好好经营自己的独立王国，才不管你朱元璋和陈友谅打得有多惨烈呢。

从这个角度来看，陈友谅称帝，倒也不能说他犯了多大的错，只是他最后失败了，所以就算有妙招，也会被理解为败招。

干掉徐寿辉之后，陈友谅再次用阴狠的目光盯上了朱元璋。现在采石和太平都在陈友谅手中，他随时可以威胁朱元璋的大本营应天府。与此同时，陈友谅还写信给位于朱元璋东边的张士诚，希望他能够配合自己，一东一西夹击朱元璋，彻底灭掉这条来自北方的过江龙。

当这个消息传到应天府时，朱元璋正在召集众人开会，几乎是满朝哗然，大家都在窃窃私语，整个朝堂上呈现出一片诡异的景象。朱元璋面无表情地端坐在上，望着底下面露惊慌之色的众人，暗叹陈友谅手段高超，自己似乎就快要顶不住了。

攻下太平之后，陈友谅真是非常火急火燎地要击杀徐寿辉，自己当皇帝吗？并不是。陈友谅为什么能够顺利攻下采石和太平？一是因为朱元璋没有料到自己会从水路进军；二是因为自己行军速度极快，在朱元璋没反应过来的情况下，战斗就已经结束了。

如果陈友谅再接再厉攻打应天府，效果一定不会好。因为水军攻城毕竟比不上陆军，朱元璋在太平吃了一次亏，还指望他在应天府再吃一次亏，那未免也太小瞧朱元璋的智慧了。而一旦不能迅速拿下应天府，朱元璋就可以顺势给自己的手下鼓劲：我还以为攻破太平的陈友谅有多厉害呢，原来他就像程咬金一样，只会三板斧啊。你看，他的军队在太平城下吃瘪了吧！

如果陈友谅选择摒弃水路，转而从陆路进军，那么势必就要直面徐达和常遇春所把守的池州，内有五千精兵，九华山下还埋伏着上万士兵。陈友谅未必知道这一情况，但他与徐达、常遇春有过正面交锋的经历，深知这二人的厉害，不到万不得已，陈友谅真不愿意去啃这两块硬骨头。

对此时的陈友谅而言，目前最好的做法就是保持高深莫测的样子，让恐惧的氛围在朱元璋集团内部发酵，然后联系张士诚和方国珍，用攻心的方式彻底击垮他们。最坚固的堡垒一旦从内部攻破之后，大事可成。

陈友谅为什么要杀徐寿辉？为什么要称帝？这一切都是做给朱元璋集团看的。"老兄，那个陈友谅不是攻破了咱们的太平城吗？他怎么不继续打应天府了？""这你就不知道了吧？听说他们那个皇帝想谋害他，所以他回去把皇帝给收拾掉，自己称帝了！""我的天，他还不是皇帝的时候就这么厉害，等他当了皇帝，我们还有活路吗？""那可不，我听说陈友谅不但变得更厉害了，就连张士诚和方国珍都打算向他称臣，联起手来打我们哪！""你可闭嘴吧，陈友谅也是你能叫的？说不定再过几天应天府就被打下来了，咱们就要集体改口叫陛下了！""我这是无心之失，皇帝陛下不会怪罪的，说起来还是你先叫的……"

大家想想，如果上述对话在应天府的大街小巷流传开来，朱元璋还拿什么来抵御陈友谅呢？看着底下众人议论纷纷的样子，朱元璋无奈地叹了口气，正准备开口说些什么，却突然发现刘伯温在朝自己使眼色，于是他心领神会地宣布散会，然后径自朝内室走去。

没过多久，刘伯温跟了进来，他对朱元璋说："那些主张投降或撤往江北的人，统统应该斩首。"朱元璋对此不置可否，只是问刘伯温："先生有什么办法退敌吗？"刘伯温说："陈友谅现在是骄兵必败，只要我们采用诱敌深入的计策，就可以轻松击败他。"朱元璋听了以后非常高兴，决定按照刘伯温的计策行事。

也许是因为年代的关系，也许是因为刘伯温的关系，《明史》中的这段记载，总会令我想起《三国演义》中关于孙权和鲁肃的描写。当曹操亲率八十万大军南下时，整个江东朝堂也是一片投降论调，孙权没有办法，只能宣布散会。这时鲁肃面见孙权，力劝其不可投降。孙权问鲁肃可有破敌良方，鲁肃说我带来了诸葛亮，这位大神有办法帮我们干掉曹贼。

大家可以对比一下，此时朱元璋正在扮演孙权的角色，而刘伯温则在扮演鲁肃的角色，只不过他没有推荐别人给出破敌良方，而是自己说了出来。

朱元璋为什么会叹气？是因为他没办法应对陈友谅的招数吗？不是，而是因为他受限于自己的身份和地位，所以不能亲自下场破局。作为一个领导，最不明智的做法就是当场与大多数属下针锋相对。如果输了，领导将颜面无存，属下们也会对领导的能力产生怀疑。当领导再次下达任务时，属下们的第一反应不是"立刻去做"，而是"这样做对不对"。如果赢了，领导同样落不着好，他的职责是居中指挥，具体的执行工作还需要属下去做。如果在做事之前，领导先和大多数属下争了个半红脸，这事还怎么进行下去呢？

这个时候，领导需要一位有足够分量的人站出来贯彻自己的意志，只要他说得有一定道理，自己就有足够的理由支持他，接下来的事情就好办多了。

当曹操大兵压境时，最不愿投降的就是孙权。对孙权而言，鲁肃的出现是在政治上肯定了"投降没有好下场"：臣子们投降之后还能继续当臣子，领袖投降之后要么屈尊当臣子，要么死路一条，永远失去称孤道寡的机会。

对孙权而言，诸葛亮的出现是在外交上肯定了"抵抗必将获胜"：我主刘备兵微将寡，尚且敢与曹操一战，可见他是真英雄，两个真英雄结盟，必将轻松击败曹操。

对孙权而言，周瑜的出现是在军事上肯定了"曹操必败"：曹军大多数都是北方人，水战不如我军，荆州初降人心未附，我们完全可以一战定胜负。

政治上肯定，外交上肯定，军事上肯定，孙权自然不会再有顾虑。

当陈友谅大兵压境时，最不愿投降的就是朱元璋。对朱元璋而言，刘伯温的出现则是在政治和军事上双重肯定了"不能投降，抵抗必胜"；外交上暂时不用考虑，只要张士诚和方国珍不落井下石就行。更重要的是，刘伯温代表的不是他一个人，而是以他为首的浙东士人集团。有这样一股力量支持，朱元璋说话的声音都要比平时大了几分。

第二天再次召开军事会议时，当朱元璋再次问起应该如何应对陈友谅时，刘伯温立刻站了出来，慷慨激昂地将昨天对朱元璋说的话复述了一遍。看了眼底下表情不一的众人，朱元璋就像一千多年前的孙权那样，站起身来，缓缓地抽出了腰中宝剑，银光一闪，奏案的一角落下："诸官将再有言降言退者，与此案同！"

14 许攸？黄盖？康茂才！

尽管已经确定了"抵抗到底"的思路，也已经确定了"诱敌深入"的战术，但这些都只是大方向，具体细节应该如何施行，刘伯温无法给出准确的答案，还是需要群策群力。

统一认识之后，办事效率能提升好几个档次。当朱元璋麾下群臣不再纠结是战是降后，他们很快就给出了一个较为清晰的方案：应天府是我们辛辛苦苦建立起来的，绝不能在这里玩防守战。到时候不管战争结果如何，应天府都会被摧毁。

朱元璋肯定了这个思路，接下来又要讨论，战场应该选在哪里。有人提议先夺回太平，我军在那里经营日久，有着深厚的群众基础，值得倚仗。朱元璋左思右想，还是否决了这个建议：太平城高粮多，当初陈友谅也只是通过偷袭的方式才攻下兵力不多的太平，现在他肯定会派重兵固守。我军势弱，如果短时间内拿不下太平，那就违背了"诱敌深入"的战术原则，不可取。

随后大家围绕着"能否迅速攻下太平"讨论了几乎整整一天，核心问题还是解决不了，乱哄哄地也没个头绪。朱元璋被他们吵得头疼，只得宣布散会。

到了晚上，卫兵向朱元璋禀报，秦淮翼水军元帅康茂才求见。

康茂才？朱元璋对他有几分印象，此人能文能武，更是一个大孝子，但在营中却不太受待见，朱元璋对他的感觉也非常一般，因为他曾是元廷的人。

朱元璋渡江之后啃的第一块硬骨头，就是元将海牙防守的采石，康茂才也在其中，是海牙的部将；采石失守后，康茂才逃到天宁州继续组织军队防守，又被朱元璋打败；康茂才随后又逃到集庆，第三次被朱元璋打败。连败三仗，逃亡两次，眼看败无可败、逃无可逃，康茂才这才无奈地投降了朱元璋。

对于这样的死硬分子，朱元璋之所以没有杀他，完全是因为康茂才在训练水军方面有一套，所以自他归降之后，朱元璋一直命他在龙湾一带操练水军。从这个角度来看，康茂才在朱元璋集团内部的地位，有点像《水浒传》中的八十万禁军教头林冲。他只是专注于训练士兵，除此之外并没有太大的权势。所谓的水军元帅头衔更像是一个名誉职务，真要出兵，朱元璋根本不可能放权给这样一个与自己有过多次敌对经历的人，用康茂才只是因为他的才华，仅此而已。

正因为康茂才地位不高，与朱元璋又无私交，所以朱元璋对他的深夜求见感到奇怪，但最后还是接见了他，听听他想说什么。

康茂才来到朱元璋的居所之后，第一句话就把朱元璋的兴趣提起来了："吴国公，我有办法可以击败陈友谅。"这可真是新鲜事儿，满朝文武商量了一天都没拿出个合适的方案，一个所谓的水军元帅居然敢口出狂言，谁给他的勇气？

朱元璋就这么看着康茂才，也不说话，康茂才被朱元璋盯得满脸不自在，也不敢继续卖关子，只得硬着头皮继续说："我与陈友谅有旧交，只要我写信给他，诈称愿意做内应，他肯定会相信的。我对龙湾一带的地形非常熟悉，只要把他骗下船从龙湾登陆，咱们就能赢。"

朱元璋浑身一激灵，一下子感觉整个人都精神了。龙湾位于今天的南京城郊西北部地区，此处地势狭窄，还有几座山（石灰山、狮子山等），朱元璋完全可以将伏兵藏于山中，如果陈友谅毫无防备地在此地登陆，他的兵力优势根本就无法体现，而自己以逸待劳，胜算将提高许多。

这个计谋很高明，可其中有两个问题：第一，陈友谅真的会无条件信任康茂才，选择在龙湾登陆吗？第二，康茂才在自己集团内部并不受重用，他是真心实意要帮我吗？

我读元末明初这段历史时，总会不自主地把它和《三国演义》联系起来，因为这是《三国演义》成书的年代，《三国演义》的作者罗贯中本人也在这股浪潮中上下升腾。

当康茂才连夜求见朱元璋并献出诈降计时，我想到了官渡之战中许攸夜会曹操献计烧毁袁绍粮草的情节，也想到了赤壁之战中黄盖夜会周瑜献苦肉计的情节。

周瑜肯定会相信黄盖，因为黄盖是江东三朝老臣，完全值得信赖；曹操对许攸的信赖则要打个折扣，但两人毕竟从青年时就相识，也不算完全没底。可朱元璋真的敢无条件相信康茂才吗？恐怕不太容易。这人屡次三番与自己为敌，最后迫不得已才投降，现在陈友谅势大又与他有旧交，焉知此人不是卖个破绽，与陈友谅里应外合夺取应天府呢？

从头到尾都是康茂才在说，他不断地叙述自己与陈友谅相交的过往，完善着诱骗陈友谅的细节，并在埋伏准备和断后事宜上给出自己的意见。朱元璋几乎都没有听进去，他只是定定地看着康茂才，内心深处却始终处于一种纠结矛盾的状态。

康茂才说着说着，发现朱元璋一点回应都没有，于是抬起头来，只见朱元璋若有所思，他立刻就明白了朱元璋心中的顾忌，看来还是自己的身份敏感。康茂才无奈一笑，也没多说什么，只是拱手站在一旁，静待朱元璋的决断。

不知过了多久，朱元璋终于说出了第一句话："你有几成把握？"朱元璋的声音一向洪亮清晰，可在说这句话时，却带着一丝干涩。康茂才答："十成。陈友谅目空一切，他知道臣数次与您作对，收到臣的密信之后，只会认为臣不看好您的前程，打算另寻去处，而他与臣相识，正是最好的去处。"

又是一片沉寂。

"我知道了，你先回去吧。"

被拒绝了吗？康茂才满心失落地拜别朱元璋，缓步回到了自己的住处。天亮后，平时一向早起的康茂才却睡过了头，醒来后昏昏沉沉地洗了把脸，勉强抖擞着精神，来到了朱元璋的帅府。

朱元璋这个人很重视军规军纪，但对开会迟到这种小事并不十分在意，告个罪也就是了，再加上康茂才本就是个小人物，大家讨论问题时通常也不会咨询他的意见。康茂才虽然迟到了，却也没把这事放在心上，等会儿找个间隙悄悄地溜进去就是了，没人会发现。可当他一到帅府，却发现堂内鸦雀无声，大家似乎都在等待着什么。康茂才正准备悄无声息地跨进堂内，却发现所有人的目光都在朝他聚焦。

康茂才有点尴尬，正打算说些什么，居中而坐的朱元璋率先发了话："康茂才！"

"属下在！"

"我命你立刻写信给陈友谅，信中直言我军弱点尽在龙湾，诓他在龙湾登陆，此事若成，记你首功！"

一瞬间，康茂才只觉得浑身的血液都在迅速地往头部集结，眩晕感阵阵袭来。他努力抬头，看了看正在等他回复的朱元璋，一种被信任和被倚重的幸福感将他团团包围。他没有嫌弃我的出身！他没有在意我的过往！他毫无保留地信任我！他就是我苦苦寻觅的明主！康茂才深深地吸了一口气，待到眩晕感逐渐消失之后，才用平生最为响亮的音调回复："臣，康茂才，得令！"

很多人最大的愿望，就是能遇到一位好领导或好老板，然后挣更多的钱，可他们并不知道什么样的领导才是好领导，也不知道他们所制定的好老板标准其实非常苛刻，根本就不能作为参考。

要我说，康茂才就是一个会选好领导和好老板的人，他看中了朱元璋身上的两个特质：责任感和决断力。一个动辄就推诿责任的人，绝对不值得信赖，如果遇事便左思右想始终难以决断，那不仅是决断力的不足，更是责任感的缺失。

在一个团队中，最有资格成为领袖的，绝不是那个最聪明的人，而是那个敢于说话、敢于担责、敢于决断，在关键时刻敢于坚持，永远都拥有一颗强大心脏的人。拥有上述品质的人，给别人打工会成为一个好领导，自己创业就是一个好老板，而朱元璋就是这样一个好领导、好老板。当然了，如果能在具备上述品质的同时也足够聪明，那么这个领袖自然是有资格成为问鼎天下的乱世枭雄。

朱元璋敢于信任康茂才，一方面是因为他魄力十足，敢下决断也敢担责任；另一方面还在于朱元璋足够聪明。摆在朱元璋眼前的选择是很简单的：要么打，要么降，要么撤。朱元璋既不能降，又不能撤，这一点我们已经分析过，他唯一的选项只有打了。

选择打之后，又有新问题出现，朱元璋实力不如陈友谅，硬碰硬只有死路一条，所以他必须以巧招破局。康茂才是否值得信任？这个问题是注定没有答案的。可如果不信任康茂才，朱元璋又别无他法。既然如此，那就只有豁出去赌一把。

陈友谅，无论你有多大本事，尽管使出来吧！

15 官渡？赤壁？龙湾！

随着康茂才的毛遂自荐，整个对敌方略基本成熟。大体就是康茂才写信诓骗陈友谅，逼着他舍弃自己的水军优势，改到龙湾登陆，朱元璋的军队埋伏在石灰山和狮子山一带，伺机偷袭，尽可能击败敌军。

当陈友谅收到康茂才的来信之后，他的第一反应是大喜过望：这真是天助我也，康茂才我知道，这是老交情了，看来他是在朱元璋那里混得不如意，又觉得朱元璋打不过我，所以打算弃暗投明。但等陈友谅略微冷静下来之后，他心里也在犯嘀咕：这会不会是康茂才和朱元璋联合起来骗我的呢？

身处高位的人，为人处世的第一要务就是"谨慎，谨慎，再谨慎"，因为他已经不再是一个人，而是代表着一个利益集团。如果不够谨慎，自己行差踏错不说，整个团队都要受到连累。

无论康茂才过去与陈友谅有着怎样深厚的交情，有一点都无法否认：康茂才此时为朱元璋效力，自己也与他多年未见，谁敢保证他一定可靠呢？别说康茂才这种多年未见的"老朋友"，当利益刺激达到一定程度后，哪怕亲如父子、兄弟，他们相互之间也会刀兵相见，类似的例子在历史上反复出现过很多次，我们早已经见怪不怪了。

陈友谅毕竟是有资格与朱元璋一较长短的枭雄，他在面对困境时，也做了和朱元璋一样的选择。康茂才是否值得信任？这个问题是注定没有答案的。可如果不信任康茂才，陈友谅还有其他办法吗？没有。

或许大家会感到奇怪，陈友谅的实力远强于朱元璋，他怎么会没有其他办法呢？难道就不能依靠强大的实力，稳扎稳打逐步灭掉朱元璋吗？答案同样是否定的，不能。

前文我在谈到陈友谅击杀徐寿辉时就说，这是陈友谅用来给朱元璋增加心理压力的一步妙招，如果朱元璋稍微软一点，他的整个内部恐怕就会垮掉。正如曹操南征孙权时写过一封信给他："老夫带着八十万水军来到江东，就是想让你陪我打打猎。"如果孙权稍微软一点，仅凭八十万这个数字所带来的精神压力，就会让整个东吴集团垮掉。

但是，孙权最终硬挺了过来，曹操的这封信不但没能收到奇效，反而促成了孙刘联盟，可谓"偷鸡不成蚀把米"。陈友谅目前所面临的困境也是如此：朱元璋没有被自己称帝的消息压垮，反而把内部整合在了一起，摆出一副众志成城的样子准备与自己决战，这使得陈友谅有一种"狗咬刺猬无处下口"的感觉。

陈友谅打朱元璋的诀窍就一个字：快。无论是闪击采石还是突袭太平，都是围绕着"快"字在做文章。如果陈友谅的动作变慢，那么他击杀徐寿辉的正面收益就将消耗殆尽，负面效益则会立刻凸显。

此时的陈友谅是长江以南的最强势力，但在陈友谅的东面有朱元璋，西面有欧普祥和明玉珍，内部还有赵普胜的旧将丁普郎和傅友德，可谓到处都是隐患，亟待陈友谅解决。陈友谅要想消除这些隐患，就不能放慢自己的速度，他必须给自己的反对者留下一种印象：任何敢与陈友谅作对的人，都会在极短的时间内被消灭。

如果陈友谅有充裕的时间，他必然不会选择信任康茂才，而是用"结硬寨、打呆仗"的方式慢慢和朱元璋耗，直到把朱元璋给活活耗死为止。但陈友谅现在最大的问题就是，他没这个时间。

我之所以反复强调陈友谅有资格与朱元璋一较长短，并不是通过双方的实力来判断，而是通过两人的领袖才能和个人素质来判断的。摆在陈友谅面前的选项其实并不多：要么相信康茂才真心投降，要么慢慢和朱元璋耗，然后坐等其内部起火。这样一来，欧普祥和明玉珍很有可能偷袭自己后方。所以，陈友谅即使有再多的怀疑，也不得不选择相信康茂才。

如果陈友谅既不相信康茂才，又不愿意和朱元璋拼消耗，那么最好是直接撤兵。可陈友谅铺垫了半天，又是杀徐寿辉，又是称帝，辛辛苦苦就是为了迅速吞并朱元璋，让他此时撤兵又怎么会甘心呢？这大概就是朱元璋和陈友谅最大的不同：两人都有担当，肯负责任，也足够聪明，但陈友谅似乎更为急躁，而朱元璋则老成得多。可从年龄上看，朱元璋生于1328年，陈友谅则生于1320年，陈友谅足足比朱元璋大八岁。不得不说，这真是性格决定命运。

厘清思路之后，陈友谅不再犹豫，他决定顺着康茂才的指引，选择在龙湾登陆，略做调整之后奇袭应天府，打朱元璋一个措手不及。朱元璋那边也是摩拳擦掌，石灰山和狮子山的伏兵已经到位，只等陈友谅前来送死。

战局发展到这个地步，朱元璋可谓占尽先机，但这并不代表朱元璋一定能获得最终的胜利。战局瞬息万变，猎人突然变成猎物也不是什么稀罕事儿。朱元璋身经百战，自然也懂得这个道理，所以他在布置好两支伏兵之后，又反复查探徐达、常遇春和冯胜的驻防地区（在陈友谅击杀徐寿辉的当口，朱元璋已经把徐达和常遇春召了回来）。

除此之外，江面上本有一座独木桥，朱元璋担心陈友谅的水师把独木桥撞断，于是命人连夜将独木桥换成了石桥。

朱元璋尽管使用了康茂才的诈降计，但并没有把指挥水军的重任交给他，水军宿将朱虎和张德胜接受任命，率领水师在江上巡游，伺机封锁陈友谅的退路。与此同时，邵荣与李善长接到任务，他们除了要主管一应后勤物资之外，还要随时准备带着预备队支援战场。应该说，朱元璋把该考虑的全部考虑到了，接下来会发生什么事，此战是胜是败，只能等待老天爷来安排。

元至正二十年（1360年）闰六月二十三的一个夜晚，陈友谅的水军来到龙湾附近。出于谨慎，陈友谅将兵力一分为三，主力自然是自己带着；前方有一支探路的队伍，由弟弟陈友德率领；后方有一支殿后的队伍，由哥哥陈友直率领。

陈友德速度非常快，很快就消失在眼前。当陈友谅的水师大军行至半道时，突然接到奏报：陈友德已经在龙湾登陆，并未发现任何异常。虽然与康茂才信中所写的内容有些出入，但也可以理解，战场形势变化多端，康茂才也不是什么算无遗策的人物，有些疏漏很正常。重要的是，陈友德已经成功登陆，那么自己的大部队跟上就是，让哥哥陈友直在后方戒备，警惕可能出现的朱元璋水军。

当陈友谅与陈友德会师之后，常遇春率领埋伏在山后的军队一齐杀出，整个战场瞬间变成了绞肉机，双方士兵厮杀在一起。

从整体上来看，陈军明显处于下风，因为他们是被偷袭一方。但陈友谅处变不惊，他知道自己中了诈降计，但仗着自己的兵力占优，便开始大声呼喝士兵集中，不要被敌军冲乱阵型。渐渐地，朱元璋所部的先发优势开始降低，死伤也多了起来。

朱元璋看到了这一点，于是令旗一挥，第二波伏兵杀出，这一波伏兵由冯胜率领，一下就打破了战场上的平衡。

眼看局势失衡，陈友谅当机立断决定撤军。此时朱元璋再次挥舞令旗，徐达带着伏兵杀了出来，同时朱虎和张德胜的水军杀出，大喊着"陈友谅已死"的口号，并伺机放火焚烧陈友谅的战船。

仗打到这个地步，几乎所有人都冲杀在一起。陈友谅知道事不可为，于是只得趁乱突袭，最终乘坐一艘小船朝江西方向逃窜。

是役，汉军（陈友谅军）抛尸两万多具，俘虏七千余；朱元璋军队损失三千余，重伤一千余。由于陈友谅的战船过多，大多数并未被焚烧，全部被朱元璋所缴获，有名号的巨舰约有一百余艘，小船近千艘。

从数据对比来看，龙湾之战可以说完全是朱元璋集团取得的一场辉煌胜利。对朱元璋而言，这场战役改变了双方的战略部署：在龙湾之战前，一直是陈友谅咄咄逼人，朱元璋则步步退让；在龙湾之战后，朱元璋开始由守转攻，而陈友谅则处于防守态势。但要说龙湾之战决定了双方最终的胜败，其实是言过其实了。

在前期进行各种准备工作时，龙湾之战像极了赤壁之战，但在龙湾之战结束之后，它又很像袁绍与曹操进行的官渡之战。官渡之战结束后，袁绍虽然惨败，但也不至于没有翻盘的机会，只不过袁绍在官渡战败后没几年就去世了，所以大家总认为官渡之战决定了袁、曹两家的命运。实际上就在袁绍去世之后，曹操费心费力地打了八年，才算把袁绍集团彻底灭掉，可见袁绍集团的实力有多强大。

陈友谅之所以会在龙湾之战后对朱元璋采取守势，不是因为他怕了朱元璋，更不是因为他实力不足，而是由于此次战败，使得他冒险击杀徐寿辉的恶劣影响开始发酵，并形成了核爆，最终把陈友谅炸了个七荤八素。

陈友谅于闰六月底战败，朱元璋一路追击，趁势收复太平，继而攻下安庆，直接把陈友谅的势力赶出了安徽，这时已经是七月底了。

攻下安庆之后，在此处防守的旧将丁普郎和傅友德率众归顺朱元璋。这两人都是赵普胜的旧部，他们本就对陈友谅擅杀赵普胜感到不满，只不过迫于陈友谅势大，他们敢怒不敢言。现在陈友谅败了，而且是惨败，无力再压制这些原本就已存在的矛盾，也让丁普郎和傅友德看到了机会，于是他们干脆利落地给朱元璋当起了带路党，更是主动建议朱元璋出兵杀进江西。他们熟悉环境，愿意当前部先锋官。

朱元璋早有安排，只是笑着婉拒了他们的建议，但对丁普郎和傅友德，朱元璋一直是重用有加。有了这两人的帮助，朱元璋很快就彻底掌握了安庆，并开始在此处大兴土木，试图将安庆建造成抵抗陈友谅的桥头堡。安庆毗邻江西，也在长江边上，如果陈友谅打算顺长江而下攻打朱元璋，安庆就是他的必经之地。

陈友谅此时正在江州休整，得知丁普郎和傅友德投降朱元璋的消息之后，勃然大怒，马上就准备重组军队，杀向安庆收拾这两个叛徒，并重新与朱元璋再决高低。但还没等陈友谅动身，西边又传来消息：朱元璋麾下猛将胡大海攻占了信州（今江西上饶部分地区），并将其更名为广信府，兵锋直指饶州路（今江西鄱阳、德兴、安仁一带）。

好嘛，丢了一个安庆，出了两个叛徒，还没等教训他们，朱元璋的军队已经杀进了江西，眼看就奔着洪都（今江西南昌）去了。

你以为陈友谅已经足够倒霉了？不。俗话说"墙倒众人推"，时间来到九月，驻扎在江西西部的欧普祥宣布向朱元璋投降，同时向陈友谅宣战，摆在台面上的理由是为徐寿辉报仇，实际上不过是落井下石，想趁着陈友谅新败，找机会占点便宜。

外界的局势一天一个样，陈友谅待在江州哪都不敢去，只得忍气吞声，默默地舔舐伤口，将来逮着机会再把场子找回来。

按照正常逻辑，此时的朱元璋就该广发英雄帖，诚邀各路英雄好汉齐聚应天府，大家联合起来收拾武林败类陈友谅，可朱元璋并没有这么干。他虽然打出了龙湾之战这样的辉煌战绩，却非常清楚一点：此时的陈友谅并未伤筋动骨，那些所谓的"盟友"和"降臣"更是靠不住。现在不是收拾陈友谅的最佳时机，自己仍需努力发展。

这也是我认为陈友谅虽然战败，却始终没有丧失竞争力的主要原因。朱元璋并不敢挟大胜之威招惹陈友谅，足以说明此人的可怕，更足以说明双方实力的差距依然很大。

虽然没办法收拾陈友谅，朱元璋却有办法欺负方国珍。在自己与陈友谅大打出手时，这个老滑头按兵不动，摆明了是想"坐山观虎斗"。现在自己胜利了，得想办法敲打他一番，免得他整天摆出一副超然世外的模样，看着就烦。

方国珍的老熟人夏煜再次接受使命，前往方国珍处送信，名为送信，其实就是去耍威风。面对着鼻孔差点翻到天上的夏煜，方国珍连句硬话都不敢说，只能哼哼哈哈地表示自己前段时间身染重病，差点一命呜呼，有劳吴国公挂念；随后又准备了大批珍宝美玉，打算献给朱元璋，表达自己的歉意，请他老人家高抬贵手，别老惦记着自己。

陈友谅蛰伏，方国珍服软，欧普祥投诚，张士诚依旧厮混，眼下能有如此大好格局，都源于龙湾的那场大捷。它虽然不能帮助朱元璋定鼎天下，却可以帮助朱元璋开个好头。以后再遇到陈友谅，就不必担心他的所谓"攻心计"和"离间计"了。

这，才是龙湾之战的真正意义所在。

16　决战前夕的最后一次收权

自龙湾之战结束后，朱元璋与陈友谅之间就始终处于一种微妙的状态。他们之间绝没有"和平友好"这一选项，双方之间的战争就没断过；但他们一直都保持着克制，无论局部战争打得如何惨烈，都不曾把战事升级。

在这拉锯战的过程中，朱元璋占了不少便宜。此刻的他已经深入江西境内，洪都本归陈友谅所有，现在也被朱元璋收入囊中，而陈友谅则被朱元璋赶到了武昌附近。如果不长前后眼，我们或许可以把朱元璋与陈友谅之间的关系理解为三国鼎立时的魏蜀吴，谁都吃不掉谁，那就慢慢熬吧，熬死一代人之后再考虑兼并战争的事。

可实际上，朱元璋与陈友谅之间的微妙关系，只是暴风雨来临前的宁静，双方都在暗暗蓄积力量，寄希望于一战消灭对方，然后万事大吉。

在这段时间里，朱元璋没事就拉着李善长等心腹彻夜长谈。他们所谈的内容几乎都是围绕着龙湾之战展开，探讨兵强马壮、战船精良的陈友谅为何会失败。抛开种种偶然因素不谈，众人一致认为，陈友谅在内部不稳定的情况下强行击杀徐寿辉，本就是兵行险着，随之而来的反噬更是将天完政权内部派系林立的弊端暴露无遗。比之陈友谅，我军势弱，如果也像陈友谅那样连内部派系都搞不定，将来更别指望在硬碰硬的战争中击败陈友谅。

有道是"军内无派，千奇百怪"，只要有人就有竞争，只要有竞争就有利益集团。朱元璋是一个巨大的利益集团，在这个利益集团的内部，必然还存在着许许多多的中小型利益集团，这个问题是朱元璋也无法解决的。

想要消灭陈友谅，就必须把集团内部因势力争斗所造成的影响降到最低，然后尽可能地把权力集中到自己手中，朱元璋非常明白这个道理，所以这段时间以来，他始终都在思考如何解决内部问题。

朱元璋内部主要分为四派：一派是在渡江前就跟着他出生入死的一帮淮泗老乡，这属于淮泗集团；一派是在渡江前属于郭子兴的旧部，这属于龙凤集团；一派是在渡江后从各处陆续归顺朱元璋的降将，这属于降将集团；一派是在渡江后陆续依附于朱元璋的浙东士人，这属于浙东集团。除了这四大派之外，其他小打小闹的各种派系均不值一提，暂且略过。这四大派也不是泾渭分明的，他们经常会呈现出"你中有我，我中有你"的景象。

对朱元璋而言，在天下未定之时，淮泗集团是不能动的，这是他的基本盘，像汤和、徐达、常遇春和李善长等一大批文臣武将都是他的左膀右臂。

浙东集团目前也不能动，以刘伯温为首的这帮士人是他的笔杆子，在攻心和文宣方面，朱元璋还用得上他们。这个集团更适合用于治理国家，如果朱元璋最终能修成正果，他还要倚重该集团做更多的事。

降将集团暂时也不能大动，顶多找机会削弱一番。等战胜陈友谅和张士诚后，朱元璋还指望丁普郎和傅友德等人变成活招牌，去为他劝降那些因树倒而无家可归的"猢狲们"。

算来算去，只有郭子兴旧部的龙凤集团最弱，也最适合拿来开刀，但这个借口不好找，朱元璋为此绞尽脑汁也没想出一个不引起各方反对的妙招。

世事有时就是这样，你千方百计地找漏洞，可能一无所获，可随着时间的推移，漏洞却可能在你即将放弃或已经放弃时自己暴露出来。

在张士诚找碴攻击朱元璋，朱元璋奋起反击，差点把张士诚打到海里喂鱼，张士诚无奈投降元廷以求自保的一系列事件中，有一个重要人物被我暂时省略了，他的名字叫杨完者。杨完者本是义军一员，后接受元廷诏安，在南方的重要将领中被称为"元廷擎天二木"之一（另一位是察罕帖木儿）。张士诚之所以会投降元廷，其目的也是借助杨完者的军队狐假虎威，以保证朱元璋不敢乱来；朱元璋之所以会停止对张士诚的追杀，忌惮杨完者的实力也是主要原因之一。

张士诚投降元廷以后，之所以很少找朱元璋的麻烦，是因为他与杨完者之间的矛盾逐渐公开化，并将杨完者当成了自己的头号敌人，朱元璋的顺位往后移了移。1358年，张士诚用诈术偷袭了杨完者所驻扎的杭州，最终逼得杨完者自尽而亡。

两位先后归顺元廷的降将自相残杀，结果其中一个逼得另一个自杀身亡，这说出去实在是太丢人了。于是元廷一面在表面上责备张士诚，一面又好言安抚杨完者的部下，并追赠杨完者为潭国公。

张士诚不吭声了，但杨完者的部下不服啊。姓张的名为友军，却采用诈术偷袭我们驻扎的城池，事后你们骂他两句就完了，我们家将军白死了吗？

可不就是白死了，元廷当初之所以会接纳张士诚投降，其实就有让他与杨完者相互制衡的意味。现在局势糜烂至此，元廷也算是把平衡术给玩砸了，如果此时再找张士诚的麻烦，万一他宣布造反怎么办，所以此时应以安抚为主。于是元廷给时任江浙行省左丞相的达识帖睦迩下令：管好杨完者那帮桀骜不驯的部下，必要时可以下杀手，南方要以"稳"为主，不能乱。

后来也不知道是谁把这消息给捅了出去，杨完者的旧部哗然，觉得元廷真不是个东西。自投降以来，咱们为了给他们卖命，那是绝对做到了令行禁止，就因为表现得过于突出，以至于老百姓都骂我们为虎作伥。现在可倒好，天下还没太平呢，我们这些走狗就要被烹了？

忍一时越想越气，退一步越想越亏。在这种极端负面情绪的影响下，杨完者旧部在蒋英等人的率领下重新祭起反元大旗，投降了朱元璋。

当时的朱元璋刚应付完赵普胜偷袭池州的事，并准备与方国珍联盟，正处于势单力孤、缺兵少将的状态。此时突然有一支数万人的精锐投奔自己，岂不是天大的好事？

就这样，朱元璋收留了这支降军，并当着他们几位首领的面对天发誓：自己绝不会做出卸磨杀驴的事情来，请大家放心，跟着我好好混，大鱼大肉随便吃。

事实上，朱元璋这是吹牛呢。这支军队刚投降朱元璋后没多久，陈友谅就杀了过来。朱元璋虽然在龙湾之战中大获全胜，但依然没能改变己方实力远弱于陈友谅的客观事实。

杨完者旧部一直在宁越府和处州一带驻扎，久而久之就觉得跟随朱元璋毫无魄力，只知道龟缩发展，跟着他混根本没前途。以前杨大帅在时，尚且能带领我们割据一方，要不是轻信了元廷的鬼话接受招安，我们现在也是响当当的一路人马。

虽然已经走了几年弯路，但朱元璋和张士诚都是尿货，陈友谅自己内部又是一大堆乌糟事儿，整天缩在江西不出来，还有谁能与我们争锋呢？

蒋英等人还真是敢想敢干，随意盘算了一下，发现自己很可能已经天下无敌了，于是立刻起兵造反，宣布不再服从朱元璋的管辖，并杀掉了朱元璋极为青睐的两位虎将胡大海和耿再成。这两人都是在渡江之前就跟着朱元璋打天下的老臣，耿再成更是最初随同朱元璋起兵的那二十四个老乡之一。

得知蒋英等人降而复叛并杀死胡大海和耿再成之后，朱元璋十分愤怒，他几乎全盘改变了自己的战略部署，给邵荣和徐达下死命令，必须在三个月之内平定叛乱，把蒋英他们的人头带回来。邵荣和徐达很争气，果然在三个月之内就平定了此次叛乱。

事情办到这一步，按说就可以结束了，朱元璋借着这个机会好好削弱降将集团就行，毕竟他现在捏着理，丁普郎和傅友德等人也不敢多说什么。但朱元璋或许是觉得自己亏了，死了好几个股肱之臣，只是收拾了几个不痛不痒的降将，实在是心有不甘。于是他强行把目标对准了龙凤集团，这个集团的代表人物刚刚出过场，就是平定杨完者旧部叛乱的统兵大将邵荣。

对于大多数明朝历史爱好者而言，邵荣这个名字是陌生的，可在邵荣生前，他在朱元璋集团中所拥有的地位是最高的，一度与朱元璋平级，他所立下的功劳也最多。《明史·常遇春传》中提及，平章邵荣、右丞徐达与常遇春三人是朱元璋麾下立功最多的人，而邵荣尤为突出。

徐达和常遇春在明初是什么咖位，大家心里都有数，而邵荣的咖位比这两位还要大，却几乎处于一种鲜为人知的状态，其主要原因就是朱元璋的这次大清洗，据说邵荣最终选择了叛乱。

史书关于邵荣叛乱的记载不仅少，而且还很凌乱，其中不乏自相矛盾之处。我详细梳理了一遍，得出的事件经过大致是这样的：邵荣在平叛过程中威望大增，于是打算伙同老部下赵继祖占据宁越府和处州，重新打出郭子兴的旗号，与朱元璋分庭抗礼。这件事被一个名叫宋朝开的人得知，他立刻禀报朱元璋。朱元璋接到消息之后，就令平章廖永忠和都护康茂才邀请邵荣、赵继祖赴宴，邵荣和赵继祖前脚刚迈进营门，后脚就被朱元璋的卫兵绑了个"四马倒攒蹄"，直接活捉，两人对叛乱的事实供认不讳。

这里面的漏洞太多，邵荣一度与朱元璋平级，史书也说他是朱元璋手下功劳最大的将领，若论威望，那是早就攒够了，何必再通过平叛来增加呢？邵荣和赵继祖都是郭子兴的旧部，而宋朝开则是最早一拨追随朱元璋的淮泗老人，他是通过什么渠道得知邵荣和赵继祖的密谋的呢？除了宋朝开的一面之词，邵荣和赵继祖没有留下任何实据，最终搞出一个"叛乱未遂"，这大帽子扣得未免有些操之过急。

邵荣到底有没有叛变呢？这件事到现在都没有一个定论，有不少学者认为，邵荣刚帮助朱元璋平定了杨完者旧部的叛乱，要叛变也不会选择这样一个敏感的时期。

朱元璋也知道，用这种方法杀掉邵荣肯定不好服众，于是他当众宣布要赦免邵荣的死罪。就在这时，常遇春站出来说："邵荣身为吴国公的臣子，却有了谋反的念头，这怎么可以原谅呢？你要是饶过他，我就不活了。"手下重要将领反对，朱元璋于是也不再坚持，只得流着眼泪赐毒酒给邵荣，将其处死。

就在这段记载后面，史官还意犹未尽地加了一句话："在这件事之后，朱元璋更加偏爱和倚重常遇春。"

在金庸先生的小说《倚天屠龙记》中有这样的记载：幼年的张无忌为身受重伤的常遇春疗伤，由于他治疗方式不当，导致本能活到八十岁的常遇春最终只活了四十岁，常遇春得知这一情况之后却不怪罪张无忌，只说这是天意使然。

历史上当然没有张无忌，但常遇春确实也只活了四十岁。在我看来，金庸先生说得没错，这就是天意使然。你老常整天毫无廉耻地给领导拍马屁，为此甚至不惜下死手，对自己的同僚落井下石，就凭你这副德行，活四十岁已经算是老天关照了。

朱元璋这个做法是挺不厚道，但从大局上来看却没什么问题，毕竟朱元璋的实力远逊于陈友谅，如果他不想办法收拾自己集团内部的异己势力，万一将来在决战过程中再冒出个类似于蒋英这样的人物，你说朱元璋还怎么和陈友谅对抗呢？

说一千道一万，在权力博弈的过程中是容不得半点心慈手软的。

这一年是1362年，朱元璋基本清理了龙凤集团，重创了降将集团，而淮泗集团和浙东集团非常听话，他已经基本做到了独揽大权，有底气和陈友谅一决胜负了。

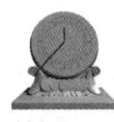

17 救不救？这是个问题

平定了杨完者旧部叛乱，也剪除了龙凤集团的代表人物邵荣和赵继祖，在朱元璋集团内部应该说已经基本没什么隐患了，而陈友谅那边还是麻烦事一大堆，朱元璋完全可以趁势进兵，一举消灭陈友谅。

但人生就是一个事接着一个事，就在朱元璋准备动手时，北方传来消息：小明王韩林儿和刘福通与元军鏖战，却被张士诚趁乱偷袭，眼看就要坚持不住了。接到这个消息后，朱元璋直接被吓出了一身冷汗。

在读前面各章节的时候，读者朋友们或许感到奇怪：一会儿是朱元璋和江南元军交手，一会儿是朱元璋和张士诚、陈友谅交手，一会儿又是朱元璋和方国珍暗战，真是乱七八糟，北方的元廷为什么不派军队过来解决南方的乱局呢？答案是元廷不是不想派兵，而是没工夫派兵，也没那么多士兵给他派。他们在北方被人打得顾头难顾尾，能自保就已经不错了。而这个在北方暴揍元军的好汉就是刘福通，或者说就是刘福通拥立小明王韩林儿所建立的大宋国。

抛开最早造反的方国珍不谈，韩山童（韩林儿他爹）和刘福通才是元末"首倡义兵"之人，韩山童去世之后，刘福通立刻起兵，建立大宋国，并拥立韩林儿为小明王。朱元璋他们在江南是和各路义军打得不可开交，而大宋国在北方建立后，基本都是干同一件事：和元廷打仗。

前文我们在谈及元末乱世的时候说过，刘福通派了三个人：毛贵、关先生和李喜喜分三路出击，给予元廷沉重打击。可元廷也不是纸糊的，刘福通盯着他们下狠手，他们自然也会盯着刘福通猛揍，就这样一来二去，大宋国实力毕竟比不上元廷，而刘福通派出的三路大军也没能及时回援。万般无奈之下，刘福通只得带着韩林儿一路狂奔，撤到了安丰（今江苏兴化安丰）一带。元廷本着"除恶务尽"的态度，派大军将安丰团团围住，非要弄死刘福通和韩林儿不可。

就这样，大宋国流亡政权在安丰坚守了四年多，其实他们已经习惯了防守，颇有些波澜不惊的样子。但万万没想到，张士诚居然趁势偷袭，这下安丰可就危险了。在这里我顺便插一句，龙凤就是大宋国的年号，朱元璋内部的龙凤集团，其实就是接受大宋国委任的官员，邵荣和赵继祖都是这样的身份。朱元璋之所以敢不把龙凤集团放在眼里，强行除掉他们的代表人物邵荣和赵继祖，有一个重要原因就是此时的大宋国已经名存实亡，只能缩在安丰一带死守，朱元璋不担心他们与自己反目成仇。

尽管邵荣和赵继祖被朱元璋给弄死了，但朱元璋毕竟曾是郭子兴的亲兵，又是小明王韩林儿亲封的吴国公，名义上还在一个体系内，所以刘福通就写了一封鸡毛信，向朱元璋求援。

接到刘福通的求援信后，朱元璋的内心十分矛盾。自己是怎么在江南站稳脚跟的？自然是因为渡江之后的几次战斗打得不错，打下应天府之后也逐渐成了气候。可这一切的根本，实则在于北方元军未曾南下追击自己的缘故。是什么原因致使北方元军不敢南下？自然是因为刘福通在北方吸引了大量注意力。如果此时不救刘福通，别人又会怎么看待自己呢？别人肯定会说："看到了吗？那就是朱元璋，大宋国的吴国公。他们的皇帝小明王落魄了，他就把内部的亲宋派（邵荣、赵继祖）给杀了。刘福通写信求救他理都不搭理，你说他还是人吗？"

朱元璋是在乱世中千锤百炼的铁血枭雄，他自然不会把些许流言蜚语放在心上，可就算是从战略的角度来考虑，不救刘福通也是弊端重重的。如果元军灭掉大宋国流亡政权，那么情况还不算太糟糕。随着刘福通三路北伐大军的不断深入，如今整个北方都处于一种兵荒马乱的状态，关先生的一支军队甚至都打到了高丽（今朝鲜）。在这种背景下，元军肯定还是会优先解决北方的叛乱，不太可能渡江收拾朱元璋等人。但如今最麻烦的问题是，张士诚介入了。如果安丰等地落到张士诚手中，朱元璋的东北部就会全面陷入张士诚的包围之中，再加上西部蠢蠢欲动的陈友谅，以及东南部首鼠两端的方国珍，你说朱元璋的情况得危急到什么程度？

但是救援刘福通风险又太大，此时的长江以南正处于一个标准的"三方格局"之中，自西向东分别是陈友谅、朱元璋和张士诚。现在张士诚率先出招了，陈友谅和朱元璋该怎么办呢？如果朱元璋选择不救刘福通，而是直接攻打张士诚的大本营，那么他自然有机会把张士诚打得一败涂地。可如果在这个关键时刻，陈友谅突然从西边出兵偷袭朱元璋呢？如果朱元璋选择救援刘福通，张士诚就有可能和元军达成一定默契，双方在安丰给朱元璋玩一招"围点打援"。且不说这招能否奏效，但至少可以在一段时间内拖住朱元璋，届时陈友谅照样会有大把的精力和机会偷袭朱元璋。

这一切问题的根源就在于：陈友谅、朱元璋和张士诚这三大集团，都没有独自对抗另外两大集团的绝对实力。在这个问题上，以李善长为代表的淮泗集团认为必须救援刘福通，这些年多亏了他在北方替咱们阻挡元军，如果不救刘福通，咱们的北部门户就会大开，再无任何安全感。如果张士诚占了安丰，他完全可以照葫芦画瓢，就像咱们当初那样从和州一路打到太平，然后威胁应天府。

但以刘伯温为代表的浙东集团则认为不能救援刘福通，因为陈友谅这个大敌正在一旁虎视眈眈，如果我军渡江北上，陈友谅一定不会放过这个好机会，我们的大本营都有可能遭受致命打击。陈友谅今非昔比，我们不能再指望还有康茂才这样的人站出来献奇谋，更不能指望再打出第二个类似于龙湾之战这样的巧仗。

双方各执一词，互不相让。朱元璋觉得双方都各有道理，也觉得双方都有些强词夺理，只讲利不讲弊。到底该怎么办呢？朱元璋不是一个优柔寡断的人，要不然他也不会对邵荣这样的老相识痛下杀手。但陈友谅的确很可怕；张士诚虽然把自己伪装成了一只小绵羊，可他偷袭安丰的时间节点选得太妙了，同样不能小看。

就在这个关口，基本不怎么表态的朱升来找朱元璋了。他认为朱元璋目前的心境有些失衡，处于一种进退失据的状态，为什么一定要执着于"是陈友谅更可怕还是张士诚更难缠"这种注定没有答案的问题上呢？聪明人有时候也会受思维局限，可只要有人帮他点破面前那层窗户纸，他立刻就能想清楚一切后续问题，而朱元璋就是这样的聪明人，朱升的话使得他整个人都完全清醒过来。

陈友谅的确很强，但陈友谅本人已经被赶到了武昌，他的主要兵力一半集中在湖北，另一半集中在江西。如果想要奇袭应天府，中间还隔着一个安徽呢，更不用说沿途的池州等重要城池都在朱元璋手上，陈友谅要打过来并不容易。

如果陈友谅不准备奇袭应天府，那么他就只能打洪都和信州这些处于江西境内的城池。这时候我们就要考虑下一个问题：对于朱元璋而言，是渡江救大宋国流亡政权重要，还是在江西给陈友谅插钉子重要？答案也不难回答，自然是救大宋国流亡政权重要，因为前者是防守，后者是进攻，只有在做好防守的前提下，才能更好地进攻。换言之，只要能保证大宋国流亡政权继续存在，哪怕江西内的城池全部失守，对于朱元璋而言也是利大于弊的。陈友谅可以慢慢打，但自己绝不能被包围，所以大宋国流亡政权不能不管，更不能坐视张士诚在自己的东北方向建立统治秩序。

想通之后的朱元璋很快下令，一应军需物资立刻开始准备，最快于二月底三月初动身营救韩林儿和刘福通。可就在朱元璋准备动身的时候，北方却再次传来消息：张士诚已经攻破安丰，刘福通战死，韩林儿不知所踪。

仿佛是受到这条消息的鼓舞，刘伯温又一次站出来劝谏：最能打的刘福通都被杀了，我们又何必再去管那个年幼的傀儡皇帝呢？让他自生自灭好了。这一次，朱元璋并没有犹豫多久，他否定了刘伯温的建议，依然决定出兵安丰，无论如何也要把韩林儿找到。

很多人在读到这段记载时，都说朱元璋眼光不行，居然还有愚忠的毛病，这个说法其实是不对的。朱元璋的权力欲望非常强，他绝不是那种愚忠的人。韩林儿是大宋国名义上的皇帝，且已失去了刘福通的保护，如果朱元璋能够取而代之，成为韩林儿身边那个发号施令的人，虽然这对他统一南方没有太大的帮助，但对他日后统一北方的帮助却是非常大的。毕竟北方还有不少零散的红巾军，将来他完全可以借助韩林儿的名头，把他们招致麾下。哪怕他们不愿意投降，自己出兵攻打也师出有名。

此时的朱元璋已经把韩林儿当成了汉献帝，也把自己当成了曹操，做起了"挟天子以令诸侯"的美梦。

救援韩林儿的过程有惊无险。当朱元璋数次击败张士诚之后，终于见到了韩林儿，此时韩林儿的身边还有几百亲兵护卫着向南方行进。当朱元璋驱散乱兵来到他面前时，韩林儿的眼泪都差点掉下来了。

"朱卿，你终于来了！"

"臣救驾不力，以至于平章（刘福通）战死，臣罪孽深重，还请陛下责罚！"

　　此时此刻的朱元璋，就像初迎汉献帝的曹操那样，怎么看都像是国之柱石、社稷栋梁，韩林儿自然不会为了一个死去的刘福通而降罪朱元璋。君臣一番寒暄之后，朱元璋立刻下令，护送韩林儿到滁州，并为他建造行宫，服务人员和所需物资全部由应天府调拨。

　　按说，事情办到这一步就算结束了，朱元璋应该回师防备陈友谅和张士诚。可朱元璋却又下达了一道新的命令，他命徐达和常遇春率大部队进攻庐州，自己则率小部队回应天府。

　　庐州就是现在的合肥，自古以来都是兵家必争之地，但这有一个前提，那就是只在南北交锋时，庐州才是兵家必争之地。朱元璋现在想北伐吗？显然是不想的，陈友谅和张士诚还活蹦乱跳呢，不把他们弄死，朱元璋哪敢北伐？可如果朱元璋不打算北伐，他又为何要派手下的两员王牌将领，带着主力部队去攻打一个目前来说没什么用处的"兵家必争之地"呢？主要原因还在于朱元璋对庐州的守将不放心，想趁着大军北上的机会一举攻下庐州，以绝后患。

　　庐州守将名叫左君弼，他与陈友谅是一个系统的（天完政权），是"普字辈"大佬的同门师弟，但彼此之间的感情一向很差。在陈友谅称帝之后，左君弼宣布不受陈友谅的汉国统辖，依然使用天完政权的国号和年号。这一通操作下来，大家就应该知道左君弼是怎么回事了。他和欧普祥的情况差不多，根本不在乎头顶上是谁当皇帝，但自己这一亩三分地必须"我的地盘我做主"，谁敢动他的独立王国，他肯定会和那人玩命。

　　张士诚偷袭安丰时，曾派人与左君弼联系共同出兵，双方联手从东北方向合围朱元璋，事成之后共分江北土地。左君弼觉得这是一个扩大自己地盘和影响力的好机会，于是同意了张士诚的联盟请求，并在张士诚出兵偷袭安丰时，也派了一支军队从旁协助。

　　前方有元军攻城，后方有张士诚和左君弼联手偷袭，刘福通能守住才有鬼了。而朱元璋就是抓住这一点大做文章，表示：张士诚已经在救援过程中被自已狠狠地收拾了一通，短期内他不会再对咱们造成威胁了；而左君弼这个家伙居然敢为虎作伥，我绝不能轻饶了他。

这道命令一出，徐达和他的小伙伴们都惊呆了。虽然张士诚已经受到了重创，但西边的陈友谅还完好无损呢，趁咱们救援小明王的时候，他还趁机袭取了饶州，我们远在安丰都能感受到他的赫赫凶威。现在倒好，咱们不想着防范陈友谅，也不想着追击张士诚，反而要把主要兵力放到庐州这样一座坚城面前，到底是咋回事啊？吴国公在想什么呢？

面对手下将官们的质疑，朱元璋并没有做过多解释，只是反复叮嘱徐达和常遇春："我可是把大部分身家都交给你们了，如果拿不下庐州，你们自己看着办。"徐达和常遇春没办法，只得接令而去。

刘伯温此时看出了一点门道，他知道朱元璋当初救援韩林儿的主要目的是为了巩固东北部边防，打庐州其实也是这一思路的延伸，断不能再让左君弼和张士诚继续联手。至于陈友谅可能到来的突袭，朱元璋心里有数，他大概率只会对着洪都或信州这些位于江西境内的城池发狠，不太可能越过安徽来打应天府。只要应天府无恙，那我就用洪都和陈友谅兑子，只要我能拿下庐州，彻底断绝掉左君弼和张士诚联手的可能性，这波就不亏。至于洪都和信州等地，有机会再打回来就是。

可正因为看出了门道，刘伯温才感到格外害怕，此时镇守洪都的是吴国公的亲侄子，也是他唯一的一个侄子——朱文正啊！他居然连自己的侄子都能放出去和陈友谅兑子，吴国公是不是太狠了？咱也不敢说，咱也不敢问，算了，就当啥也不知道吧！

就这样，朱元璋做完决断后立刻返回应天府，徐达和常遇春则带队进入安徽，用重兵将庐州团团围住。张士诚回到老巢安心养伤，陈友谅则在摩拳擦掌，准备给朱元璋制造一个大惊喜。

18 洪都龃龉

之前我提到过杨完者旧部叛乱，杀死了朱元璋的旧部胡大海和耿再成，占据了宁越府和处州。朱元璋在平定叛乱之后，一方面是将所有降将的部队全部打乱，以免再发生类似的悲剧；另一方面是将自己的直系亲属放在重要城池中担任要职，以增强对该地的控制。

作为朱元璋唯一的侄子，朱文正就是在这样的背景下来到洪都的。朱元璋为他配备的副手是邓愈，也是渡江前就跟随朱元璋打天下的淮泗老人。很多人初次看到这个组合时，总会想起戏曲中的著名桥段：老财主命成熟稳重的老管家陪着他那刚成年的小儿子外出历练，一少一老，一主一仆走遍了千山万水，发生了许多意想不到的事……具体代入一下，朱元璋就是那个老财主，朱文正是他刚成年的小儿子，而邓愈则是兢兢业业的老管家。

史书提起朱文正时，总喜欢说他是个纨绔子弟，飞鹰走狗是一绝，除了正事就没有他不会干的，实际上这是一种刻板印象。朱文正是朱元璋大哥朱重五（朱兴隆）的儿子，父亲早亡，自幼便随母亲生活，什么苦他基本都吃过，绝不是那种细皮嫩肉的懒散子弟。

在朱元璋渡江之前，朱文正随母亲王氏前来投奔朱元璋，并在渡江之后的集庆攻坚战中立有功劳。在朱元璋和张士诚、陈友谅，以及江南元军的战斗过程中，朱文正迅速成长并多次立功。在出镇洪都之前，朱文正已经官至大都督，节制中外诸军事。

要知道，朱元璋目前正处于"打天下"的阶段，还没到安排亲戚享乐的时候，如果朱文正没有过硬的功劳和出众的军事能力，朱元璋绝不会把他放在这么重要的位置上。由此可见，朱文正并不是什么未经世事的纨绔子弟，那只是他的表象而已。安排邓愈作为朱文正的搭档，也是因为邓愈成熟稳重，又善于练兵，他们二人配合得当，就是镇守洪都的最佳人选。

或许有人会问："既然朱文正如此了得，朱元璋又怎么舍得把他安排在这样危险的位置上？要知道陈友谅的兵力远胜洪都守军啊！"这里面既没有嫉贤妒能，更没有派系之争，这些套路可以在大本营玩玩，但在前线搞这一套就纯粹是找死。

敢把自己最看重的侄子朱文正和爱将邓愈放在洪都，这正是朱元璋的高明之处。他十分了解朱文正和邓愈，更了解陈友谅，知道洪都一旦发生战事，陈友谅绝对占不到多少便宜。

在提及元末江南三大枭雄（即陈友谅、张士诚和朱元璋）时，大家的印象都是陈友谅实力最强，威胁最大；张士诚有钱、有粮却胸无大志；朱元璋凭借一己之力掀翻两大枭雄，最终修成正果。

这种印象很刻板，因为它既抬高了陈友谅，也贬低了张士诚和朱元璋。这三人起家的方式差不多，都是带着一些老乡或亲友共同起义，但从后续的发展来看，朱元璋和张士诚的地位较为稳固，而陈友谅的地位却并不稳固。

朱元璋起兵之初只有二十四个老乡和七百多名士兵跟随，可朱元璋就是凭借着这样的班底，打下了江北两座重镇——滁州与和州，后又大举渡江，先后拿下采石、太平和集庆。无论是张士诚还是陈友谅，都没能从朱元璋手上讨到什么便宜，而朱元璋还差点儿把张士诚赶到海里，更是在面对陈友谅时打出过龙湾之战这样的大胜。

张士诚起兵之初只有十多个老乡和几个兄弟跟随，他们杀官造反之后立刻招募了一万多乡勇，后又在与元廷的博弈中获胜，通过偷袭的方式拿下高邮，张士诚登基称王。此举引来元廷大军围剿，张士诚坚持到了最后，趁着元廷内讧的机会大举反攻，取得了"高邮保卫战"的胜利。

我们再看看朱元璋和张士诚的发家史，他们都经历了血与火的考验，在集团内部都有极大的威望和话语权，而陈友谅的发家史则与朱张二人全然不同。在三人当中，陈友谅起兵最晚，所以只能投效于天完政权的丞相倪文俊。陈友谅发家的第一桶金是怎么来的？杀死自己的长官倪文俊。陈友谅发家的第二桶金是怎么来的？削弱己方阵营的大将欧普祥。陈友谅发家的第三桶金是怎么来的？杀死己方阵营的大将赵普胜。陈友谅发家的第四桶金是怎么来的？杀死己方阵营的皇帝徐寿辉。

纵观陈友谅的整个发家史，他的对外作战始终乏善可陈，对内争权夺利却是"战功显赫"。就他这样的起家方式，行伍之间的人是看不上的，这也是陈友谅最大的缺陷——几乎没有军功。

陈友谅集团的优点是兵多将广，缺点是内部派系林立，陈友谅对此心知肚明，在数次集权无果后，陈友谅别出心裁地研究了一套闪电战术。所谓闪电战术，就是在敌方还没反应过来或没准备好时，集中所有优势兵力攻击其薄弱环节，只要一击得手，接下来就是秋风扫落叶一般的收尾。可这套闪电战术也有一个缺点，如果没能通过"开场三板斧"的方式拿下对手，接下来再想通过持久战和拉锯战的方式击败对方就会变得十分困难。究其原因还在于陈友谅在集团的威望不高，凝聚力不足，拖延日久大家心里就会长草。

朱元璋之所以敢把朱文正和邓愈放在洪都，就是对这两人的军事才能和组织能力充满信心。如果连陈友谅的"开场三板斧"都顶不住，那只能证明这两人没本事。

从1363年的四月到七月，朱文正和邓愈仅带着不足三万的军队在洪都坚守了八十余天，硬生生顶住了陈友谅的六十万大军。小说家提及这场战役时，那是兴奋得浑身发抖，似乎不把朱文正和邓愈吹上天，就对不住自己手里的那支笔。其实啊，根本没那么夸张，朱文正和邓愈之所以有信心在洪都坚守，就是因为他们也知道陈友谅集团的弱点（很可能是朱元璋对他们的提点），只要顶住了"开场三板斧"，接下来的事情就好办了。

我之所以没有详细描述洪都保卫战的现场，是因为实在乏善可陈。一方呼啦啦猛攻，各种攻城锤、云梯、投石车全部用上；另一方则缩在城里往外倒沸水，同时往城外投石，最后守城物资快用完了，于是就拆民屋、扒民房，以保证军队供给。

八十余天基本都是上述各种情况循环往复，没出现什么意外。总的来说，对于朱文正等人而言，洪都保卫战打得非常辛苦，但他们从未陷入过绝望或无助。什么是绝望呢？西汉七国之乱时，梁王刘武在睢阳死死地挡住了吴、楚两国联军，敌军数次登上城墙。在最危急的时刻，骄横的梁王甚至跪在七位守城将军面前，祈求他们一定要守住城池，否则上对不起国家，下对不起百姓。什么是无助呢？汉末群雄并起时，曹操的根据地兖州被吕布所夺，在反复争夺兖州的过程中，曹操数次出现兵力不足的情况，最后甚至命令妇女穿着军装站在城头上，伪装成守城士兵，以免被吕布的军队偷袭得手。

朱文正跪下求过谁吗？没有。有妇女直接参加过这场守城战吗？也没有。整个洪都保卫战的情况可以用四个字来总结，那就是"有惊无险"，绝不像大家所想象的那样惨烈。

在这场保卫战中，受伤最深的其实是陈友谅。常言道："伤敌一千，自损八百。"如果这个逻辑能成立，那么陈友谅豁出去几万条人命，也早把洪都给打下来了。可朱文正和邓愈在顶过了陈友谅的"开场三板斧"之后，那是越战越勇，士气越来越旺盛。打到最后，朱文正甚至命人夜晚站在城楼上击鼓奏乐，摆明了不把陈友谅放在眼里。

看到朱文正那副吊儿郎当的样子，陈友谅是一肚子气没处发泄。底下的将官们也从未想过自我反省，反而时刻用一种莫名的眼神看向陈友谅，那意思好像是在告诉陈友谅：内讧你在行，打仗你外行。这种若有若无的嘲讽和敌意更是憋得陈友谅浑身难受。

我一直认为陈友谅是有资格与朱元璋相提并论的枭雄，只不过朱元璋的天赋比较均衡，他什么都能干，没有明显的短板。而陈友谅由于起义时间较晚，所以像什么"浴血奋战"和"从无到有"之类的体验对他而言是缺乏的。陈友谅所面对的是一个体系架构非常完善的天完政权，他想出头就必须扳倒自己头上的一座又一座大山。出于这种考虑，陈友谅就把自己的内讧天赋全部加满了。陈友谅既然选择了剑走偏锋，那么在其他方面落后于朱元璋自然也不奇怪。

如果同朝为臣，我相信陈友谅绝对能把朱元璋给整得死去活来；而同场竞技争夺天下，陈友谅显然力有未逮，朱元璋却后劲十足。此消彼长之下，即使陈友谅在兵力上拥有绝对优势，朱元璋也不会怕他。

洪都保卫战其实就是陈友谅和朱元璋两人的人生缩影。陈友谅吃尽了起义时间晚的苦头，所以他做什么事都想着快别人一步。如果快别人一步还无法确立领先优势，他就不知道该怎么办了，或者说他就算知道了该怎么办，也没法把自己的意志传达到基层。这也不能怪陈友谅，只能说由于他先天不足，在争夺天下时被朱元璋有效地压制了。

想在乱世出人头地，动作就不能太快。比如说韩山童和刘福通，这两人的动作够快的，但正是由于他们动作太快，使得元廷将主要精力都集中在了他们身上，导致他们根本没有安心发展的时间和余地。

想在乱世出人头地，动作也不能太慢。比如说陈友谅，他比朱元璋晚出头三年，所以根本没有在乱世角逐的机会，只能加入一个利益集团，慢慢地从内部混出头。

朱元璋为什么能在乱世脱颖而出？除了个人素质和集团实力等因素，他在面临抉择时几乎就没犯过大错，所有的时间节点都卡在那个"刚刚好"的位置上。

1355年秋，朱元璋开始攻打集庆。在这个时间节点上，张士诚已经拿下了苏州。如果朱元璋再晚半年动手，集庆很可能就已经归张士诚所有，如果此时朱元璋再想渡江发展，就不太容易了。

1356年到1357年，朱元璋集中主要精力对付张士诚。在这个时间节点上，陈友谅还在蛰伏。如果朱元璋再晚上一年半载，陈友谅就会脱颖而出。朱元璋如果没能逼着张士诚投降元廷，势必就要提前面临陈友谅和张士诚的夹击。

1360年，当朱元璋在龙湾击败陈友谅之后，立刻选择进入江西追击陈友谅，最终迫使欧普祥、丁普郎和傅友德等人投降。如果朱元璋时间点抓得不对，就很可能促使他们团结在陈友谅周围抵抗自己。

在所有大的时间节点上，朱元璋的选择几乎都是完美的，但这并不代表朱元璋就从来没有失误过。比如，攻打庐州就是朱元璋在争夺天下过程中为数不多的失误之一。当洪都被围攻时，朱文正始终记得朱元璋与自己的约定：坚守两个月。所以在最初的两个月时间里，朱文正根本没有向朱元璋求援。可眼看两个月时间就要到了，朱文正的心里也开始犯嘀咕了。

虽说只要顶住"开场三板斧"，陈友谅就不足为惧，可城中已经开始出现了粮草短缺的现象，如果再没有援军，仅凭一座孤城，自己又能守到什么时候呢？而随着时间的推移，陈友谅的军队士气应该会有一定回升，陈友谅肯定会借此机会大肆宣扬洪都断粮，用这种方法鼓舞人心。到了那时，再想守住洪都恐怕就有些困难了。

洪都丢了也就丢了，我和邓愈死了也就死了，这都是小节，走到今天这一步也足以自傲了。可如果洪都城破使得陈友谅威望大增，则势必会对我军造成极大影响，等于凭空为吴国公培养出一个强敌，这才是最要命的事情啊！

很多问题不细想时不觉得有多严重，一细想却往往能把自己给吓得睡不着觉。现在的朱文正就是这样的一个状态：前两个月始终是一副举重若轻的神情，然后慢慢就笑不出来了，后来整天板着个脸，再后来嘴角都长了好几个泡，整个人显得暴躁易怒。

这也不怪朱文正，他虽然战功卓著，但毕竟十分年轻，这漫长的防御战对他的心理也是一种极大的折磨。邓愈看出来了，但他什么都没有做，因为邓愈知道，只要朱文正能自行走出这个怪圈，他就会得到一次蜕变的机会。这是他的劫难，更是他的机缘，自己不能随意破坏。更何况，洪都所面临的形势逐渐严峻，这也是客观事实，并不是自己劝说几句就能轻松解决。

虽然无法劝慰朱文正，但邓愈也有许多事情可做。他先是不断写信给朱元璋，用一种极为夸张的语气描述洪都的战况，又反复强调洪都绝不能失守，否则陈友谅的军队士气一定会格外旺盛，趁着这个当口，陈友谅这个疯子说不定就直接顺流而下去打应天府了。

朱元璋收到了邓愈的求援信之后，并未把这事看得有多严重。三分危险描述成九分危险，一分功劳夸张成十分功劳，这基本属于潜规则，所以朱元璋认为朱文正和邓愈还能再坚持一段日子，因此并没有立刻派兵救援他们。可邓愈的求援信一封接一封，最多的时候朱元璋一天能收到四封，他这才意识到情况不妙。如果再不救援，恐怕事后想给他们收尸都不太容易了。

尽管有了这个认识，但朱元璋依旧十分纠结。徐达和常遇春已经围攻庐州将近两月了，眼看就要得手。如果此时再把他们抽调回来，之前这两个月所做的一切岂不是前功尽弃？老朱不甘心。就在朱元璋纠结、犹豫的当口，邓愈的求援信越来越多，他不但向朱元璋求救，还想办法联系了淮泗集团的其他几位同僚，话里话外的意思就是：看在老乡一场的分上，拉兄弟一把吧！

这下可炸锅了。七月，朱元璋正在帅堂内处理政务，李善长带着一帮人求见。还没等朱元璋发话，他们就呼啦啦集体跪倒。朱元璋愣了，以前没演过这出啊，什么情况？就在朱元璋愣神的工夫，李善长也不请示，直接向他扔出一个"炸弹"："据可靠线报，庐州贼将左君弼无力抵挡我军，已秘密向元廷请降。现元廷已组织起一支五万人的军队，意图救援庐州。"

朱元璋蒙了，一夜之间到底发生了什么？他下意识地想要站起身来询问具体细节，却突然反应过来：不对！要是元廷有这样的大动作，我肯定是最先知道的人，李善长负责处理日常政务，军队的事情他是怎么知道的？再说了，禀报紧急军情要的就是速度，可看他们这个架势，明显是约好了一起来的，哪有这样办事的？再看看下面跪着的人，无一例外都是渡江之前的淮泗集团的老兄弟们，就连负责外交和宴会礼仪的相关人员都在其中。

朱元璋略一思考，立刻明白了他们的用意。他们知道我不打下庐州不甘心，怕我下不来台，所以就编出这么一个"莫须有"的情报，让我就坡下驴？想通这一关节后，朱元璋是既愤怒又害怕。他愤怒的是淮泗集团这帮家伙居然敢背着自己搞串联；他害怕的是如果自己再不对他们加以分化，假以时日恐怕就要被架空了吧？

朱元璋坐在上面，脸色青一阵白一阵的，李善长等人跪在下面也不说话，只等朱元璋回复。良久，朱元璋长舒一口气，用缓慢的语调下了一道命令："徐达和常遇春从即日起撤兵，至安庆休整待命。"

说完之后，朱元璋直接从李善长等人当中穿过，头也不回地走了出去。

19 枭雄末路

当朱元璋的调令送抵庐州城外时，徐达和常遇春两人大喜过望。他们都反对朱元璋出兵攻打庐州，通过这两个月的攻坚，愈发证明了他们的正确，这庐州实在是太难打了。

"听说文正被陈友谅围攻了好几个月，真是憋屈！吴国公这撤兵的命令下得太晚了，早就该把我们调回去，好好收拾陈友谅那个混球。"徐达和常遇春一边准备撤兵，一边聊天，全然没有注意到旁边传令使者的表情，那从嘴角流露出的一抹不易察觉的笑意。

当徐达和常遇春抵达安庆后，发现朱元璋早已在这里等候他们，两人办理过军队交接之后，立刻前来拜见朱元璋，聆听最新的训示。

朱元璋集团的核心骨干都是跟陈友谅打过交道的人，他们自然都知道这个人的强项和弱点是什么，所以当朱元璋询问战术思路时，大家异口同声地说出了一个字："拖"。意思很简单，不要去玩什么速战速决，那是陈友谅最喜欢的节奏。咱们就是想办法把节奏拖慢，并辅以攻心策略，时间一长，陈友谅的军队就会慌乱，然后看准时机一击制胜。

朱元璋点了点头，肯定了众将的看法，但他随即又提出了另一个问题："如果陈友谅采用围点打援的策略，仍将主要攻击目标放在洪都，我们该怎么办？"徐达想了想，回答道："此役由大帅亲率大军前往，依照陈友谅的性格，他必然会将攻击重心转移至大帅身上，洪都之围自解。"

朱元璋听了之后未置可否，只是点了点头："也罢，这三个月里文正和邓愈都辛苦了，现在就让我来替他们吸引一波火力吧，大家各归各位，明晨进军，目标洪都！"

众将听令散去，唯独李善长坐在原位久久未起身，不知在想些什么。决战在即，一切细枝末节的烦恼都要暂时抛去，谁都知道这是陈友谅和朱元璋之间的最后一战。如果陈友谅获胜，朱元璋则将损失江西境内的所有地盘，以及辛辛苦苦攒出来的水师部队，陈友谅随时可以顺流而下威胁应天府，而张士诚和方国珍也会"如约"前来落井下石。如果朱元璋获胜，陈友谅的军队则将受到重创，他只能退回武昌固守孤城，战战兢兢地等待朱元璋的发落，甚至还要担心明玉珍可能到来的袭扰。

正因为胜负过于重要，所以此战对于双方而言都是不容有失的。当陈友谅得知朱元璋居然敢率领舰队与自己决战的消息时，立刻大喜过望。在陈友谅看来，朱元璋从来都没有在战场上真正击败过自己，反而总喜欢搞一些合纵连横的鬼把戏，要不就是派人算计自己。朱元璋越是这样玩，就越是说明他没有战胜自己的底气。现在自己亲率水陆大军六十万拦住去路，朱元璋的一切鬼把戏和奸计都将失去发挥的余地。要么灭掉自己的六十万大军，要么被自己的六十万大军所灭，就这么简单。

尽管陈友谅认为朱元璋不是自己的对手，但他毕竟在朱元璋手里吃过数次亏，心中还是有几分忌惮，于是他在七月二十日解除了对洪都的围困，水军顺赣江驶入鄱阳湖，等待着朱元璋的到来。

朱元璋于七月初六离开应天府，在安庆稍事休息后，于七月十七日抵达湖口（今江西九江湖口），这是一个非常重要的时间和空间节点。朱元璋抵达湖口后，派出了两支部队分别扼守在泾江口和南湖嘴，又传令信州守将守住武阳渡。从表面上看，这似乎是两步闲棋，实际上这是朱元璋为陈友谅预备的后手，在下文中我会详细说明。

七月二十日夜，朱元璋大军抵达饶州治所鄱阳县。一夜休整过后，朱元璋与陈友谅于七月二十一日正式交锋，战场是鄱阳湖中的康郎山。之所以没有直接水战，是因为朱元璋发现双方船只的数量和体量都有巨大差距，摆开阵势对打只有死路一条，所以他利用自己船小灵活的优势，率先占据了康郎山，并在山上修筑了简易城防，陈友谅的船只经过，就要受到康郎山上的宋军（朱元璋部队）攻击。

陈友谅早就憋着劲要收拾朱元璋，却发现姓朱的又开始玩鬼门道了。弃船登山是什么操作？于是他命令手下在康郎山登陆，消灭掉山上这股敌军。

最初，朱元璋占据了极大的优势，可汉军毕竟人多势众，他们逐渐逆转了劣势。宋军且战且退，在几天后全面退出了康郎山。

拿下康郎山之后，陈友谅整个人的精神都为之一振，觉得自己总算从朱元璋手里讨到了一点便宜，于是命令军士连夜在康郎山上修筑防御工事，等着朱元璋前来送死。

康郎山失守之后，朱元璋也曾硬着头皮与陈友谅打过几次水战，结果无一例外地全部惨败。据史书记载，汉军士兵曾数次登上朱元璋的战船，然后又被朱元璋的护卫赶下水去喂鱼。

双方就这样打了几天水战，朱元璋损失惨重，陈友谅也有一定损失，但总体来看陈友谅还是占便宜的。这段时间大概是陈友谅一生中最快乐的日子，每当手下将军们争相汇报功劳时，陈友谅并没有嫌弃他们吵闹，反而觉得这才是人间至真至美的仙乐。此时他心中肯定在想：朱元璋，你给我等着，要不了几天我就能送你上路了。

朱元璋一看水战损失惨重，于是又选了一些湖中山（如石钟山、鞋山和南山等）作为主战场所，战斗过程也和康郎山守卫战差不多：宋军最初占优，随后优势逐渐缩小，几天后退出该防区。

此时的战场情形有点像"打地鼠"游戏。陈友谅拿个锤子，专等那只名为朱元璋的老鼠冒头，只要他一冒头，陈友谅的锤子立刻落下，把朱元璋打个眼冒金星。朱元璋休整一下再次冒头，又被打个眼冒金星……这憋屈日子什么时候是个头啊！

按说，此时的陈友谅已经占据了绝对的上风，朱元璋束手就擒只是时间问题。可陈友谅打着打着，却发现朱元璋的战船越来越少。最初他以为都被自己打没了，后来才发现朱元璋正指挥军队逐步撤出鄱阳湖。

得知这一消息之后，陈友谅的第一反应是朱元璋要逃，立刻就想追过去拦截。可当陈友谅回过身观察自己的大部队时，却突然傻眼了。鄱阳湖面积巨大，有许许多多的湖中山星罗棋布，最初是朱元璋不断占据湖中山打防守战，后来陈友谅被朱元璋搞烦了，每遇到一个湖中山都会先派一部分士兵将此山占领，避免再被朱元璋利用。就这样，陈友谅原本阵型齐整的舰队被这些湖中山尽数分割，看起来就像一群又一群占据水泊梁山的贼寇。

陈友谅仍带着自己的本部舰队，但他吃过朱元璋好几次亏，害怕中埋伏，所以只能传令各部弃守湖中山，以自己为中心开始集结，准备大举追杀朱元璋。可等他把舰队聚拢之后，却发现自己已经被困在了鄱阳湖中。朱元璋提前布置的闲棋起了作用，泾江口和南湖嘴就像螃蟹的钳子一样，陈友谅的舰队尝试了几次突围，却根本冲不过去，再加上陈友谅所部多为巨舰，本就适合在鄱阳湖这样的开阔场所发挥威力，而朱元璋所把守的咽喉要隘均为地势狭窄之处，巨舰想要通过首先就得被扒层皮。

陈友谅急了，他突然醒悟过来：朱元璋之前的所作所为不过是诱敌深入，引得自己把兵力分散在各个湖中山上，重新集结耗费了不少时间，给了朱元璋从容布置第二道防线的机会。

陈友谅在鄱阳湖里急得团团转，朱元璋这边也没闲着，他分兵给徐达和常遇春，命令他们以最快速度拿下兴国（今江西赣州兴国县）和蕲州（今湖北黄冈蕲春县），断掉陈友谅逃回武昌整兵再战的念想。朱文正在洪都待命，信州部队守住武阳渡，也断绝了陈友谅从南部脱身的可能。

这里我顺便说一句，经考证，在鄱阳湖之战中并没有火烧陈友谅战船这个环节，只有零零散散的几次小型火攻，不成规模，《明史》火烧战船的内容与《明太祖实录》相冲突，故以实录为准。想来也是，如果朱元璋真能把陈友谅的战船烧个七七八八，恐怕就没有后续的这一系列操作了。

前有要隘，后无退路，陈友谅空有数十万大军，却被困在鄱阳湖上左右打转，这与他速战速决的作战方式不符，然而更令他担忧的还是粮草问题。数十万大军每日的消耗都是天文数字，再不想办法突围，最后只能被困死在鄱阳湖上。

陈友谅难受，朱元璋其实也不好受。从表面上看，朱元璋左右落子，尽是一派轻松写意的风采，可自家人知自家事，陈友谅一旦被逼得豁出命去突围，自己布置的几道关卡根本挡不住。此时的朱元璋也只能祈祷陈友谅的反应能够慢一点，再等几天，他的军中说不定就要开始乱了。

或许是老天爷听到了朱元璋的祈祷，所以决定帮朱元璋一把。陈友谅本打算从南湖嘴突围，却发现各舰船将官对自己的命令阳奉阴违，显然是因为自己此前没有过硬的军功，现在又在与朱元璋较量的过程中落入下风，已经得不到他们的信任了。

此时摆在陈友谅面前只有两条路，第一条路是赶紧想办法说服这帮阳奉阴违的属下，或者直接干掉他们，换听话的人上来；第二条路是抛下他们，自己率领本部舰船从南湖嘴突围，留他们在鄱阳湖中吸引朱元璋的注意力。

陈友谅最终选择了第二条路，八月二十六日夜，陈友谅趁着夜色从南湖嘴突围，一行十分顺利，眼看就要突破朱元璋的包围圈回到武昌了。可当陈友谅来到湖口时，却在这里遭到了俞通海的伏击。眼看从南湖嘴突围已不可能，陈友谅立刻改道泾江，却又再次遭到傅友德的伏击。在这样一个无比纷乱的环境中，陈友谅身中数箭而亡。

陈友谅的亲信大将张定边眼看事不可为，只得带着陈友谅的次子陈理改乘小船，趁乱逃脱包围圈回到武昌。朱元璋几乎没有停顿，只留下李善长收拾残局，自己则亲率大军直扑武昌，意在彻底消灭陈友谅集团。陈理在武昌城内坚守了九个月，最后还是因"内无粮草，外无救兵"而陷入绝境，只得开城投降，汉国灭亡，国祚仅五年。

关于陈友谅的处境和困境，我已经在前文中经陆陆续续地讲了不少，这里最后再做一个总结。当后人提及陈友谅时，总会说一个渔家少年通过权谋和诈术，短暂地站在了时代的巅峰，却在真龙朱元璋面前被撕得粉碎。这种论述虽然有一些玄学的味道，却也非常有道理。人人生来都不平等，这也注定了他们在未来道路上的选择会不一样。陈友谅入局的时间太晚，使得他必须走上一条旁人没有走过的路，而这条路又是如此崎岖不平。当我们回顾陈友谅这一生时会发现，他虽然先天不足，却始终有转型的机会，可他全部都放弃了。

如果他没有杀赵普胜，如果他没有杀徐寿辉，如果他专心对付欧普祥，如果他能在龙湾之战坚持到张士诚出兵，如果他运气好攻破了洪都……我们真的很难说，陈友谅所面对的都是必败之局。但历史没有如果，陈友谅最终还是败给了更出色的朱元璋，就好像曾经叱咤风云的徐寿辉被陈友谅轻松除掉一样，这就叫造化弄人。

最后说一句，陈友谅究竟是不是被朱元璋的军队射死，到现在也没有统一的答案，因为"陈友谅被射死"是降卒说的，朱元璋并未追问。可如果史学界某天有了新发现，表明陈友谅死于内讧，我也不会感到惊讶。

20　备用领袖归天

陈友谅被消灭之后，东南的方国珍没有任何动静。张士诚的骨头倒是很硬，他非但没有被朱元璋的杀气吓住，反而选择了称王，那意思就是告诉朱元璋：你有本事就来打我呀！面对张士诚的这一举动，朱元璋集团的众将士摩拳擦掌，纷纷表示陈友谅已灭，咱们的下一个攻伐目标就选张士诚吧！

张士诚很危险，朱元璋对此心知肚明，接下来他必须赶快收拾张士诚。但在收拾张士诚之前，朱元璋还有一些准备工作要做。第一步，朱元璋觉得"高筑墙，广积粮，缓称王"的战略已经过了时效性，张士诚已经称王，自己也必须称王，否则在名号上会被敌人压一头，实在不是什么开心事，更何况张士诚远弱于自己。于是在1364年的正月，朱元璋正式继吴王位。

有趣的是，由于张士诚也自称吴王，所以江南之地一下出现了两个吴王。为了加以区分，民间逐渐流传着一种说法，将坐镇应天府的朱元璋称为西吴王，坐镇平江（今苏州）的张士诚称为东吴王。已故评书表演艺术家单田芳先生就在其作品《明英烈》中采用了这种民间说法。再次申明，这是民间说法，并非史学界的观点，仅作为冷知识分享。

朱元璋称王就牵涉一个问题：韩林儿是大宋国名义上的皇帝，却只称小明王，朱元璋作为臣子居然称吴王，韩林儿能答应吗？其实在这个时候，韩林儿和东汉末年的汉献帝已经没有多大区别了，他被软禁在滁州，朱元璋可以随意宣称自己获得了韩林儿的任命，可这种说法是真是假呢？我觉得朱元璋可能是装模作样地问过韩林儿，而韩林儿人在屋檐下，只能被迫低头，违心地同意了朱元璋称王的请求。

第二步，朱元璋再次派徐达率大军进攻庐州，继续之前未竟的任务。要想收拾张士诚，就必须防范他与左君弼联合，否则西边的陈友谅刚被灭掉，东北方又出现两大强敌，这对朱元璋而言肯定不是什么好消息。

徐达之前反对朱元璋先打庐州，是因为强敌陈友谅随时会有动作，调兵北上不是什么好选择。可现在陈友谅已灭，张士诚势弱，调兵北上攻打庐州可以破坏左君弼和张士诚的联盟，应该说是一步好棋，所以徐达很开心地接受了命令。

徐达曾围攻庐州两月而不克，这次他做好了充分的心理准备，围攻庐州长达三个月，城内粮草断绝。在这个生死存亡的关头，有两个名叫张焕和贾丑的人悄悄找上徐达，表示愿意当带路党，希望徐达猛攻东门，他们找机会开西城门放徐达进来。

徐达采用了他们"声东击西"的计谋，最终攻克了这座坚城，左君弼逃亡安丰投靠了元廷，张士诚唯一的盟友也被朱元璋消灭了。按照正常步骤，朱元璋此时应该出兵攻打张士诚，彻底消灭自己最后一个心腹大患才是。可就在此时，朱元璋突然听到了一个传闻：他唯一的侄子、洪都保卫战的首功之臣——朱文正，此时正密谋背叛他投靠张士诚，并且已经与张士诚的密使有过数次接触，朱文正愿意效仿当初的陈友谅，等朱元璋的大军出动攻打张士诚时，便立刻率水军顺流而下奇袭应天府。

得知这一消息后，朱元璋自然是勃然大怒，他立刻坐船到洪都，命朱文正前来接驾。朱文正当时正在午睡，得知朱元璋来了之后脸都没来得及洗，仓促地穿上外套就出城了，结果刚出城就被朱元璋的亲卫给逮捕了，随后被押解回应天府，没多久就去世了。

朱文正到底有没有谋反的意图呢？这个问题也是注定没有答案的，因为我们没法把朱文正拉到测谎仪下接受检测。朱元璋之所以敢公然逮捕朱文正，是因为他有证据：按察使李饮冰认为朱文正有异心，而朱元璋也深信不疑。

事实上，朱元璋收拾朱文正大有用意，这涉及三位领袖之间的权力博弈和生存问题。对于一个争夺天下的集团而言，它必须拥有三位领袖才能保持权力架构的稳定，而这三位领袖分别是：现任领袖、备用领袖和未来领袖。

现任领袖有多重要就不必解释了，但凡现任领袖威望不够的集团，其结果大都是分崩离析。比如陈友谅集团，就是因为陈友谅不断靠阴谋诈术上位，使得整个陈汉集团内部有许多不服从他的人，这个问题直到陈友谅去世都没能解决。在朱元璋集团，现任领袖就是朱元璋，这一点毋庸置疑。朱元璋曾经的老领导和新领导（郭氏父子）全部去世，一度与他平起平坐的邵容也因"谋反"被杀。在朱元璋集团内部，根本没有人能与他抗衡，他的威望和战功足以压服一切反对派，他是一个非常优秀的现任领袖。

尽管朱元璋非常出色，但仅凭他一人是无法使整个集团彻底稳定的。在这种背景下，一位优秀的备用领袖就显得格外重要了。万一朱元璋有个三长两短，这位备用领袖可以继续带领整个集团延续朱元璋的步伐，完成他未竟的事业。这位备用领袖就是朱文正。

朱元璋是家中最小的孩子，他的大哥朱重五（朱兴隆）比他大二十岁左右，朱文正作为朱重五唯一的儿子，只比朱元璋小八岁。朱元璋更是不止一次地说过："我的大嫂（朱文正的母亲）像母亲一样照顾我。"从朱元璋的这番论述来看，他和朱文正应该是从小一起长大的，名义上是叔侄，实际上更像是兄弟。

当朱元璋攻破滁州之后，朱文正和他的母亲王氏前来投奔，朱元璋表现得非常开心，并加大对朱文正的培养力度，这一点我在前文也提及过——在镇守洪都之前，朱文正已经官至大都督，节制中外诸军事。这里面尽管有朱文正本人非常努力的结果，也有朱元璋集团刻意抬高他的因素，否则一个官职不高、威望不足的备用领袖是无法在关键时刻站在台前的。

朱文正是一个非常合格，甚至可以说优秀的备用领袖，由于他最终因谋反被杀，所以我们无法从史书中将朱文正的功劳一一罗列，但根据淮泗集团各位老人的表现来看，他们对朱文正是非常满意的；浙东士人集团对朱文正的态度如何我们无从判断，但根据历史学家吴晗先生考证，朱元璋给朱文正定了一个罪名，那就是"亲近儒生，胸怀怨望"。所谓的"亲近儒生"，无外乎就是说朱文正和浙东士人集团走得太近，朱元璋不高兴了。

但如果我们从朱文正的角度来思考问题，就会发现亲近浙东士人集团和亲近淮泗集团是一个备用领袖应该做的事情，朱文正只是在朱元璋和集团内部众多派系的默许下办事，并没有特别出格。可事情坏就坏在这里，朱文正绝没有和朱元璋争权夺利的资格，估计他也不敢有这样的想法。但自朱元璋消灭掉陈友谅之后，他认为自己的集团已经不再会有"因领袖突然死亡而分崩离析"的危险，甚至连"高筑墙，广积粮，缓称王"的战略都做了修改，直接称吴王，并立长子朱标为太子。朱标就是朱元璋集团的未来领袖。到此时为止，朱元璋集团的领袖全部就位，朱文正的好日子就结束了。

我简单说一下未来领袖和备用领袖的区别。未来领袖就是我们通常所说的接班人，这个人是现任领袖指定的下一代接班人，他上位的时间很明确，等领袖年老去世之后即可接班。备用领袖也是在现任领袖去世后接班，但备用领袖并不是下一代接班人，而是在现任领袖因意外突然故去的时候站出来挑大梁，并接过培养未来领袖的重任。

这在元末是有现成例子的，首倡义兵的人是韩山童和刘福通，其中韩山童是现任领袖，刘福通是备用领袖，韩山童的儿子韩林儿则是未来领袖。当韩山童因意外去世之后，刘福通必须站出来接过韩山童的抗元大旗，更要接过替韩山童培养韩林儿的重任。在龙凤政权中，韩林儿只是名义上的领袖，刘福通才是实际上的领袖。如果不出意外，这一格局会持续到韩林儿亲政为止。从这个角度来看，备用领袖和未来领袖其实是一种天然的政敌关系。如果备用领袖私心过重，那么在现任领袖去世之后，他必然会想办法干掉或架空未来领袖，自己从备用转为正式。

朱元璋集团目前所面临的问题是：备用领袖与未来领袖并存，如何消除他们二人之间那种"天然的政敌关系"，让朱文正老老实实地给朱标做辅助呢？略微保守一点的做法是先拖着，毕竟此时天下未定。可在朱元璋看来，这事根本不能拖。朱标被立为吴王太子时只有九岁，还只是一个幼童，只要派人教他读书习武即可，没必要刻意为他配备什么军务和政务班子。而朱文正则不同，他身为备用领袖，身边有一套成熟的军务和政务班子，甚至可能还不止一套。如果拖上几年，朱标逐渐长大，势必要给他配备成熟而出色的军务政务班子，难道等到时才开始削弱朱文正身边的班子吗？显然不行，太急容易出事。

所以朱元璋本该在称王之后就开始着手削弱朱文正身边的各套班子，但朱元璋并没有这样做，而是直接选择了出手打压朱文正，以此彻底粉碎他身边的各套班子。这是为什么呢？主要还是淮泗集团和朱文正过于亲密的表现，令朱元璋嗅到了一丝不寻常的意味。

当洪都陷入陈友谅重重包围时，以李善长为首的淮泗老人居然敢用一种另类的方式逼宫，这是朱元璋没有料到的；而徐达和常遇春在第一次攻打庐州失利后的满腹牢骚，更是朱元璋所难以接受的。或许在这些老部下看来，自己将朱文正放到洪都那样危险的位置上，是为了借陈友谅之手除掉他，荒谬！

后人眼中的朱元璋是一个从金字塔底层爬到顶尖的励志人物，也是一个为巩固权力而嗜血杀戮的恐怖魔鬼。可无论朱元璋的形象如何，有一点我们都无法否认，朱元璋对自己的子侄辈一向是非常好的，即使他们犯了法，朱元璋也会想办法替他们圆过去，实在圆不过去了，就想办法从轻发落。

朱元璋派朱文正镇守洪都是非常正确的，甚至可以说是不夹杂私心利益的，因为陈友谅的兵力过于强大，朱元璋绝不敢在这种关键时刻搞什么权术制衡。当初刘备率军入川时，留关羽镇守荆州，独自面对曹操和孙权，也没人说刘备是为了借曹操和孙权之手杀关羽吧？怎么到朱元璋这里，就要把老朱的内心想得如此阴暗呢？

对于朱元璋的任命，朱文正并不认为有什么不妥。这是最艰难、最辛苦的任务，徐达和常遇春在庐州围困左君弼，汤和在常州防备张士诚，自己不接还有谁能接呢？

在谈及朱元璋和朱文正叔侄两人的关系转折点时，史学界的主流意见是朱元璋在消灭陈友谅之后大肆封赏功臣，唯独不封朱文正，所以朱文正心里不舒服。早在攻下集庆时，朱文正就立了大功，朱元璋打算封赏他，朱文正推掉了赏赐，希望朱元璋能先行封赏其他功臣，朱元璋觉得朱文正此举识大体，所以愈发喜爱他。可今时不同往日，在陈友谅集团覆灭之后，朱元璋在江南已无敌手，不再需要一个备用领袖来分担风险。从朱文正的角度来看，朱元璋很可能会对自己动手，而朱元璋在这个敏感时刻却没有封赏朱文正，很难让他不多想。

也不要用什么"朱文正一向不要封赏，朱元璋只是延续过去的做法"的理由来搪塞，如果朱文正一向不要封赏，他是怎么从一个大头兵逐步升任大都督的？攻下集庆之后的拒绝封赏只是朱文正借此做给朱元璋集团内部各派系看的，这是在向他们证明：我朱文正绝对有资格成为叔叔朱元璋最亲密的战友和最得力的助手。朱文正为人贪图享受，喜好美酒、宝玉，绝不是什么淡泊名利的人物。

当初赵高牵出一头来鹿，却问满朝文武："我说这是一匹马，你们谁同意，谁反对？"朱元璋在这个敏感时刻忽略对朱文正的封赏，其实就是效仿赵高，在内部搞了一个公开投票。朱文正此次立有大功，但我就是不想封赏他，你们谁同意，谁反对？

秦王朝的满朝文武都不傻，所以他们异口同声地表示这就是马，然后为后世留下了"指鹿为马"的成语；朱元璋手下的文武群臣也不傻，所以他们纷纷抬头望天，表示自己不知道谁受封谁没受封。

按说，朱元璋对朱文正的敲打从此时正式开始，并将持续到朱文正彻底失去备用领袖的地位。如果朱文正有大智慧和大勇气，他就应该主动找到朱元璋，表示自己过去虽薄有功劳，但个人能力实在是差得有点多，大都督这种职位自己胜任不了，节制中外诸军事的大权更应该交还。到那时，依朱元璋对子侄辈的那股亲厚劲儿，恐怕也不会对他痛下杀手，顶多就是把他外放到一个不太重要的地方当封疆大吏，远离权力中心而已。

可惜的是，朱文正似乎没有这种大智慧和大勇气。他错误地估计了朱元璋的态度，认为朱元璋已经磨刀霍霍，如果自己再不做点什么，恐怕连死都不知道是怎么死的。或者说，朱文正不愿意放弃备用领袖的权力和地位，淮泗集团和浙东士人集团与他亲善的表象，让他自以为有能力背叛朱元璋自立。

就这样，朱文正开始频繁地与张士诚联络，希望在江南重新构建一个"三足鼎立"的态势。按察使李饮冰敏锐地发现了朱文正的异动，并立刻禀报朱元璋，这才有了朱元璋亲至洪都逮捕朱文正的一幕。

朱文正的结局如何？吴晗在其著作《朱元璋传》中说他被朱元璋鞭挞至死；《明史》等传统史料则说朱文正被朱元璋软禁在桐城反思罪过，没过多久便抑郁而亡。

1363年，朱文正在洪都保卫战中立下大功；1365年，朱文正去世。短短两年时间，朱元璋称王之前最亲密的战友和最得力的助手就这样陨落了。

看到朱文正的结局，我总会情不自禁地想起刘备养子刘封的结局：在刘封被责令自尽时，他后悔自己没有听从好友孟达的建议，以致落得如此下场。在得知刘封最终自尽身亡后，刘备痛哭流涕。当朱元璋听闻朱文正去世的消息后，他大概也会在一人独处时痛哭流涕吧。

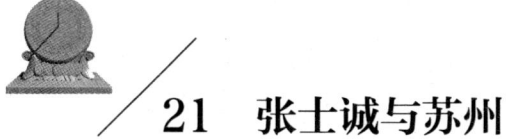

21　张士诚与苏州

解决了称王、接班人和朱文正等一系列问题之后，庐州也落入掌中，朱元璋继续向湖北和江西一带用兵，意在清理陈汉集团的残余力量。

1365年十月，朱元璋认为自己目前已无大患，到了解决张士诚的最佳时机。朱元璋将张士诚的领土划分为三块，分别是淮北、浙北和平江核心区。他命徐达和常遇春率军攻打淮北，又命汤和严防死守，在浙北和平江一带拖住张士诚即可。

朱元璋的布置，可谓瞄准了张士诚所占地盘的弱点下死手。淮北在长江以北，而平江和浙北在长江以南。朱元璋之所以会采用这种"一分为二"的战略，就是仗着自己兵多将广，而张士诚兵力不足，绝不敢分散精力救援淮北。

在朱元璋看来，只要拿下淮北，尽可能地压缩张士诚的生存空间，就能在最大限度上逼张士诚犯错，方便朱元璋施行第二阶段的战略计划。

议定之后，徐达和常遇春很快出兵淮北，他们将泰州定为第一个攻击目标，很快就顺利拿下，随后又攻打高邮。张士诚不敢救援淮北，却又不甘心束手就擒，于是频繁出兵袭扰宜兴、江阴一带，均被朱元璋部击败。

徐达和常遇春继续发力，接连攻克淮安、徐州和濠州，此时距离徐、常二人出兵已有半年多的时间。随后他们又拿下了令刘福通饮恨的安丰，算是为此次出征画上了一个较为圆满的句号。张士诚丢掉了整个淮北，只剩下平江、湖州等地，距离灭亡又近一步。

徐达回应天府向朱元璋交令是（1366年）五月初，而朱元璋再次下令攻打张士诚大本营平江是在八月初。这不禁令人感到奇怪：朱元璋收拾陈友谅时，那叫一个"迅雷不及掩耳"，鄱阳湖之战还处于收尾阶段，他就率军进入湖北了，要知道陈友谅的太子陈理当时还活着，湖北境内的陈汉军队也仍有一击之力，朱元璋此举虽然谈不上冒险，但显然还是有些激进。

可在打张士诚的时候，朱元璋却始终是一副"温吞水"的样子，打下一块地盘就休息一下，再打下一块地盘再休息一下，发起总攻之前养精蓄锐，三个月之后，眼看军队休整得差不多了，才命令二十万大军进发。而在大军出征前，朱元璋反复强调：张士诚不好对付，你们要谨慎谨慎再谨慎。

面对陈友谅的六十万大军时，朱元璋也只派出了二十万军队；此时张士诚的军队总人数不足十万，朱元璋仍是派出了二十万军队。按照史书的说法，陈友谅野心勃勃，张士诚混吃等死，所以朱元璋始终对陈友谅穷追猛打，而对张士诚不屑一顾。可从朱元璋具体的做法来看，他似乎更轻视陈友谅，认为自己的二十万军队就足以对抗陈友谅的六十万大军；张士诚的军队虽已不足十万，朱元璋却仍不敢轻视，摆出一副"狮子搏兔，亦用全力"的架势。

这里面其实有两个原因。第一个原因是内部松懈，很多人认为大敌陈友谅已亡，对付张士诚简直就是手到擒来。朱元璋只得通过不断抬高张士诚地位的方式，反复要求众将警醒，但从结果上看用处不大。第二个原因是张士诚并不像史书所言，是个不知进取的家伙，他虽不像朱元璋所渲染的那样厉害，但绝对比陈友谅强得多，这是毋庸置疑的。

在写洪都保卫战时，我曾对比过陈友谅、朱元璋和张士诚，称他们为"元末江南三大枭雄"。很多人总认为陈友谅是最为高调的，因为他击杀徐寿辉后直接称帝，显然不是个安分的主儿；与陈友谅齐名的朱元璋自然不必多说，他就是本书的主角；张士诚能够与前面两位相提并论，显然也不是一两句话就能概括的简单人物。

张士诚第一次称王是在1354年，那时朱元璋还没渡江，陈友谅更是在官府里吃皇粮。当朱元璋与陈友谅打得不可开交时，张士诚也与杨完者拼了个刺刀见红。

杨完者是苗族人，当他带着贫苦的苗族士兵来到淮东一带时，那简直是一副"饿死鬼投胎"的模样，连吃带拿还要打包，对地方的祸害着实不轻。而张士诚是泰州人，他见不得杨完者这样的"蝗虫"祸害家乡父老，所以他尽管也投降了元廷，与杨完者同朝为臣，但两人之间的矛盾从来都没化解过。

在元廷看来，杨完者和张士诚都是贼寇投诚，都不可信任。他们也乐于见得两人大打出手，只要二人别把事情闹大，那么元廷就会睁一只眼闭一只眼。

在张士诚与杨完者交锋的过程中，杨完者胜利的次数较多，张士诚屡屡被打得落荒而逃。但张士诚无论败得多惨，都能很快重新站起来，继续与杨完者较量。杨完者最初认为，张士诚这种级别的对手并不难应付，随手就能收拾，可打着打着，他却发现张士诚似乎越打越强。杨完者百思不得其解，于是就向自己的监军请教。

这位监军是元廷派过来监视并管束杨完者的，怎奈杨完者天性野蛮，烧杀掳掠如家常便饭，监军也感到头疼。现在杨完者主动请教，监军决定教导他一些圣人之道，于是便说："杨将军，张士诚之所以能够越打越强，是因为他的军队从不祸害百姓，军纪严明。百姓的身家性命得以保全，自然会积极拥护张士诚。你的军队走到哪都是一副野蛮做派，就算你击败张士诚的次数再多也没用，他总能重新站起来，而你只要败一次，就会万劫不复。"

杨完者能在乱世出人头地，肯定也不傻，监军的这番话，他真听进去了。于是他又问监军："我也想像张士诚那样，得到百姓的拥护，我该怎么做呢？"监军告诉他："你没必要搞什么发明创造，你就看着张士诚怎么做，然后跟着学就行。"

从此以后，杨完者也开始频繁地出现在不同场合，屡次强调军纪的重要性，百姓的重要性，希望大家能够约束自己，不要再干让百姓痛恨的事。

杨完者在族群内的威望极高，别人即使不赞同他说的话，也不敢公然顶撞。一时间，这支苗军不再烧杀掳掠，逐渐变得像一支真正的军队。当这个消息传到张士诚集团后，张士诚手下的文臣武将都很紧张。杨完者本来就厉害，我们借助百姓的支持才算勉强撑住场面。如果杨完者也开始玩"爱民如子"这一套，我们的优势就会逐渐丧失，到时候如果再败给杨完者，恐怕就很难重新再站起来了。

面对心慌意乱的众人，张士诚却毫不惊慌地说："当初我们起兵的目的，不就是希望百姓不受欺压吗？要是杨完者真能做到'爱民如子'，那么我张士诚就算被他赶到大海里去喂鱼，也绝不会怨恨他。只希望他能坚持下去，不要半途而废，更不要表面做个样子，背地里欺骗百姓。"

如果从表面上理解张士诚这番话，得出的结论自然是张士诚全心全意为民，真乃"乱世明君之典范"。可如果深度解读张士诚这番话，自然也能感受到他的不屑与自信。张士诚之所以能在淮东一带纵横多年，就是因为他已经将自己的影响力深耕于这片土地。或许从军事角度来说，杨完者有十足的把握可以收拾张士诚，但杨完者作为一个外来户，想在这里与张士诚争夺民心民意，那简直是痴心妄想。

凭借杨完者在族群内的地位和威望，或许在短期内可以约束军队。可时间一长，当杨完者及其手下兵将发现，百姓依然把他们看作侵略者，把张士诚看作亲人时，再想约束他们遵守军纪，恐怕就比较困难了。

果不其然，当杨完者发现自己军队的纪律变得越来越好时，又开始向张士诚大打出手，张士诚不出意外地再次惨败。在休养了一段时间后，杨完者绝望地发现，这姓张的怎么又满血复活了？

尽管监军在旁边一再强调："既然我们已经打算走亲民路线，就绝不能半途而废，否则我们将永远无法在这里立足。"可当杨完者从自己的亲随和将官眼中读懂了他们的不满后，这套"亲民战略"就被他彻底放弃了。

既然你们不拿我当自己人，那我以后也不用跟你们客气了。兄弟们，喜欢什么自己拿，别人不给的咱就抢！就这样，苗军好不容易树立起来的"仁者之师"形象轰然倒塌，他们摇身一变，又成了百姓眼中罪孽滔天的魔鬼。

不知从何时起，在苏杭一带流传出一句谚语："生不谢宝庆杨，死不怨泰州张。""宝庆杨"是杨完者，"泰州张"就是张士诚。这句民谚的意思是说："哪怕杨完者留了一条活路，我们也不会感谢他；哪怕受张士诚连累而死，我们也不会埋怨他。"

我一直认为张士诚与朱元璋"同性相斥"，就是因为这两人太像了，他们都是从底层爬上来的，知道底层百姓的苦，更能体谅他们的苦。他们永远是一副"底层代言人"的形象，永远知道"民意大于一切"。

陈友谅靠阴谋诈术上位，对内无威望，对外未施恩，所以他尽管兵多将广，朱元璋也不惧怕他。只要通过"斩首行动"干掉他，再急速进军步步紧逼即可。

对于张士诚这样的"翻版朱元璋"而言，正版朱元璋自然最明白他的可怕之处，当然也知道该怎么对付他。杨完者用不好"仁者之师"的招牌，但朱元璋能用好，因为他也是靠这一套起家的，这足以抵消张士诚的优势。只要不断压缩张士诚的生存空间，就相当于破坏了张士诚的群众基础。张士诚虽然能得民心，但这并不代表百姓都是他的死忠，必须切断他们之间的联系，就好像把鱼和水强行隔离开，从而增加它窒息死亡的可能性。

除此之外，张士诚集团也有其他弱点。平江就是现在的苏州，都说"上有天堂，下有苏杭"，这个传说中的好地方不断消磨着张士诚集团的士气和进取心，大多数人的想法都是割据一方当草头王。张士诚或许也想改变这一现状，但他是宽仁有余而进取不足，在关键时刻又容易陷入纠结，并不像朱元璋那样善于决断。只要朱元璋能让张士诚集团看不到希望，他们决死反扑的概率就不会太大。

针对张士诚集团的这一弱点，再结合之前攻打淮北大部分地区的相关经验，朱元璋对第二阶段的战略计划做出了微调：不可急于求成，但也不能过于放松，要让张士诚集团感受到绳索正缓缓靠近他们的脖子。

若论排兵布阵，朱元璋肯定不及徐达；若论冲锋厮杀，朱元璋肯定也不及常遇春。但说起战略部署和规划，朱元璋就是那个时代当之无愧的佼佼者，他永远都知道因地制宜，更不会死板地套用一种模式，而是在反复尝试的过程中加入自己的理解，并给出最好的解决方案。

此时张士诚还拥有平江、杭州和湖州三地，朱元璋要求徐达和常遇春先打杭州和湖州，同时严令他们不得滥杀无辜，攻城为辅，攻心为主。

朱元璋的做法得到了回报，杭州和湖州都没有坚持太久，均在1366年的十二月选择了投降。但是在面对孤城平江时，朱元璋即使料到了围城时间会较长，却也没想到会这么长。从包围平江到攻陷平江，足足用了十个月。

十个月后，朱元璋攻破平江，张士诚在被带往南京受审的途中自缢而亡。平江当地百姓始终对张士诚感恩戴德，因而对朱元璋的拉拢示好无动于衷。面对这一现状，朱元璋也没玩虚的。既然你们不愿意真心归附，我也不强求，不过从今往后，你们的赋税记得多交一点。就这样，平江这个人口稠密且富庶的地区长期被吸血，这一现象直到朱元璋的重孙——明宣宗朱瞻基登基之后才有所改善，其间持续了近七十年。

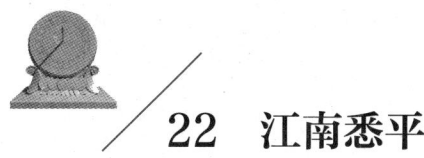

22　江南悉平

在围困平江的十个月里，江南并没有发生什么足以影响时局的大事，朱元璋获得了难得的宽松环境，张士诚最终无力回天。

朱元璋正按着张士诚猛揍，方国珍在一旁看得心惊胆战。老朱这火力是真猛啊，也亏得张士诚把平江打造成一个铁桶，换成我那不是分分钟被打出惨案？

从名义上讲，此时的方国珍还是元廷官员，所以他将目光对准了位于自己西南部的福建。那里有一个猛人，名叫陈友定。方国珍我在前文提过很多次，陈友定却并未在本书中提到，他的名字和陈友谅很相似，但他们并无任何亲属关系。陈友谅是湖北人，陈友定是福建人。

当方国珍的使者见到陈友定之后，先是大讲特讲同僚友情。总而言之，目前江南的形势不妙，朱元璋势力太强，我们要想办法团结一致，否则早晚被他各个击破。陈友谅和张士诚没能很好地形成联盟，结局大家也都看到了。

陈友定曾几次联络方国珍，希望双方可以联手对抗朱元璋，但方国珍总是各种敷衍。久而久之，陈友定也改变了策略，转而向自己南面的广东发展。

镇守广州的何真虽然实力较弱，但却比方国珍好说话，双方达成合作没费什么事。至于方国珍，只要他不彻底倒向朱元璋，陈友定也不会去找他的麻烦。现在方国珍居然亲自遣使前来，表达了想要结成联盟的意图，这对陈友定而言真是意外之喜。只要方国珍、何真和自己三方能够达成共识，再联系北部元廷派兵渡江，他们就有机会消灭朱元璋。只要灭了朱元璋，巴蜀什么的不值一提，轻轻松松就能拿下。

可当陈友定打算进一步与方国珍探讨联盟细节时，方国珍的使者哼哼哈哈地也不表态，只说自己是替方大人前来探探情况，如果陈大人有兴趣，不妨写封回信，我回去转呈方大人。陈友定立刻写了一封回信给方国珍，表示自己非常愿意联盟，然后自己由杉关北上，何真从南雄北上，两路大军直插江西腹地，从后方给朱元璋施加压力；请方国珍率部反攻浙西，分散朱元璋的注意力，同时派人招降张士诚，确保能留下四股势力共同合围朱元璋。

应该说，陈友定的谋划的确很高明。朱元璋虽远强于张士诚，可一旦方国珍、陈友定和何真悉数参战，朱元璋也会非常头痛。但出乎陈友定预料的是，这封信送到方国珍那边后，就再也没了回音。

陈友定心急火燎，朱元璋眼看就要攻破平江，消灭张士诚了，下一个要收拾的必然是你方国珍，你怎么还这么悠闲呢？

陈友定为了争取时间，只得一次又一次地给方国珍写信，催促他赶快下定决心。朱元璋不是善茬，你不要再对他抱有幻想了。等张士诚一死，下一个倒霉的就该轮到你我了！

时间就这样过去了四五个月，方国珍总算回信了。在信中，方国珍表示自己这段时间过于忙碌，从东瀛来的倭寇日日犯边，自己根本没有闲暇兵力反攻浙西。在信的末尾，方国珍明确表示，如果陈大人愿意，可以从建宁（今福建建瓯）北上进入浙西与朱元璋交战，自己会尽全力保障大军的后勤。

陈友定收到来信后，那是气得破口大骂："本以为你方国珍是个人物，大家群策群力还能把朱元璋给灭了，可没想到你居然只是一个自守之贼，枉我耗费那么大心力促成联盟。"在陈友定看来，方国珍既不敢得罪朱元璋，又不愿丢失地盘，所以他打算假借联盟之名，把陈友定的军队引入浙西。到那时，无论陈友定和朱元璋打得有多激烈，都跟他方国珍没关系，顶多就是出点钱粮。

陈友定这个看法自然是对的，方国珍就是这样一个自私的人，但这并不是全部内情。在方国珍联系陈友定预备结成联盟时，他其实也在想着自己要多出点血，不然没人帮他抵御朱元璋，还得罪了邻居陈友定，这并不划算。可当方国珍的使者正准备出发时，朱元璋的使者就先到了。

朱元璋的使者一见到方国珍，那是一脸的义正词严："听说，你先是派间谍打探我军情况，又准备派使者联络陈友定，有这回事吗？"你个芝麻绿豆大的小官居然敢在我面前耍横！方国珍一面在心中暗骂，一面又赔着笑脸否认，表示根本就没这回事，希望吴王（朱元璋）不要听信谣言，自己对吴王绝对忠心，之所以不派兵跟吴王一起合围张士诚，是因为沿海地区倭寇频繁袭扰，搞得自己苦不堪言，根本拿不出多余的兵力与吴王共襄大业。

使者听闻之后也没多说什么，只是把朱元璋的书信递给了方国珍。朱元璋在信中大骂方国珍，并历数了他的十二条大罪，要是再敢执迷不悟，将来肯定不得好死；同时表示他应该拿出二十万石军粮。

朱元璋划下了道，方国珍就得接着。于是他召开紧急会议，请众手下共同商议，应该如何应对朱元璋的要求。正是这次会议，使得方国珍不敢再说抵抗朱元璋的话，甚至不敢再做抵抗朱元璋的事。

当方国珍把朱元璋的要求摆在桌子上时，郎中张本仁和左丞刘庸立刻炸锅了："姓朱的欺人太甚，他缺粮食就找我们要，把我们当什么了！运输大队长？这粮不能给！"可就在这两人表完态之后，却发现基本没人支持他们的看法，当然也没人反对他们的看法，身边静悄悄的。在经过了一段时间的冷场之后，方国珍手下一个名叫丘楠的人站出来说话了。

丘楠对方国珍说："支持你不给粮的人都是在害你，如果你没有诚信，别人又怎么会服你呢？你在浙东经营十多年，总在关键时刻犹豫，这使你错失了一次又一次的良机。现在朱元璋愿意给咱们最后一次机会，如果再不抓住，恐怕前途不妙。"

丘楠这番话说得有道理吗？其实一点道理都没有，如果方国珍以"里通外国"的名义杀掉他，那绝对是名正言顺的，更别说丘楠还大言不惭地说什么"张本仁和刘庸在害你，最后一次机会你要抓住"等，这是一个手下该说的话吗？可诡异的是，方国珍听到这话之后，并没有下令杀掉丘楠，而是坐在上面阴沉着脸，继续听丘楠在下面散布各种有损士气的言论。

方国珍为什么不动手，是因为丘楠位高权重吗？显然不是。丘楠在方国珍手下并不是什么重要官员，因为我们连他在什么岗位上待过都不知道。后来丘楠投降朱元璋，老朱对他非常重视，认为他义劝方国珍，是一个值得信赖的人，于是就任命他为韶关知府。

如果朱元璋非常重视一个人，至少会给他一个看上去风光又体面的官职，然而丘楠最终所得到的居然只是一个知府的官职，可见这个人在方国珍手下是没什么地位的，在被朱元璋破格提拔之后也就当个知府而已。

这样一来，事情就有趣了。一个名不见经传的小人物（丘楠），居然敢在大庭广众之下指责方国珍手下的高官和亲信（郎中张本仁、左丞刘庸），更当面批评方国珍办事犹豫不决，屡次令朱元璋失望。这事儿从里到外都透着诡异。

关于此次会议的具体情况，史书并没有更多说明，但有一点可以肯定，丘楠这样的小人物敢在重要会议上暗示归顺朱元璋却没有出事，可见在方国珍集团内部，已经有了一股势力不小的"降朱派"。丘楠或许是"降朱派"的骨干之一，也可能是被"降朱派"大佬推出来当先锋的。

春天什么时候到来，经常在江水中嬉戏的鸭子是最先知道的，此所谓"春江水暖鸭先知"。我们完全可以相信，至少在1367年，朱元璋消灭张士诚时，方国珍集团内部对未来的看法已经出现了分歧，到底是继续效忠元廷，还是投降朱元璋，又或者避难于海上？

先说效忠元廷，这一派的人数是非常少的。方国珍本就是一个割据自立的军阀，他不会容忍任何人将手伸进自己的军队。元廷或许分化拉拢了一拨人，但这通常是方国珍默许的，因为方国珍名义上也是元廷的官员，既然扯起了元廷的大旗，就得允许人家安插几颗钉子。

再说避难于海上，愿意选择这条路的人大多都是方国珍的旧部，也就是以前跟随方国珍在海上抢劫的那一批老海盗。这类人在方国珍集团内部人数应该不少，但大多端不上台面，官职较低，通常也不太有主见，都是那种见利忘义之辈。只要能让他们吃香的喝辣的，那么高层无论如何变动，他们也不会太在意。

最后说投降朱元璋，这一派本来应该是实力最弱的，但随着朱元璋节节胜利，这一派的力量也开始水涨船高。当朱元璋的兵锋即将指向方国珍时，这一派就会不顾一切地站在台前，公然反对方国珍所做的任何抵抗。总而言之，大家都是一家人，有事好商量。

可令人感到奇怪的是，随着朱元璋的势力越来越大，"降朱派"的意见就会逐步受到更多人接受，但我们似乎没看到有人支持丘楠的言论，给人的感觉就是，整个方国珍集团似乎只有丘楠是力主投降朱元璋的，其他人全都是不敢吭声的窝囊废和墙头草。实际上这是"降朱派"通过丘楠这样一个小人物的发声，来试探方国珍的底线。

臣子们愿意投降是可以理解的，毕竟他们都算不上什么首恶，即便朱元璋要清算也不会拿他们开刀。可方国珍就不一样了，他是集团领袖，在整个集团里，只有他投降朱元璋是最危险的。对于效忠元廷的那拨人而言，只要不是和朱元璋有深仇大恨，或者誓死效忠，那么他们的立场也不会特别坚定，毕竟整个江南即将归属于朱元璋，这是大家有目共睹的客观事实。

"效忠派"也保持着沉默，竟然也不反对。从某种意义上来说，"效忠派"和"降朱派"虽然意见相左，但利益上却并没有太大冲突。只要朱元璋能保证他们的利益，他们也乐得作壁上观，这才是他们不说话的根本原因。方国珍左瞧右看，发现所有人都在闭目装死，只有丘楠站出来慷慨陈词，被他怼过的郎中张本仁和左丞刘庸原本还不服，可听着听着却慢慢地低下了头，决定不再吭声。

这种现象不禁令方国珍感到气馁，仗还没打呢，自己内部就遍布带路党。如果真跟朱元璋发生冲突，恐怕还没等正式开战，自己就要被绑着送到朱元璋的军营了吧？

尽管会议结果无法令方国珍满意，但他也不打算束手就擒。一方面，方国珍继续派人敷衍朱元璋和陈友定；另一方面，方国珍开始加紧运输财宝，意图在海上打造一个全新的海盗王国。除了在这两方面做出努力，方国珍还加紧与东瀛的军阀联系，玩起了"挟倭自重"的把戏。

方国珍心里打的什么算盘，朱元璋一清二楚。在朱元璋看来，方国珍内部的纷扰已经严重影响了方国珍的威信，他很难在内部继续拥有"一言九鼎"的权力。对此时的方国珍而言，如果依然不选择投降，那就只有远逃海外一条路，但朱元璋连这条路都打算给他断掉。

1367年九月，朱元璋灭掉张士诚后，立刻命令参政朱亮祖率军进攻台州，这一举动吹响了攻击方国珍集团的冲锋号，不到一个月的时间，方国珍的地盘悉数为朱元璋所夺。在这场战斗中，方国珍集团内部的带路党起到了非常重要的作用，朱元璋几乎是兵不血刃地拿下整个浙东。

方国珍带着手下的一批老海盗逃到海上，意图继续做一个逍遥王，朱元璋立刻命令吴桢乘胜追击。方国珍多次与吴桢交手，都被打得灰头土脸，后来实在是逃无可逃，于是命信使带信给朱元璋："当父亲决定下重手收拾儿子的时候，这个儿子担心自己会伤残而逃跑，实在不能算不孝；如果父亲愿意手下留情，这个儿子自己就会回到父亲的身边认错。"这意思就是告诉朱元璋，只要你答应不计前嫌，我就立刻回来投降，从今往后安安分分地给你当小弟。

朱元璋接到方国珍的信件之后哑然失笑，这个方国珍明明比我年长九岁，却为保活命而自比是我儿子。这样的人或许有小聪明，却绝不会有大智慧，我的主要目标不是他，只要他愿意投降，不再耽误我的工夫就行。

就这样，在朱元璋灭掉张士诚之后不到两个月的时间里，方国珍集团覆灭，东南一隅只剩下福建的陈友定和广东的何真在负隅顽抗。

23 北伐与称帝哪一个更重要？

消灭张士诚之后，朱元璋除了继续派兵收拾南方各军阀和元廷残余势力，还在思考下一步的动向。在当时，朱元璋集团所面临的选择只有两个：第一，建国称帝；第二，挥师北伐。

朱元璋最初的想法并不是急于建国称帝，而是先想办法北伐。他之所以会这样想，还是因为北伐的意义非比寻常。北伐大概是一个最具"中国历史特色"的名词，从晋元帝司马睿东渡到南北朝对峙，从宋高宗赵构偏安到朱元璋起兵，他们始终都坚定地认为，只有北伐成功才算是统一天下。

北伐是一面永远政治正确的大旗，只要举起这面大旗，南方各利益集团不管是否愿意，都不敢在明面上反抗北伐事业，顶多扯两句时机不成熟，攘外必先安内之类的话。

对朱元璋而言，如今他几乎扫平了江南大多数反对势力，已经拥有了建国称帝的资格。如果不尽快北伐，那么朱元璋所建立的政权就注定只能是个偏安一隅的割据政权。换言之，这样的新王朝估计就是南北朝宋、齐、梁、陈的水准，再好点也就南宋的水准，与朱元璋的勃勃雄心完全不符。

早在1366年，张士诚还未覆灭时，朱元璋就提过北伐的事。那时的朱元璋对北伐还相当有信心，所以他制定了一个非常大胆的策略：待平定张士诚之后，北伐大军直扑大都，把元廷皇帝抓回来。但到了1366年年底，小明王韩林儿死了，朱元璋的自信也没了。

韩林儿据说是翻船溺水而亡，许多人暗指此为朱元璋在背地里下的狠手。对于这种指责，朱元璋根本无可辩解。可根据当时的情况来看，朱元璋并不想杀韩林儿，或者说并不想在当时杀韩林儿。有韩林儿这块活招牌的存在，朱元璋的北伐大军就可以师出有名，至少不会受到义军的敌视。只要北伐军能够突袭大都成功，就完全有可能联络各路义军，大家共同绞杀元廷。

可现在韩林儿死了，再看直扑大都的战略，就显得有些冒险了。就算大都被北伐军拿下，各路义军也有可能以"朱元璋辣手杀害韩林儿"为由拒绝配合。到那时，朱元璋的北伐军越过山东、河北攻打大都的行为，就是不折不扣的孤军深入，随时都存在覆灭的危险。

从历史的角度来看，当乱世枭雄统一北方之后，再打南方就会简单得多；从未出现过乱世枭雄先统一南方，再以此为根基北伐的成功案例。朱元璋算是头一例，也是唯一一例。

可朱元璋并未长前后眼，从他的角度来看，历史上北伐就没有成功案例，再加上现在没有了韩林儿的大旗，自己组织的北伐真能成功吗？放在台面上说，朱元璋自然是信心十足，可关起门来开会时，那就只能默默叹气。

元廷虽然被各路义军捆住手脚，但他们在中原统治近百年，早已建立起自己的统治秩序。朱元璋指望凭借自己一家的实力，通过一次北伐就彻底击溃他们，实在是有些不现实，大家商量来商量去，谁也没能拿出一个服众的方案。

以徐达为首的武将认为，直扑大都依然是不错的选择。韩林儿虽死，但那些义军其实早就没把他放在眼里，曾经大宋国的龙凤政权也早已烟消云散。只要我军能够在大都吸引元廷大军，各路义军肯定不会放过这个好机会，或许他们会认为是我们不忠不义杀害了韩林儿，但在利益面前，忠义这种大道理也就是说说而已。

以李善长为首的文臣则认为，韩林儿之死使得我军在政治上失分不少。这种时候就别指望用"直扑大都"这种军事冒险来挽回印象分了。元军统帅扩廓帖木儿更是天生帅才，他有足够多的办法和兵力，可以既消灭我北伐军，又防止各地义军响应。

从表面上看，这只是单纯的争论，双方各执己见也很正常。可实际上，这种文武泾渭分明的所谓"争论"，根本不能从表面上来分析。能够让双方身份明确地搞对立，只能是利益因素。对于武将而言，此时的朱元璋虽然已经几乎拿下了整个南方，陈友定、何真和明氏等几个零星的元廷、割据势力不足为惧，因为他们已经达到了自己的发展上限。在这种背景下，朱元璋完全可以将主要精力放到北方，只有继续北伐，才能证明朱元璋是真正的天命之主，众将官才能再立新功，创下一个又一个传奇伟业。

对于文臣而言，此时的朱元璋已经几乎拿下了整个南方，接下来只要稳稳地干掉陈友定、何真和明氏等几个零星的元廷、割据势力，那么至少也能形成一个南北朝划江而治的格局。千万不要觉得这样想问题是没出息，饭要一口口地吃，咱们应该先以南北朝为目标，再统一天下。在这种背景下，朱元璋应该将主要精力放到建国称帝上，只有先把这件头等大事做好，才有办法逐步淡化韩林儿被杀事件的影响，用新王朝去吸引北方义军归附，重新回到合力灭元的正确轨道上。

简单来说，武将的意思就是暂缓建国称帝，这样对武将最有利。此时天下未定，武将受封的官职未必能比文臣大，因为他们打来打去都只是在江南。如果能够征服广袤的北方，武将才能真正硬气起来。文臣的意思是先建国再看情形，这样对文官最有利。他们心心念念地想要恢复宋朝那种文臣驾驭武将的局面，所以不希望武将再立新功。等南方建国数年，北方战乱频仍之时，由一位德才兼备的文臣挂帅北伐，再辅以勇猛的武将和精锐的士卒，届时一战可定天下。诸葛亮不就是文臣嘛，他率军北伐照样打得有声有色。

武将们翻来覆去地对朱元璋说："我们起兵的目的是推翻暴元，此时北方众多好汉都在与暴元鏖战，我们怎么好意思作壁上观呢？诸葛亮在敌强我弱时依然坚持北伐，这才是我们的学习榜样啊！"文臣们翻来覆去地对朱元璋说："我们起兵的目的是为了让百姓过上好日子，现在南方有很多事情等着我们做，哪有工夫去管北方。刘备打下益州后，诸葛亮立刻建议他称帝，也没说一定要先北伐啊！"

客观地说，文武双方虽然都是从各自的利益点出发，但他们的说法也都有道理，大义和名分都很重要。该如何取舍呢？朱元璋陷入了沉思。

反复斟酌之后，朱元璋决定效法三国时期的蜀汉，再加入一点自己的改良秘方：先试探性北伐，只要有结果就立刻称帝。这就为朱元璋北伐定下了基调。北伐的目的是为称帝造声势，替新王朝打响名头，能打到哪一步，到时候具体问题具体分析。

至于北伐的策略，朱元璋也想好了，就学诸葛亮玩防守反击，先打山东看看元廷的反应，要是他们没反应，我就继续打河南、河北和山西，反正慢慢来就是了。要是元廷有反应，我们就防守反击，不行再撤回南方，将来找机会继续北伐。

总而言之，此次是第一次北伐，不说取得多大的成绩，首先要保证自己不输，在此基础上尽量给北方人民一个印象——南方的新王朝值得依靠。

就这样，朱元璋任命徐达为征虏大将军，常遇春为副将军，率师二十五万北上，讨伐暴元，克复中原。

徐达和常遇春很争气，或者说元廷太不争气，北伐军只用了两个月不到的时间，就成功拿下济南，大半个山东落入朱元璋之手。大喜过望的朱元璋不再犹豫，他当时就想立刻称帝，向全天下宣称：你们有了新的天命之主，就是我朱元璋！而李善长却在一旁提醒他："莫忘'三揖三让'之礼。"

所谓"三揖三让"其实是一种迎宾之礼，就是客人到访之后，主人先后三次作揖，客人则三次礼让，双方再分宾主落座。具体到政治层面，那就要分两种情况。

第一种情况是禅让。旧王朝皇帝还在，他决定禅位给权臣，于是写诏书通知权臣准备登基大典。这时权臣千万不能接，否则一定会被儒生痛骂，所以必须坚决辞让，表示自己才德皆不足以服众。见到权臣辞让，旧王朝皇帝自然还要再次劝他，如此循环三次之后，权臣才会在"情非得已"的情况下登基称帝。这种情况的代表人物是魏文帝曹丕和晋武帝司马炎，他们都是通过"禅让"的方式上位。

第二种情况是劝进。旧王朝皇帝已经不在或双方依然处于敌对状态，枭雄手下的文武百官联名表奏，认为当前迫切需要一位明主，主公应该勇敢地担负起时代赋予的重任，立刻登基称帝。这时枭雄也必须坚决推辞，表示自己的事业依然处于初步阶段，大家还要继续艰苦奋斗，不要想这些有的没的。见到枭雄辞让，手下文武自然还要继续联名表奏，如此循环三次之后，枭雄才会在"众人逼迫"的情况下登基称帝。这种情况的代表人物是蜀汉昭烈帝刘备，以及本书的主角朱元璋。

在完成了"三揖三让"的政治表演之后，还有一个大难题摆在朱元璋面前，那就是官方应该怎样定义元廷呢？从朱元璋集团诸多骨干的角度来看，他们对元廷是没什么好感的。要不是这个腐朽的帝国整天忙于内讧而不顾百姓死活，他们又怎么会被逼着走上杀官造反这条路呢？可问题就在于，朱元璋所建立的新王朝自然不能是从石头里蹦出来的，总要有个出处。如果不是传承于元廷，那就只能传承于元之前的宋朝，而这是朱元璋无法接受的。

韩山童和刘福通起兵之时，就打着"反元复宋"的旗号，韩山童更是自称"宋徽宗八世孙"。你也别管一个宋徽宗赵佶怎么会有一个姓韩的八世孙，至少当时的人都承认这一点。韩林儿是韩山童的儿子，也就是宋徽宗的九世孙，可这个九世孙被你朱元璋给弄死了，虽然你极力否认，但在世人看来，这就是你干的好事。弄死了人家的九世孙，又宣称自己的新王朝传承于宋，什么叫厚颜无耻？什么叫卑鄙小人？大概就是你姓朱的这副模样吧？

无论是传承于元还是传承于宋，这对朱元璋集团来说都不是什么好消息。就在朱元璋为此烦恼时，李善长等人建议可"两害相权取其轻"，为避免受韩林儿之死的影响，新王朝还是宣称传承于元最合适。

在南方，朱元璋已经宣布元廷灭亡，将中原传承给了大明，可在北方，徐达依然还在吭哧吭哧地和元军交战呢。朱元璋宣称自己的新王朝传承于元，就可以敦促北方各地区认清形势，早日归顺，这对北伐而言肯定是一大利好。

除此之外，传承于元还可以加深北方百姓对南方新王朝的归属感。中国是否应该成为一个"大一统政权"呢？在我们现代人看来，这是理所当然的，谁敢分裂我们的国家，谁就是遗臭万年的罪人。可如果我们把目光放到皇权时代，答案恐怕就不是这样的。东周分裂五百多年，才有秦汉的大一统，可秦汉之后，又是三国两晋南北朝长达三百多年的分裂。之后的隋唐也能算是大一统，但唐自安史之乱以后就逐渐进入了藩镇割据的时代。唐灭之后则是五代十国，那也是个标准的乱世。北宋自建立起，就始终是一个"非常别扭"的大一统政权，因为北宋周围的强邻实在太多，而南宋又是偏安政权。一直到元廷统一了中国，但元朝从建立到灭亡不足百年，且元廷又采用"人分四等"的政策，使得北方人天生就比南方人高一等。这不但没能使得南北各方有同胞的感情，反而加剧了他们之间的隔阂与仇视。朱元璋非常希望自己的新王朝能够逐渐消弭这种隔阂与仇视，将大家再度融合为一家人。

解决了传承问题之后，朱元璋终于扫清了称帝前的最后障碍。1368年正月初四，朱元璋正式登基称帝，立国号为"明"，定年号为"洪武"，同年将应天府更名为南京，定为明王朝首都，并追尊自己的高祖为玄帝、曾祖为恒帝、祖父为裕帝、父亲为淳帝。四个早已去世多年的底层佃农，却在朱元璋所建立的明朝得以享受最高等级的香火祭祀，也算是身后哀荣之至了。

在《登极诏》中，朱元璋认定元世祖成吉思汗是天命真人，从沙漠起家，最终入主中原，成为天下共主。百年之后，天命真人一系的运数将尽，自己受上天眷顾，驾临人间取代他们，天命真人对此也是持肯定态度的。

这就是政治家，他们几乎很少会因个人感情而冲动行事，只要符合集团利益，哪怕仇人都是可以利用的。看看朱元璋在《登极诏》中的恳切言辞，再结合北伐大军在北方的大开大合，实在是太讽刺了。

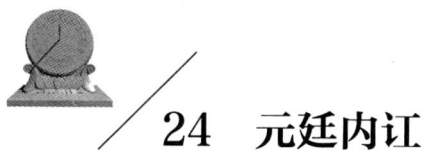

24　元廷内讧

　　洪武元年（1368年），这是朱元璋"一遇风云便化龙"的一年，更是众多枭雄悉数退场的一年。正月，镇守福建的陈友定被俘；二月，镇守广东的何真和曾经的老对头左君弼先后投降。但朱元璋没有料到的是，他本以为只能虚张声势的北伐军，在徐达和常遇春两位帅才的带领下超水平发挥，先后拿下山东、河南，夺下潼关要隘之后挥师东进，在河北之地连战连捷，最终于八月初攻下大都（今北京），宣告了元廷的灭亡。

　　这里要说明一点，所谓的"元廷灭亡"，只是说元廷在中原大地上建立的政权宣告灭亡，并不代表元廷的势力已经消散。事实上，此时的元廷依然实力强劲。首先是地盘大幅缩水导致他们无须分兵他顾，可以更全面地做好防守工作；其次是元廷有一位天才统帅横空出世，他的名字叫扩廓帖木儿，其有一个大家较为熟悉的汉名——王保保。

　　历史上的王保保并不是汝阳王的儿子，也没有一个叫敏敏特穆尔的妹妹。他从小跟着舅舅察罕帖木儿学习统兵作战，常年与各路义军混战，在血与火之中得到了良好的锻炼。由于王保保的出生年月散佚，我们只能推断他可能出生于1342年之后的几年，因为他的舅舅察罕帖木儿于1362年被降而复叛的义军首领刺杀，察罕帖木儿的部将打算为主将复仇，却并不打算听从王保保的命令，因为此时的他还只是一个不满二十岁的"孺子"（史书原话）。

可就是这样一个"孺子"，却非常熟悉元廷内部的派系划分，他想办法打通了相关环节，正式获得元廷的任命，带着舅舅的旧部攻打背叛并刺杀了舅舅的义军城池。城破之后，王保保掏出了义军首领的心脏来祭奠舅舅。随后，王保保因表现突出，再次受到朝廷嘉奖。最耐人寻味的是，在王保保受封的官职里，有一个名为皇太子詹事的职位。所谓詹事就是管家，做皇太子詹事就是给皇太子当管家。要知道这个职位可不低，能陪着皇太子读书的伴读书童可都是从在京官员的家中精挑细选出来的，詹事的分量则只会更重。王保保的父亲和舅舅并不是元廷的高级官员，他却能弄到这么一个头衔，其实是因为元廷内讧越来越激烈的缘故。

当时的元廷皇帝是元顺帝，他与皇太子爱猷识理达腊（下文统称皇太子）之间的矛盾已经不可调和。王保保所掌握的军队是当时元廷内部最为活跃的两支地主武装之一，另一支则在孛罗帖木儿手里。只不过孛罗帖木儿早已被元顺帝拉拢，所以皇太子只能尽力拉拢王保保，以保证自己有足够的实力与元顺帝相抗衡。

王保保是个年少有为的军人，他本不愿意掺和这些破事儿，他还有着年轻人的激情与热血，想着"尽灭贼寇，焕新山河"。但孛罗帖木儿自以为得到了元顺帝的支持，就想干掉王保保，吞并他的军队。元顺帝几次居中调解，但收效都不大，孛罗帖木儿是铁了心地要吞掉王保保，连元顺帝的话也是爱答不理。对于孛罗帖木儿的白眼狼行为，元顺帝十分不满，却也无可奈何。

王保保被孛罗帖木儿频繁骚扰，搞得烦不胜烦，为了自保，最终只得无奈接受皇太子的示好，成为太子党一员。这下可不得了，由于孛罗帖木儿一再宣扬王保保是太子一党，可始终没有证据，现在王保保接受了"皇太子詹事"

的任命，就等于立刻坐实了孛罗帖木儿的谣言，以至于到现在都有部分史料宣称：察罕帖木儿（王保保舅舅）还在世时，他们一家就已经集体宣誓效命于太子了，只不过王保保的保密工作做得好，所以才没暴露。

在这种背景下，孛罗帖木儿的行事作风更是嚣张，几乎是要把王保保往死里整。就在大家都以为王保保即将被淘汰出局时，皇太子行动了，他命太子党集中火力，把目标对准孛罗帖木儿，要挟元顺帝削夺其官职。元顺帝顺水推舟，立刻要求孛罗帖木儿安分守己，不要再搞出什么大新闻，现在乱军肆虐，一切应以大局为重；同时又密令王保保攻击孛罗帖木儿，并解除其兵权，保证他不会再扰乱朝堂，现在应该一致对外。

照这个局势发展下去，王保保将在解除孛罗帖木儿兵权之后成为元廷唯一可以倚仗的一支武装力量，从而全心全意地投入清剿陈友谅、朱元璋和张士诚等江南义军的战斗中。但孛罗帖木儿不甘失败，居然派兵围攻大都，逼得皇太子外逃，太子党被大肆清洗。后来皇太子借助王保保的力量，反复与孛罗帖木儿交锋。孛罗帖木儿最初还能抵挡一二，可随着战局的发展，他开始逐渐失势，最终被元顺帝所杀，元廷内讧也暂告一段落。

当王保保以为一切都将回归正轨，皇太子又跳出来加戏了。他和母亲奇皇后联合起来，要求王保保出兵大都，威胁元顺帝晋位太上皇，将皇位让给皇太子。王保保直接被奇皇后母子的操作给镇住了。都什么时候了，你们还在这争权夺利，难道是觉得出了一个孛罗帖木儿不够，还想着废立皇帝多弄出几个军阀来吗？

王保保的顾虑是正确的，此时天下大乱，元顺帝好歹还是名正言顺的皇帝，在文武官员当中的口碑也还算不错，只要他还愿意带领大家共渡难关，现在就不该换人。如果这时候玩一套"废立"的把戏，那些勉强被元顺帝压住的各地军头就会立刻跳出来，打着"清君侧"的旗号反对皇太子，好不容易安稳下来的局面顷刻间又要被打乱，哪还有工夫去剿灭贼寇呢？

尽管不愿意给皇太子当打手，但人家毕竟在危难时刻救过自己，也不好表现得过于冷漠，于是王保保就写信给皇太子说："陛下春秋正盛，两虎相争必有一伤，不如由我去江南开辟第二战场，咱们将来也多条退路。"王保保的意思很明确，自己不想再掺和皇族之间的那点破事儿，赶快给我个权限，让我去南方发展，到时候打下多少土地，我全部上交给你，行吗？

可在皇太子看来，这不是行不行的问题，而是王保保这个人不可再委以信任。当初你被孛罗帖木儿逼得上蹿下跳，眼看就要凉了，是我带人救了你一命。现在我需要你鼎力支持，你却跟我打马虎眼，这是什么意思啊？

元顺帝在一旁看得明白，他知道王保保和皇太子之间产生了隔阂，于是不断地跳出来刷存在感："我觉得王保保打仗挺厉害的，要不就派他去南边试试？"元顺帝越这样说，皇太子就越急："王保保兵多将广，等他到了南方指不定是什么样呢，万一赶走豺狼引来老虎，那我们哭都哭不出来啊。"

个中细节较为烦琐，反正就是围绕着"王保保何去何从"，双方又斗在了一起。作为事件的主角，王保保却被晾在一旁，欲哭无泪。

等到1365年底，元顺帝和皇太子暂时搁置了争议，并给王保保发去一道命令：你说现在是偷袭朱元璋的大好时机？那你就去吧，我封你为河南王。此刻王保保的心中可谓是万马奔腾："我当初要求南下，是因为陈友谅和朱元璋正准备决战。现在陈友谅已经凉了，徐达本来在攻打淮北的张士诚领土，朱元璋又把他调到濠州构筑防御工事，那摆明了就是在提防我，哪还有什么大好机会？不带这样恶心人的啊！"就这样，王保保的"突袭计划"是光打雷不下雨，最终不了了之。

元廷闹出这么大的动静，朱元璋自然是一清二楚。朱元璋集团早就听说过王保保，也知道此人是个少年英才，不可等闲视之。但由于并未直接交锋，所以朱元璋集团对王保保的具体事迹其实也不甚了解，元廷内部对王保保的抹黑也颇多，以至于朱元璋等人连王保保的出身都搞不清楚，只是看王保保用汉名，就以为他是个汉人。后来当朱元璋准备北伐时，还在檄文中批判王保保"忘中国祖宗之姓，反就胡虏禽兽之名，以为美称"。

受朱元璋的影响，徐达和常遇春这两位"世之名将"也根本不把王保保放在眼里，以为他不过是在机缘巧合之下收拾了几个反贼，就觉得自己宇宙第一、天下无敌了，还说"如果遇到王保保，就必须要给他一个好看"。几乎所有的北伐将官心里都有这种想法。

在大都被攻陷之前，王保保没有出境，在大都被攻陷之后，王保保率军退守山西。徐达等人更是觉得王保保不过如此，鉴于其手下依然有一支实力强大的武装力量，徐达本着"多一事不如少一事"的心态，命令刚投降不久的元朝尚书九住前去招降王保保。

当九住趾高气扬地站在王保保面前，大讲特讲明军的强大，朱元璋的英明神武时，王保保几次都想拔剑砍死这个叛徒，但理智又让他按捺下心中怒火。此时敌强我弱，徐达、常遇春既是名将又是勇将，万不可掉以轻心。

打定主意之后，王保保在九住面前表现得唯唯诺诺，一副"想投降又怕对不住元廷"的模样。九住对王保保的优柔寡断则十分鄙夷，回去之后立刻对徐达说："王保保很害怕我军，之所以不投降是怕被人说成是叛徒，只要我们闪电突袭，在战场上把他擒住，一切问题就简单了。"

徐达毕竟是久经沙场的宿将，他隐隐觉得王保保似乎是在给自己下套，再加上他对九住的信任度也不高，担心他和王保保串通好了给自己玩诈降计，所以他并未采纳九住的建议，而是反复清理河北通往山西的要道。他并不急于进军，而是决定稳扎稳打。

徐达是老成持重，可常遇春忍不住了，他一再建议徐达暂缓对河北地区的攻势，将主要精力放在西进路线上，必须尽快赶到山西，追上王保保，然后灭掉他，才有可能全歼元廷余孽。元廷之所以会灭亡，是因为被我军的闪电突袭击中胸口，一时间岔了气。如果再这样耽搁下去，万一被元廷理顺了气，那又是一个生龙活虎的强敌。他们缺时间，我们恰恰不能给他们时间。

思来想去，徐达改变了主意，他将大军主力调往西线，尽快打开通往山西的道路，不给王保保休息整顿的时间。王保保并不清楚明军统帅做出了什么决定，但等九住离开之后，王保保发现明军并没有迅速跟上，于是立刻决定大军紧急行军前往泽州（今山西晋城），摆出一副直插河南的架势，诱使明军孤军突袭。

当徐达接到情报之后，顿时目瞪口呆，按照他的判断，王保保撤离大都之后，应该加速往上都（今内蒙古自治区锡林郭勒）行进，因为元顺帝就在那里。王保保总要回去勤王吧？可如果王保保铁了心地往南打，过了泽州就是孟州（今河南焦作），再往南就过河了，自己还怎么追？

自以为想通所有关节的徐达立刻紧急传令给驻扎在河南的汤和所部，命令他无论如何也要拦住王保保，为北伐大军争取宝贵的时间。汤和得令之后丝毫不敢怠慢，立刻命令冯胜、杨璟和张彬等部将率军由怀庆（今河南沁阳）朝泽州急行军。攻克泽州之后发现王保保的军队还没到，于是汤和继续率部往潞州（今山西长治）进发，誓要与徐达南北夹击，把王保保按死在山西境内。

此时的王保保在哪呢？他已经在潞州境内的韩店（今长治上党区）驻军两天了。在这两天的时间里，王保保加紧熟悉四周地形，并不断派出斥候打探周边情况。当王保保得知徐达大军还在路上，而南方却有一支军队正在赶往潞州时，他决定提前收网。等不到徐达，那我就吃掉这股不知所谓的明军吧！

当汤和率部急匆匆赶到韩店时，王保保的伏兵突然杀出，打了汤和一个措手不及。汤和本人极为擅长防御战，但在遭受突袭时反应总会慢半拍，更何况他的对手是天才统帅王保保，这更是掐灭了汤和固守待援的所有妄想。

是役，明军抛尸近七千具，汤和等人仓皇而逃，王保保大获全胜。对明军而言，这是他们北伐之后吃到的第一场败仗，徐达怒不可遏，却也无力再对王保保形成合围，只得在真定（今河北正定）将军队驻扎下来，看王保保下一步动向如何。对元廷而言，这是他们对明军取得的第一场胜利，远在上都的元顺帝大喜，立刻加封王保保为齐王，并命他尽快收复大都，给明贼一个终生难忘的惨痛教训。

就这样，被朱元璋称为"奇男子"，被徐达视作"一生之敌"的王保保，开始担负起了光复元廷的重担，明朝的北伐也自此进入了"困难模式"。

25　蜿蜒崎岖北伐路

汤和战败之后，徐达决定暂停所有军事行动，先看王保保下一步会如何出招。

当王保保接到收复大都的命令后，便一路向北穿行山西，打算由大同进入河北，然后伺机夺回大都。对于王保保的这个举动，徐达最初也被迷惑了，毕竟汤和败得实在是太惨，如果自己也尾随王保保，想着前后夹击包饺子，万一再被伏击一次，那可真是太伤士气了。出于这个原因，徐达最初并未紧咬王保保，而是远远地吊着，并派出斥候打探消息。要是王保保停止前进，徐达也立刻原地驻扎，总而言之一句话，现在是我方占优，以稳为主。

事实上，徐达还是中计了。最初，王保保走走停停勾引了徐达半天，发现他不上钩，于是就故布疑阵，派小股部队继续走走停停，并将他们的阵型分散，造成一路大军缓缓向山西北部行进的假象；自己则带着大部队加紧行军，准备强攻居庸关，然后在徐达反应过来之前夺回大都。

这个计策十分巧妙，王保保吃准了徐达老成持重的性格特点，绝不会在汤和惨败之后贸然行军。如果换成常遇春，王保保估计就不敢这么玩了。可"日防夜防，家贼难防"，王保保的计策虽然足够巧妙，但也架不住内部有叛徒出卖。他手下一个名叫豁鼻马的部将发现明军居然被甩开了，于是连夜派心腹给徐达送情报：王保保故布疑阵忽悠你呢，他的目标是大都。

接信之后，徐达恍然大悟，不禁感叹王保保用兵出神入化，尾巴后面拖着一大股敌军，还敢在前面玩攻坚战，真是艺高人胆大。但不管你有多厉害，现在既然已经被我知晓了你的底牌，那么接下来的比赛就要进入我的节奏了。

徐达通过分析判断，北平城高粮足，守将孙兴祖又是在渡江之前就已入伍的军中宿将，被朱元璋称赞"刚毅有胆气"，绝对值得信任。于是徐达亲笔写下书信，命令孙兴祖提防王保保的突袭，不要随意出城迎敌。

确保北平无恙之后，徐达做出了一个大胆的决定：他也布下一支疑兵，让王保保以为明军还在缓步跟随，然后趁着这个机会率军西进，突袭太原。

王保保并未发现徐达的变招，但当太原守将得到奏报，冀宁路（今山西太原、寿阳和阳泉一带）出现大股明军的消息之后，立刻写信向王保保求援。这下可要了老命了。在击败汤和之后，王保保本以为明军不过如此，再加上此时已是冬天，明军大多来自南方，应该不适应北方的寒冷。哪怕徐达真决定放弃救援大都直取太原，应该也会等到开春，没想到徐达如此固执，非要在寒冬时节玩攻坚战，这下该怎么办呢？

太原城池坚固，据说王保保在城内留了七万军队，再算上周围七七八八的各地守备部队，太原一带可供调动的元军超过十万，按说不必担心徐达。王保保最初决定改变计划，不打居庸关，直接绕过去打北平，届时上都的部队也会前来配合，首要目的是保证开春之前拿下北平，然后火速回援太原，让太原周边的十万大军先撑一段时间。

就在王保保准备召开军事会议，重新部署时，却突然接到上都来信：暂时无法配合攻打北平，希望王保保能够克服困难，独力攻关。看到这封信，王保保差点骂出声来："我好不容易击败明军，才有了今天的主动局面，可就这么微弱的一点优势，都要被你们给折腾没了。"

骂归骂，现实情况摆在眼前，没有了上都的支援，王保保真有把握在开春之前拿下北平吗？就算拿下北平，明军还可以在河北、河南和山东等地继续与王保保斡旋，可王保保一旦丢了太原，山西全境就有失守的风险。到那时，王保保手上拿着一个孤零零的北平又算怎么回事呢？

没办法，既然已经到了北平城下，总不能打也不打就撤退，于是王保保下令攻城，可打了好几天都没进展。就在这时，又有新情报送到：徐达派骑兵急行军，先发部队已经来到了太原城下。王保保决定继续攻城，和徐达抢时间，可打来打去，却发现始终也拿不下北平，而且连一点破城的希望也看不到。万般无奈之下，王保保只得匆匆改变战略，放弃攻打北平，急行军驰援太原。

没过几天，徐达再次接到豁鼻马的情报，言明王保保已经决定连夜赶回太原，建议明军暂停攻城，养精蓄锐以待元军。豁鼻马的建议正合徐达心思，于是他整顿兵马，在太原城东驻扎下来。

王保保赶到之后，发现徐达没有攻城，于是自己也没有进城，只在城西驻扎，打算里应外合直接干掉徐达。他不知道的是，自己的一切谋划，都被豁鼻马写在密信里交给徐达了。当徐达得知王保保的谋划后，便开始筹谋夜袭之事，并命令豁鼻马配合打开营门，打王保保一个措手不及。

王保保回到太原之后，发现一切都在可控范围之内，不禁有些放松心神，他也没想到徐达竟敢顶着自己内外两股大军前来夜袭，更没想到己方阵营里居然还有叛徒。

1368年十二月的一个夜里，王保保正坐在帐中看书，突然听到营门外杀声震天、火光四起，他立刻意识到明军已经杀了进来。他来不及多想，只穿着便服冲出中军大帐，骑上战马突围而去，身边只有十多名亲随跟从。

敌军主将已逃，徐达接下来要做的就只有收尾工作了。在豁鼻马的积极配合下，徐达成功接收了四万余降卒，并趁势拿下太原，后又追击王保保，一路攻陷忻州、大同等地，山西基本被平定。王保保眼看回天无力，只得带着残兵败将继续往西逃窜，越过陕西进入了甘肃一带。

你们以为这就是王保保的末日了？不，他是属小强的，这点挫折无法打倒他。

在与徐达交过手之后，王保保已经不敢再小瞧明军了，所以当元顺帝召他尽快带兵来上都时，王保保拒绝了。王保保写信给元顺帝，希望他尽快迁都至和林（今蒙古国哈尔和林），短期内不要再想着光复北平这种好事了，明军不是好惹的，也不要再起内讧，咱们现在应该众志成城，否则您这辈子都只能在沙漠上称孤道寡了。

元顺帝本想着把王保保叫回来给自己撑场面，没想到却碰了个钉子，心里极为不爽。但不管怎样，现在的元廷离不开王保保，所以元顺帝也只能暗气暗消，任由王保保在西北发展，自己也没有听从他的建议迁都和林。

当时间来到1369年二月，王保保勉强回了点血，算是有了些精气神。这时徐达正在攻打陕西，镇守陕西的元将李思齐数次与徐达交战，几无胜绩，最终实在无力抵抗，于是宣布投降。

李思齐虽然投降了，但他的老搭档张良弼却不想投降，于是向西逃亡至宁夏，最终被王保保逮住了。陕西丢了，甘肃和宁夏都很危险，王保保看到张良弼就气不打一处来："陕西雄关要隘极多，可你们这些废物才守了几天，现在还有脸逃回来？"张良弼一看，王保保似乎打算把自己军法处置，立刻跪下告饶说："我弟弟张良臣还在庆阳，他虽然也投降了明军，但只要我写信让他重归大元正统，他一定会同意的。"

庆阳是陕西进入甘肃的重要通道，王保保突然有了一个大胆的想法，于是他命令张良弼写信策反张良臣，自己则修书一封发往上都交给元顺帝，表示自己有办法把明军大部队拖在西北，请他赶快组织军队突袭北平，光复旧都。

元顺帝接到王保保的来信之后非常开心，他早就不想待在荒凉的上都了，于是立刻命人整军备战，大家齐心协力打回北平去。

元顺帝那边通知到位之后，张良臣也在哥哥张良弼的蛊惑下宣布复归元廷，并开始积极布置防线，打算跟明军打一场恶仗。万事俱备之后，王保保也彻底展现出了自己的谋略。

他不停地派使者联络张良臣，表示自己手下还有近二十万大军，随时都可以支援庆阳，要是顶不住了就说一声。这些使者并不都往庆阳的方向走，有些还故意走点弯路，然后"恰好"被明军抓住，王保保写给张良臣的信件很快就摆在了徐达的面前。

看到王保保如此兴师动众，非要整出一幕"庆阳保卫战"的声势，徐达表示也可以理解，因为庆阳一旦丢失，就意味着甘肃和宁夏将直面明军兵锋，王保保的确有这样做的理由。但或许是因为王保保给徐达留下的印象过于深刻，所以徐达对于如此轻易就拿到的情报有些吃不准，这怎么看都像是王保保想与明军决战，他有什么底气呢？

徐达想了半天都没想明白，最终一拍脑袋："别跟自己较劲了，既然王保保率先出招，那我稳扎稳打地接招就是，哪有那么多奇谋诈术。"就这样，徐达开始源源不断地朝庆阳方向调兵，北平附近的军队几乎被调光了，只留孙兴祖带着常备军镇守。

明军虽然攻陷了北平，但这里毕竟是元廷多年经营的首都，有不少人表面上投降了明朝，但实际上依旧心系元廷。在这种"里应外合"的情况下，北平兵力空虚的消息被元顺帝得知了，他立刻命令丞相也速率军绕过居庸关，突袭北平。这大概是北平受到的最严峻的考验，元廷的大军甚至已经抵达了通州，眼看就要传令攻城了。孙兴祖遇事不乱，他一面组织军队守城，一面写信向徐达求援，没过多久，也速就带着军队撤退了。史书在记载这件事时语焉不详，据说孙兴祖是采用了某种计谋，使得也速瞻前顾后，最终没能压住心中的恐惧，自己把自己给吓跑了，但咱也不知道孙兴祖具体采用了什么计谋。

此次元军突袭北平虽然功败垂成，但远在南京的朱元璋非常不高兴，他认为徐达这次被王保保牵着鼻子走，是非常失职的行为。除了对徐达不满，朱元璋对北平遍布带路党的现实状况也十分不满，觉得这帮降臣真是白眼狼，自己给了他们美好的明天，他们却依旧心向暴元。既然你们觉得暴元好，那我就帮你把他们赶得远远的，上都也不给那昏君住。就这样，朱元璋遣使至军中，命常遇春、李文忠率所部兵马返回北平，立刻准备向北攻打上都。

事实证明，此时的元廷就是一只纸老虎，除了王保保，其余各部均无战力。常、李二将从北平一路向北，那是所向披靡，奔袭千里未尝一败，直接打到了上都。元顺帝眼看抵挡不住，于是夹着尾巴往应昌府（今内蒙古自治区克什克腾旗西北部）跑，上都为明军所得。但就在此次战役之后，常遇春于回师途中病逝，享年四十岁。

元廷丢了上都，徐达这边还在和王保保对峙呢。王保保眼看突袭北平的计划失败，上都还被明军占领，眼下只得假戏真做死保庆阳了。可庆阳毕竟不是什么险关要隘，张良臣守了三个月，最终还是没能抵挡住明军的攻势，庆阳失守，张良臣自杀。

王保保折腾了半天，啥好处都没捞着，也只得哀叹自己命苦。我估计王保保到此时也没弄明白，也速突袭北平本该是十拿九稳的，他怎么就突然撤兵了呢？

不久之后，明军一路突袭拿下兰州，同年十二月，王保保带兵包围兰州。此时镇守兰州的是张温，也是渡江之前跟随朱元璋的老人，当他发现自己被王保保包围之后，一边亲自布置城防，一边向周边友军求援。王保保围住兰州打了半天，却是一无所获，最终只得改变战略，使用"围点打援"之计，将前来救援的明将于光击败，又让明军吃了一场败仗。

从也速突袭北平之后，朱元璋就开始频繁插手北伐军事务。他觉得王保保就像狗皮膏药一样，整天晃来晃去十分讨厌。大明都建国两年了，北方依然在鏖战，他想加快进度。于是他重新组建了两支北伐军：西路军由徐达率领前去营救兰州，继续把王保保朝西面赶；东路军则由李文忠率领突袭应昌府，争取把元顺帝赶到沙漠去吃沙子。

徐达数次与王保保交手，除了突袭太原那次，在内应豁鼻马的帮助下让王保保吃了大亏，其他时候徐达做得都不太好，所以徐达这回也是憋着一股劲儿。朱元璋想把王保保给赶走，徐达却想把王保保给灭掉。

当王保保得知徐达再次率军前来时，立刻放弃了久攻不下的兰州，移兵至安定（今甘肃定西）驻扎，等着徐达来交战。众所周知，西北那地方本就不是什么资源充沛、民众富足的地方，王保保又带着一支人数超过十万的大军，他们的补给始终是个问题。如果实在找不到吃的，就只能到处抢劫，把安定弄得像人间地狱一般，到处都是肆意抢劫的兵痞，百姓的哀号和惨叫声从未断绝。

尽管王保保是一位天才统帅，但他带着这样一支军队，在这样一个没有任何民意基础的地方与明军决战，那能有什么好结果呢？

徐达于1370年四月抵达安定，却始终不与王保保交战，只是安营扎寨、深挖营垒，心情好时就出兵偷袭一下，平时闲着没事就在营帐里敲锣打鼓制造噪音，搞得王保保烦不胜烦。王保保之所以会烦，徐达的攻心计倒在其次，主要还是大军的补给问题。急于破局的王保保开始想办法找小路，一是为奇袭明军，二是为顺利转移。可王保保没想到的是，由于他的军队在安定的形象过于丑恶，所以当地百姓都对他们这支军队恨得咬牙切齿，巴不得明军赶紧杀光这支吸血的元军。所以当王保保开始找机会破局时，相关消息早已有人通报给了徐达。

徐达接到这份情报时，突然有了一种似曾相识的感觉：我第一次战胜王保保时，就是通过内应传递情报获胜的，现在又有人开始给我通传情报，岂不是意味着我又能赢他一次了？于是徐达当机立断，破敌就在眼前。

在四月上旬的一个夜里，徐达率军夜袭，王保保猝不及防，只得带着老婆孩子匆忙逃窜，近十万兵卒被徐达俘虏。这真是命运的安排啊，王保保两次输给徐达，都是因为情报泄露，也都是败于夜袭。

徐达的西路军传来捷报，李文忠的东路军同样所向披靡。元廷除了王保保，其他人都不堪一击，且就在这个紧要关口，元顺帝病逝了。李文忠的作战特点很像不久前离世的名将常遇春，属于那种"顺风无敌，逆风玩命"的类型，突出一个"勇"字，偶尔还要配上一个"莽"字。现在元廷内部皇帝病逝，正面临着大洗牌。李文忠抓住机会横冲直撞，顿时把整个元廷都给打蒙了，坚固的应昌府只坚守了不到五天就被李文忠拿下。刚登基的元廷新皇帝爱猷识理达腊带着几十人向北逃窜，最后终于想起了王保保曾经的建议，选择前往和林与他汇合。

如果说明军当初攻陷北平时，元廷还有一战之力的话，那么随着太原之战、开平之战、定西之战和应昌府之战的失败，元廷早已没有了反攻中原的资本，从今往后只能缩在沙漠里舔舐伤口，等待明军可能到来的下一波攻势。

从1368年正月建国到1370年四月底攻陷应昌府，朱元璋花了两年多的时间证明自己才是中原大地上唯一的主人。

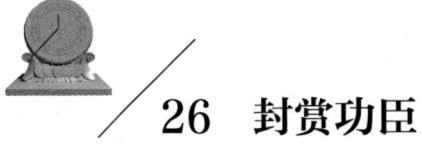

26 封赏功臣

1370年十一月，随着元廷新君元昭宗退守和林，明朝的正统地位已基本稳固。在这种背景下，朱元璋为犒赏满朝文武，准备大封功臣，用黑话来说，就是朱元璋打算给各位英雄好汉排个座次。

排座次这种事很难做好，因为总会有人嫌自己获得的封赏不足，做的官也太小了。即使是开国皇帝亲自出马，也没办法令所有人都感到满意。比如说刘邦在封赏功臣之后，很多人对这个结果不满意，本打算秘密串联逼刘邦重新封赏，谋划失败后又满腹怨言，经常在喝醉酒之后放声号啕，甚至拔剑砍大殿上的柱子；比如说李世民在封赏功臣时，史书的原文是"诸将争功，纷纭不已"，李世民的爱将尉迟恭甚至因为一个座位的问题和别人打了起来，李道宗（李世民堂弟）上去拉架，被尉迟恭一拳打在眼睛上，差点没把他给打瞎。

刘邦和李世民那都是赫赫有名的马上皇帝，他们都很难搞定的事情，朱元璋就能搞定吗？从理论上来说应该也是搞不定的，肯定会有人觉得自己获得的封赏不足，官位太小。可出人意料的是，朱元璋封赏功臣几乎没引起什么争议，大多数人都对封赏结果感到满意，认为朱元璋做事非常公平。

为什么会这样呢？我们先来看他是怎样论功行赏的。朱元璋最先封赏的是公爵，一共有六个人获此殊荣，分别是：韩国公李善长、魏国公徐达、郑国公常茂（常遇春之子）、曹国公李文忠、宋国公冯胜和卫国公邓愈。这六人都是在渡江之前就追随朱元璋的老人，无一例外地属于淮泗集团。可如果我们仔细分析一下就会发现，这六人里面并没有纯粹的文职官员。

徐达、李文忠、冯胜和邓愈这四个不用说，全都是能征善战的宿将，恐怕字都认不得几个，说他们是文官，恐怕得笑掉好多人的大牙。常茂是二代，不在讨论范围之内，但他爹常遇春也与上述四人成分一样。在这六人之中，勉强能与文官挨着边的，就是第一功臣韩国公李善长，他没有单独领兵出征的记录，一直待在后方兢兢业业地做着后勤工作，是朱元璋最为信赖和倚重的大管家。我们必须明白一点：李善长虽从未领兵出征，但在朱元璋事业刚起步时，向来是他自己带着一支部队冲锋在前，李善长则带着另一支部队看守大本营。后来随着朱元璋实力的逐渐增强，他几乎不再亲自带兵出征，而是留守大本营，分摊了李善长的这部分工作，可只要涉及重大的军事行动，高官会议必然有李善长列席。在朱元璋未称王之前，他办事的地方都叫大都督府或元帅府，李善长则兼领府司马，也是一个军职。

在朱元璋看来，李善长是一个允文允武的全才，资历老，威望高，由他做第一功臣最合适。朱元璋称帝之后，就不需要李善长负总责了，他只要把政务这一摊管好就行。

在封过六个公爵之后，朱元璋又封了三十个侯爵，在这批人里面，比较著名的有汤和、唐胜宗、陆仲亨、周德兴、耿炳文、吴良、吴桢、廖永忠、朱亮祖和傅友德等。在这批人当中，淮泗集团照样占了大多数，而且几乎都是武将，文臣寥寥无几。其中汤和属于资历比朱元璋还老的人，当初还是他写信给朱元璋，希望他能投奔郭子兴，可以算是朱元璋的领路人。但汤和这个人老成持重，开拓不足，守成有余，所以朱元璋长期把他放在常州防备张士诚，各路征战几乎没他的份儿。当朱元璋需要北伐时，又把汤和放进了北伐军，结果长期守城的汤和极不适应，明军第一场惨败就是由于他指挥失当所致，这也影响了汤和最终的地位。汤和没能在朱元璋首次封赏功臣时成为公爵。

封过侯爵后，朱元璋最后又封了两个伯爵，分别是忠勤伯汪广洋和诚意伯刘伯温。这两位可是名副其实的文职官员，而且都不属于淮泗集团。从表面上看，朱元璋在分封功臣时心里总想着自己的老乡们，而对汪广洋和刘伯温等后来投降的非淮泗人如此冷遇，简直就是土财主的做派啊！这种人是怎么团结大多数，成就大业的呢？

如果不长前后眼，这个说法肯定是正确的，但看看朱元璋在称帝后杀过的功臣，几乎都是这帮淮泗老乡，可见朱元璋在捍卫皇权时，根本不会管你是不是他的老乡，一律照杀不误。对于朱元璋这种人而言，他真会在封赏功臣之时故意抬高淮泗集团的地位，最终导致怨声载道吗？我的答案是不会。朱元璋这样做，就是因为他洞悉了前朝因分封导致怨怼的原因——真正对封赏结果表示不满的大多是武将，最容易因此惹出事端来的还是武将。就算朱元璋怠慢了文臣，短期内也不会有什么严重的后果，因为文人讲究"风骨"，什么不畏强权、淡泊名利、正气凛然、不失傲骨等都是文人的做派。如果一个文臣整天怨声载道地表示自己的功劳非常大，皇帝却如此不公，没有给予自己足够的封赏，皇帝就可以直接拿大道理来压他：你们这帮读圣人书的家伙，怎么也和那些当兵的大老粗一个德行？枉我把你们当作高人隐士来对待，没想到你们也是俗人一个！就你们这样，有什么资格瞧不起那些没文化的人呢？

真要是把话说到这个份上，你说那些文臣该怎么回答呢？难道非要继续争论下去吗？那么好，皇帝完全可以坐下来和他们好好辩论一番："你说自己功劳比某武将大，请问你的论据在哪？"武将的功劳大，这是可以量化的。比如说某场战役，武将甲攻下多少地盘，杀死多少俘虏；武将乙接到同样的任务，他的数据又是怎样。两相对照，自然能够分出上下。如果再说得复杂一点，就是武将甲的主攻任务完成得很出色，武将乙的辅助工作做得也很好，但在论功行赏时，自然是甲占头功，因为主攻需要直面敌人，难度更高。可文臣呢？他们的功劳应该如何量化呀？文臣丙接手一块地盘之后，短期内将这个地方治理得井井有条，这当然是有功劳的，但他的功劳能与武将甲相比吗？在打天下时，这自然是无法相比的。

拿到台面上来说就是："如果没有武将甲浴血奋战，哪有他文臣丙治理地方的机会呢？"从权力博弈的角度来看，如果领袖在打天下时就将文臣置于武将之上，那些武将还会心甘情愿地帮他打天下吗？这其实是历朝历代的一个潜规则：新王朝初次封赏功臣时，肯定会更注重封赏武将，而有意无意地压制文臣的地位。刘邦和李世民肯定也懂得这个道理，但他们在封赏功臣时为什么不这样做，以至于君臣失和呢？

这里面既有朱元璋集团的特殊性，也有时代的局限性。朱元璋是投奔郭子兴起家的，后来朱元璋虽说独立出来单干，郭子兴一系的印记却也不是那么容易抹去的。但郭子兴的过早离世给了朱元璋抹去郭子兴一系印记的机会，后来又发生了郭天叙被叛将所杀、邵荣疑似谋反等案件，这使得郭子兴一系在朱元璋集团内部只剩下了一些小虾米，根本没有话语权。

在一路南征北战过程中，朱元璋也先后兼并了一些地方武装和割据政权，但他们要么是被淮泗集团同化，要么是在北伐过程中被扔到前线当炮灰，等到朱元璋大封功臣时，明廷内部的武将系统几乎只剩下淮泗集团这个庞然大物，其他的全都被扔到各地练兵去了，不再掌管军权。

朱元璋的死对头（陈友谅、张士诚、元廷）几乎没有出现过大规模投降事件，朱元璋同样不用过于担心军队成分问题。在原定的北伐计划中，朱元璋本打算依靠小明王韩林儿的影响力收服北方义军，但韩林儿不明不白地死了，朱元璋也只得打消这个念头。而就在朱元璋北伐的那两年内，北方义军又不约而同地因各种原因崩溃，真是巧合到了极点。

由此可见，朱元璋集团的内部构成相对简单，只要他能考虑到淮泗集团的利益，几乎就不必担心有人站出来唱反调。刘邦同样是出身于草根，陪他南征北战历尽艰险的是丰沛集团，萧何、曹参、樊哙、夏侯婴等人都属于这个集团，大家可以把这个集团等同于朱元璋的淮泗集团。但与刘邦不同的是，秦末是一个标准的贵族社会，秦始皇并不尊重六国旧贵族的既得利益，所以当他一死，六国便迅速复辟。在这种背景下，刘邦想要统一天下，就必须充分尊重各地实力派的既得利益，不能吃独食。于是刘邦把赵国故地封给张耳，燕国故地封给臧荼，韩国故地封给韩王信，魏国故地封给彭越，楚国故地封给韩信、英布和吴芮。好地方都封给了这些外人，跟随刘邦起家的丰沛集团能开心吗？当然不会，所以才有了一连串围绕着封赏功臣所导致的暗战。李世民的处境比刘邦强一些，但由于他得位不正，所以更是有意无意地忽略了一众嫡系的利益，让出更多给中立势力，以换取他们对自己"继承"皇位的支持。

总的来说，与历朝历代的开国君主相比，朱元璋无疑是幸运的，明廷内部虽也有派系之分，但在封赏功臣时，这些派系的向心力还是很强的，没有给朱元璋添什么大麻烦。很多读者在看到这份封赏名单后，立刻就会像发现新大陆一般："原来刘伯温在朱元璋眼里的地位这么低啊，居然只是一个伯爵，我还以为朱元璋真把刘伯温当成了自己的诸葛亮呢。"

事实上，刘伯温之所以在首次封赏时只得了个伯爵，还在于朱元璋心头有两根刺都是刘伯温扎进去的。第一根刺就是刘伯温元廷旧臣的身份。当初朱元璋为了推翻元廷，自然会散布一些言论，强调暴元灭宋，在激发南北汉人对元廷憎恨的同时，又给那些元廷旧臣一个体面投降的理由。

总而言之，我的曾祖和祖父都不是元朝人，我们长期受到暴元的奴役，现在朱元璋打过来，就是为了给我们报仇，再度恢复汉家江山，我们投降有理！如果普通百姓支持这种言论，是完全没问题的，因为元廷对他们的确不怎么样。但如果元廷旧臣也整天高喊这些论调，那就是不负责任的"花心男"

行为。

能被朱元璋亲自劝降的都是什么人？那都是在元廷体制内混得有头有脸的人物。元廷或许对不起其他人，但绝没有对不起他们，否则他们怎么能够"高官得做，骏马得骑"呢？

对于朱元璋而言，在他实力弱小时，他迫切需要这些识时务的"俊杰"为自己效力，可在朱元璋的内心深处，恐怕也是瞧不起他们的。现在元廷落魄了，你们这些在元廷混得风生水起的家伙，居然嚷嚷"元廷压迫你的祖辈"？这话你怎么不早说，非要等到我把你们俘虏了之后才说呢？

或许是觉得这种样子实在太难看，所以像刘伯温这样的高级知识分子，在投降朱元璋时都会换一种说法。总而言之，我的爷爷、父亲以及我自己都做过元廷臣子，我们这些臣子哪敢记君父的仇呢？这意思就是说，我们家本来和元廷是有仇的，但我们做臣子的哪敢记仇呢？我刘伯温虽然牢记这份血海深仇，但我也懂得忠君的大道理。

这其实就是朱元璋最大的困扰，或者说是所有封建领袖最大的困扰。当他们的事业处于初起阶段时，自然会大讲特讲"天下有德者居之"，并且非常喜欢那些因敬佩自己"德行"而选择投降的旧王朝高官。但当他们事业成功之后，自然就会换成"天命所归"，要求大家不要做不切实际的梦，老老实实为皇帝家族效劳即可，并开始讨厌那些不忠诚的臣子。

朱元璋对刘伯温等元廷旧臣的心结也在于此：自己已经建立了大明，必然要大肆宣扬"忠臣从一而终"的理论，那么对于这些叛徒，他又怎么可能给予丰厚的赏赐呢？

第二根刺是因为小明王韩林儿，朱元璋一直怀疑韩林儿之所以会死，就是因为刘伯温从旁推波助澜所致。想当初刘福通与韩林儿被困安丰，朱元璋出于巩固北部屏障的考虑决意救援，刘伯温却旗帜鲜明地坚决反对。

想要成大事，就要举大义，这种高度的战略眼光是陈友谅和张士诚所不具备的，这也是我认为朱元璋并不打算害死韩林儿的主要原因。老朱是一个非常自信的人，他怎么会认为韩林儿那个毛孩子能挡自己的路呢？但刘伯温始终认为朱元璋这是妇人之仁，营救韩林儿必将后患无穷。他虽然没能劝阻朱元璋出兵支援安丰，但他的这一看法肯定也没有改变，要知道刘伯温是一个非常固执的人。

逼降方国珍之后，朱元璋想着把韩林儿接到自己身边来。这是可以理解的，因为随着陈友谅和张士诚的覆亡，南方基本已经平定，朱元璋想趁势北伐，借助韩林儿的旗帜将北方义军团结起来。对于这样重要的筹码，自然要放在自己身边日夜调教，免得他给自己添乱。可韩林儿偏偏在南下的过程中翻船溺死，你说朱元璋气不气？

护送韩林儿南下的是朱元璋手下的大将廖永忠，他本是巢湖水贼，朱元璋渡江时认为自己缺乏水军力量，于是劝降了廖永安和廖永忠兄弟俩。对于手上为数不多的水军筹码，朱元璋对廖氏兄弟俩一向是青眼有加，也知道这兄弟俩不是什么心眼儿多的人，廖永忠这次办下错事，恐怕是被有心人当枪使了。换言之，有人背着自己找到廖永忠，暗示他在路上把韩林儿干掉，廖永忠以为这是朱元璋的意思，所以就照办了。

这个人是谁呢？嫌疑人有两个。一是杨宪。朱元璋刚拿下应天府时，杨宪就来朱元璋手下干活了，说他是贴身秘书有点过，但他绝对是元帅府里说一不二的大人物。后来他又被朱元璋点名派到外甥李文忠身边辅佐，可见朱元璋对他也是非常信任。所以如果他暗示廖永忠干掉韩林儿，廖永忠不会拒绝。但杨宪的嫌疑不大，因为他瞧不起出身低微的廖永忠，双方不止一次地发生过争吵，而且杨宪一贯服从朱元璋，绝不敢自作主张，私下弄死韩林儿。

第二个嫌疑人就是刘伯温了。在封赏功臣时，朱元璋对廖永忠说："你的功劳本可以封公，但由于你听信了某些儒生的谣言，弄死韩林儿，所以我只给你封一个侯。"廖永忠有资格封公吗？没有。朱元璋封廖永忠一个侯爵，就是在对廖永忠说："虽然你弄死韩林儿令我很不爽，但你是给人当刀使的，我不怪你。"

朱元璋既然不怪廖永忠，依然足数把功劳算给了他，那么这番话就不是说给廖永忠听的，而是说给刘伯温听的。这是在暗示廖永忠弄死韩林儿的儒生："别人心里没数，难道你心里还没数吗？我不和廖永忠计较，你猜我会和谁计较？"就这样，大名鼎鼎的刘伯温最终也只得接受诚意伯的封号，成了大明的一位伯爵。

我要说明一下：在朱元璋的规划中，刘伯温一直是非常重要的人物，或许他比不上《三国演义》里的诸葛亮，但绝不比《三国志》里的诸葛亮差多少。对此，我们把刘伯温和李善长做一番对比就能得出答案。

自隋唐开始，三省六部的权力架构逐渐成为中央王朝的标配，元廷做过改良，将三省改为中书省、枢密院和御史台。朱元璋建立明朝后，又将枢密院改为大都督府，与中书省、御史台一道构成新的权力架构，人称"三大府"。其中中书省处理政务，大都督府管理军事，御史台负责监察。

中书省的最高领导是左右丞相，左在右上，李善长是中书左丞相，徐达是中书右丞相。鉴于徐达多领兵在外，这个中书右丞相更多的是对徐达功绩的肯定，否则李善长专美于前，徐达未免会心怀不满。从这个角度来看，中书省几乎可以看作是由李善长一人负责。

大都督府暂且略过不提，御史台的最高领导是左右御史大夫，汤和是左御史大夫，邓愈是右御史大夫，这两人也都是军职，监察官员这种活他们更是从来都没干过，所以这两人在御史台也属于挂职领导，并不负责具体事务。

在左右御史大夫之下，御史台的最高领导是御史中丞，而这个职务是刘伯温的。从此次封赏来看，李善长和刘伯温的差距非常大。李善长是国公，大明第一功臣，而刘伯温只是伯爵。但从他们各自的职务来看，中书省和御史台同属于"三大府"之一，李善长是中书省当之无愧的一把手，刘伯温则是御史台实际上的一把手。这中间自然是有差距的，但这种差距非常小，绝不像封赏时所体现出来的那样。

　　从这个角度来看，此次封赏只是朱元璋对功臣们过往政绩的肯定，并不包含未来的期许，因为朱元璋正在谋划着下一盘大棋，而所有人都将成为他手中的棋子。

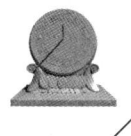

27 "奸臣集团"横空出世

在前文谈及朱元璋收权时,我简略介绍过朱元璋集团内的四大派系。而在建国之后,按照大陆史学界的主流观点,所谓的四大派系到此时只剩下两派,分别是淮泗功臣集团和浙东士人集团。在台湾地区史学界,他们也赞成"四变二"的说法,但具体是哪两个派系,他们的观点与大陆史学界有所不同。

台湾明史研究会会长徐泓教授认为,在朱元璋身边根本就不存在什么狭隘的"浙东士人集团",只有一个"金陵游士集团",大家所熟知的杨宪(山西太原人)和汪广洋(江苏高邮人)都是这个集团的人,刘伯温和宋濂也是这个集团的人。这个看法有一定道理,因为朱元璋手下较为出名的浙东士人,无外乎刘伯温、章溢、叶琛、宋濂、朱升和胡深等几人。在朱元璋封赏功臣时,浙东士人中较为著名的只有刘伯温和宋濂还在,其他人都已经去世了。

可经过研究分析后我认为,无论是"浙东士人集团"还是"金陵游士集团",其实都是伪概念。这两个集团或许在一定的时间范围内存在过,但朱元璋建立明朝是一个标志性事件,明朝建立之后,这两个集团就不约而同地消亡了,取而代之的是一个能够与淮泗功臣集团相抗衡的新集团,我称之为"奸臣集团"，其代表人物是刘伯温、杨宪和汪广洋。大家或许会感到奇怪，说杨宪和汪广洋是奸臣还可以理解，刘伯温盖棺论定就不是奸臣，你为什么要污蔑他呢？

事实上我说的"奸臣集团"和大家所理解的奸臣不是一回事。不知大家在看历史小说、电影或电视连续剧时有没有注意过这样一个桥段：皇帝老了，便开始亲近宦官和奸臣，整天缩在后宫里和美女厮混。受宠的宦官和奸臣就开始瞒着皇帝祸害朝堂，若干正义之士被他们弄得妻离子散。后来朝堂上群情激奋，老皇帝幡然醒悟，然后把这些宦官和奸臣全部清理出局，朝堂上又重新变得岁月静好；又或者是群臣被整得鸦雀无声，宦官和奸臣开始自鸣得意，然后被幡然醒悟的老皇帝打翻在地，从此海晏河清。

在这个桥段中，好人就是群臣，坏人就是宦官和奸臣，庸人就是老皇帝，大家的脸谱戴得异常整齐。可只要稍微有点社会阅历的人都应该明白这样两个道理：一、没有纯粹的好人与坏人；二、利益集团的所有争端都是围绕利益展开的。什么是皇帝？很多受小说演义影响较深的人都认为，皇帝就是至高无上的，他想做什么就做什么，没有人能管得了他。这其实是标准的"刻板印象"。

从一统天下的秦始皇到末代皇帝溥仪，中国先后存在过的皇帝中，有很多都是"非正常死亡"。所谓"非正常死亡"，就是指自然病亡之外的死因，包括但不限于毒杀、叛乱、战死等因素。

由此可见，皇帝并不是什么至高无上的神圣角色，只是各利益集团的汇聚点，一旦各利益集团的汇聚点发生改变，这位皇帝就要跟着改变，否则，他就没有活下去的必要了。从利益集团的角度来看，天下非一人之天下，乃人人之天下。如果皇帝不能代表天下大多数人（主要是利益集团）的利益，那还有什么资格成为至高无上的领袖呢？但从皇权的角度来看，如果全天下人都这样想，那皇室的传承还怎么从一世、二世传至千世、万世呢？如果全天下人都这样想，民权思维岂不是要提前几千年诞生？

正因如此，当利益集团发展到一定程度时，皇帝通常都会选择亲近宦官和奸臣，并把权力授予他们。宦官和奸臣获得授权后心领神会，立刻动手替皇帝干脏活，也就是朝着利益集团开炮。皇帝呢？自然是一手搂着美女，一手拿着美酒，躲在后宫看热闹，并美其名曰"从此君王不早朝"。

如果宦官和奸臣没能成功打击利益集团，皇帝就会抢先一步，亲自干掉宦官和奸臣，并借他们的脑袋与利益集团展开新一轮的谈判；如果宦官和奸臣成功地打击了利益集团，皇帝则会尽可能地维持朝堂平衡。宦官和奸臣一旦想要跳出皇帝的控制，便会立刻遭到致命打击，皇帝会用他们的人头善后。

当这种事情发生以后，皇帝会沉痛地向大家表示："朕受到了这些小人的蒙蔽，使得不少忠臣被害，这都是朕的过错啊！"群臣则会跪在地上感激涕零，表示皇帝终于恢复了曾经英明神武的样子，然后大家聚在一起开讨论会，要怎样表彰那些被宦官和奸臣迫害的忠臣，以及被害而死的忠臣应该享受怎样的殊荣。

明朝建立后，朱元璋志得意满，觉得自己已经功盖三皇五帝，完全可以算作一代圣主了，可在他心中始终有一根刺。当初朱文正被陈友谅围在洪都打了八十多天，手下的淮泗老人居然敢用假传情报的方式逼自己救人，是可忍孰不可忍！后来在解决朱文正时，这帮家伙又老老实实地站在一边看着，谁也不敢乱发话，还算他们识相。

可这件事给朱元璋提了一个醒：如果朝堂上的文武百官全都是这样"心往一处想，力往一处使"，那他们就会形成一个巨大的向心力，自己这个皇帝会在顷刻间被他们架空。虽然这个可能性很低，但并不代表这事不会发生。朱元璋觉得自己在世期间，这种情况是不会出现的，但等到自己的儿子和孙子继位之后呢？谁敢保证朝之堂上这帮官员不会反客为主？

出于这个原因，朱元璋就开始有目的地分化、拉拢官员们。我为什么说

"浙东士人集团"和"金陵游士集团"都是伪概念呢？因为单凭这两个集团，根本就没有资格与淮泗功臣集团相抗衡，双方的体量差距太大。他们之所以看上去能够和淮泗功臣集团针锋相对，只因为有一位巨无霸站在了他们的背后，而这个巨无霸的名字叫朱元璋。

有朱元璋当后台的"浙东士人集团"和"金陵游士集团"，就像获得了皇帝授权的宦官和奸臣，他们自然就成了历史桥段中的"奸宦集团"，只不过朱元璋并不打算抬高宦官的地位，所以我不称他们为"奸宦集团"，只称"奸臣集团"。实际上他们根本就不是大家所想象的那种奸臣，只是被朱元璋推到前台和淮泗功臣集团打擂台而已。

或许有人会问："朱元璋让他们收拾谁，他们就收拾谁，刘伯温他们怎么这么没骨气呢？"这话问得其实有些多余，能在朝堂上混的，谁也别瞧不起谁，大家都是为了功名利禄来的，刘伯温并不高人一等。真正不愿弯腰的人倒是有，不过他们都被清理出局了。

明初有一个名叫高启的人，他才华高逸，学问渊博，与刘伯温、宋濂并称为"明初诗文三大家"，同时也是明初"吴中四杰"之一，更是"北郭十友"之一。

对于这样大名鼎鼎的才子，朱元璋是喜欢得不得了，要是高启能为自己所用，那么可以在极大程度上收拢天下读书人的心。但高启这个人清高惯了，玩不来朝堂上的那套弯弯绕，朱元璋不停地邀请他出仕，他却总是干不了几天就辞官。后来朱元璋改变策略，先召高启入朝参与纂修《元史》，并暗示主修《元史》的宋濂找机会多跟高启接触，多给他"掏掏耳朵"，让他学学人家是怎么做人，怎么做事，别总通过辞官的方式推卸责任。宋濂自然得照办，但高启依然是一副油盐不进的样子。

在封赏功臣之前，朱元璋本打算将高启放到户部担任右侍郎，可高启一再推辞，表示自己无意为官。朱元璋勃然大怒，你这副清高样子是做给谁看的？

真以为我离了你高启就无人可用？于是他立刻把高启打发走了（赐金放还）。

没过几年就有小人诬告高启有反心，并说他曾为张士诚鸣不平。当朱元璋得知这一奏报之后，立刻就认定高启居心叵测，判了他一个残酷的腰斩之刑。看这高启的下场，以后谁还敢清高呢？

第一个替朱元璋上场博弈的自然是刘伯温。早在1368年，朱元璋刚建立明朝时，刘伯温就与李善长发生过冲突。除了御史中丞，刘伯温还是太史令，这个职位自夏朝时就有了，其主要职责本是测验天文、考定历法和撰写历史，但到明朝时，撰写历史这一项已经被移除了。换言之，刘伯温的这个太史令有些像我们今天的气象局局长。

据说刘伯温查出一个名叫李彬的官员贪赃枉法，数额非常巨大，情节特别恶劣，他就打报告给朱元璋，希望能够将李彬就地正法。而李彬是李善长的得力部下，他希望能保下李彬，所以就向朱元璋求情，说李彬跟了自己这么多年，能不能网开一面。南京这边好久没下雨了，如果仁君施仁政，说不定会感动老天爷普降甘霖呢。

刘伯温在旁边听到这话，立刻表示自己才是专业的太史令，老天会在什么时候下雨自己最清楚，并同时对朱元璋说："只要杀了李彬，老天就会降雨。"

刘伯温之所以能成为中国历史上的传奇人物，除了大家总拿他和张良、诸葛亮相比，还在于刘伯温在天文研究方面也颇有造诣。后世附会了一本《烧饼歌》，使得刘伯温和唐朝的袁天罡、李淳风一样，成为历史上著名的预言大师。也正因如此，我认为"杀李彬必降雨"只是一个故事，目的是为了证明刘伯温精通天文，并不怕开罪李善长。实际上杀李彬确有其事，但内幕要复杂得多。

大凡一个朝代建立之初，第一个因贪赃枉法被杀的总是偏远之地的人，因为建朝之初的法令极其严苛，皇帝瞪大了双眼等着抓典型，离得越近越警觉，这时候只有傻子才会上赶着送人头。李彬贪赃枉法当然不是被诬陷，这人一向胆大，因为他在大明建国之前就干过不少类似的事。如果李彬贪污是个人行为，那么他有多少条命都不够死的，可李彬背后站着李善长，那说明他通过各种方式攫取的财物，有相当一部分进入了淮泗功臣集团各位大佬的腰包。换言之，李彬就是淮泗功臣集团的白手套。

李彬这种人，大明有且不止一个，朱元璋最初并没有过分干涉，因为他明白一个道理：水至清则无鱼。李善长等人有事没事就逛个青楼，喝个花酒，这都是要花钱的，朱元璋通常都是假装看不见，只要不太过分就行。但随着朱元璋对淮泗功臣集团的态度转变，这种"睁一只眼闭一只眼"的既定方针自然也会逐渐改变。李善长居然敢出头为李彬说情，证明他并没有把握住朱元璋的转变，还以为刘伯温这个二愣子只是胡乱攻击，不慎把自家小弟给逮住了。可当朱元璋眼珠子一瞪，从口中蹦出一个"杀"字后，李善长立刻意识到事情不妙。小小李彬死不足惜，可如果陛下调转矛头，追查李彬的后台怎么办？这些事他早就知道，拿着已有的证据来抓人，那不是一抓一个准吗？

李善长开始惶惶不可终日，但猜想中的雷霆风暴却并未降临，朱元璋将板子高高举起又轻轻落下，除了李彬被当成典型处决，这个案子并没有牵连任何人。朱元璋惩处李彬的目的是为刘伯温树立威信，也是为确保刘伯温可以化作自己手中的刀刃，看谁不顺眼就杀谁。

刘伯温是个有脑子的人，他知道给皇帝当刀和群臣打擂台的人通常都不会有好下场，所以他始终表现得像个二愣子。群臣违法我就收拾他们，皇帝犯错我也直言不讳。

在刘伯温的影响下，御史台的各位言官个个化身疯狗，看到有不对的地方，冲过去就是一顿狂撕乱咬，管你是文武百官还是当朝皇帝。

久而久之，这帮言官引起了公愤。以李善长为代表的文武百官便站出来围攻刘伯温，意思就是告诉朱元璋：你要找代理人站在前台争权夺利可以，但别玩得这么过火，你看刘伯温手下那帮家伙都是些什么玩意儿？再这样下去，咱们所有人都不得安宁了。

刘伯温在下面折腾得欢畅，朱元璋在上面做着思量。随着刘伯温和李善长的冲突加剧，朱元璋也发现了问题：刘伯温花招多，下手狠，战略制定得不错，但战术缺乏变化，总喜欢直来直去。这种人或许可以在关键时刻一锤定音，打开局面，可一旦双方处于胶着状态时，刘伯温就容易着急上火。再加他有一股子书生意气，拿他当枪使，他难免会有所怨言。

现在群臣追着朱元璋讨要说法，老朱也不知道该怎么对待刘伯温。你批评他吧，他会信誓旦旦地表示这是自己的职责；你支持他吧，那以后朝堂上真就是永无宁日了。

刘伯温眼看双方为难，也知道自己用力过猛，让皇帝难做了，于是顺势向朱元璋提出："我妻子刚刚故去，您看我是不是应该回去休息一段时间呢？"朱元璋一想也对，眼下的局势并不利于刘伯温发挥，先让他回去醒醒神也好，自己再物色一个人接替他。就这样，洪武年间的第一次党争，因刘伯温辞官而暂且告一段落。

28　愈演愈烈的党争

或许有人会感到奇怪，大明刚建国没多久，朱元璋威望日盛，李善长等人怎么敢没事招惹朱元璋，以至于把老朱逼得没辙，愣是要学历史上那些危机感十足的老皇帝，弄出一个"奸臣集团"打擂台呢？

事实上，这种说法有些错怪李善长等人了，就是借他们十个胆子，他们也不敢招惹朱元璋啊。只不过是他们的所作所为，触动了朱元璋内心深处的那根弦。朱元璋小时候父母兄长皆因病饿而亡，那些达官显贵和富商巨贾却依旧岁月静好，这就给朱元璋留下了一个无法根除的印象：官僚和富商都不是好东西，这些家伙全部杀光也没什么冤枉的。

得天下之后，朱元璋成熟了许多，知道不能用"非黑即白"的眼光看待某个群体，只要手段得当，任何人都是可以为自己所用的。但这一切的前提是，自己是一个货真价实的皇帝。朱元璋曾私下点评过元廷诸位皇帝，他认为是内讧大大削弱了元廷的实力，虽然元廷也曾出现过有能力的皇帝，但他们手中没有权力，很多构想无法实现。

在朱元璋看来，官僚集团和士绅集团有着天然的联系，只要机会得当，他们一定会达成联合，排挤一切不利于他们发展的存在。而最不利于他们发展的存在，就是自己这个皇帝。在建国之前，李善长主要负责后勤军需物资的调动，以及辅助朱元璋做好人员调配。他有大量与官僚集团、士绅集团接触的机会，但那时天下未定，他还会想着以打天下为重。可现在元廷已经被北伐大军赶到了漠北，根本无力再对中原大地造成威胁，在那些功臣们看来，明朝已经稳如泰山，是时候分蛋糕了。

就这样，朱元璋发现了一个奇景：李善长等人整天忙得脚不沾地，自己却只能巴巴地等着他们给自己送奏报。这还了得？天下是我老朱家的，要分也是在我们家族内部分，顶多赏点给你们就是了，你们怎么能自己动手拿呢？

皇帝最忌大权旁落，而朱元璋则更为敏感。虽说李善长等官员依然是按照组织程序在办事，但朱元璋觉得这是淮泗功臣集团和官僚士绅集团逐渐合流的标志，而李善长则成了他们双方共同的代言人。这才是朱元璋抬出"奸臣集团"与李善长打擂台的主要原因。他痛恨那些害死他父母、兄长的凶手，绝不允许他们换一身皮又在新王朝继续当"人上人"。

刘伯温没能领会朱元璋的用意，或者说不愿领会朱元璋的用意，所以他很快就辞官了。没有刘屠夫，大家也不能吃带毛猪，于是另一个人进入了朱元璋的视野，他的名字叫杨宪。

我在前文说过，杨宪是山西太原人，一直在朱元璋的元帅府里听用，可以算是朱元璋的"近人"，甚至比徐达等人还近。徐达他们是朱元璋的发小，大家知根知底、关系莫逆，可这些人常年领兵在外，对朱元璋这十几年的变化并不十分了解。杨宪虽然没有跟朱元璋一起长大的交情，但几乎每天都能接触到朱元璋，他把这位领袖的脾气琢磨得十分到位。

1367年，朱元璋击败张士诚后，将张士诚所占据的地盘更名为浙东行省，在委任外甥李文忠总管浙东行省的军务时，也将杨宪外放为李文忠的属官，总揽政务。临行前，朱元璋对杨宪说："李文忠年纪小不懂事，浙东行省一应政务都在你手，干不好我就收拾你。"

在称帝之前，朱元璋对文人总是客客气气的，却唯独对杨宪是一副"主子对待家奴"的态度。这更说明一点，在朱元璋看来，杨宪是值得信赖的自己人，对他不用玩那么多虚礼。杨宪也非常清楚，朱元璋对自己的定位就是一个干脏活的酷吏，所以他在李文忠身边工作时，很多时候都是"对人不对事"。

久而久之，李文忠有些忍受不住了，他心想：（淮泗人）都说你杨宪不是个好东西，一开始我还不信，现在发现你果真不是个好东西，整天搞三搞四，留你在我身边有何用？正当李文忠打算向朱元璋请求调走杨宪时，却发现自己身边几个用得顺手的儒生（屠性、孙履等人）都消失不见了。李文忠觉得奇怪，便向手下人打听，才知道杨宪专门挑了一个自己不在的时候，冲进府来把他们全给抓走了。

怒气冲冲的李文忠立刻动身去找杨宪，非要把这事儿掰扯清楚不可。谁给他那么大的胆子，竟然敢冲进我的府邸抓人？

李文忠的到来并未使杨宪感到诧异，他只是好整以暇地坐在自己的位置上，任由李文忠在自己面前破口大骂。眼见李文忠骂累了，杨宪也没多说什么，只是从怀里拿出一封信递给他。李文忠接过一看，当时汗就下来了。这封信是朱元璋写给杨宪的，他在信中责怪李文忠不识大体，只知道耍小孩子脾气，不配合杨宪工作，实在是太不像话了。在信的结尾，朱元璋还对杨宪好言安抚，希望他能够尽职尽责，自己早已授权，杨宪可以在浙东行省便宜行事，发现危险立刻铲除。

就在李文忠愣神的工夫，杨宪的手下递上来几个布包裹，并在杨宪的示意下打了开来，里面正是从李文忠幕府消失的几位儒生的脑袋。李文忠站在旁边一言不发，杨宪则缓缓走下堂来，围着几位儒生的脑袋转了几圈，末了微笑着对李文忠说："李右丞还有其他事吗？如果没事的话，我就不奉陪了。"

事已至此，李文忠还有什么可说的。他只得失魂落魄地往外走，短短十几步路走了好长时间。没过多久，李文忠被调离浙东行省。

杨宪就是这样一个狠人，他唯一不敢得罪、不敢违逆的人是朱元璋，除此之外，杨宪无所畏惧。在刘伯温辞官之后，朱元璋便把杨宪安排在了御史中丞的位置上。

很多人都说，杨宪之所以能成为御史中丞，是因为刘伯温的力荐，实际上大错特错。刘伯温与杨宪虽有一定的交情，但并不深，双方既不是乡党，也都不是那种喜欢经营同僚关系的人。刘伯温之所以不喜欢经营同僚关系，是因为他为人谨慎，担心自己的所作所为会被人攻击成结党营私，因为他毕竟是负责监察官员的御史中丞。

杨宪之所以不喜欢经营同僚关系，是因为他对自己的定位很明确，就是给朱元璋干脏活的人，万一和某位同僚关系近了，朱元璋又命令自己除掉这位同僚该怎么办呢？杨宪不但不喜欢经营同僚关系，更是习惯性地得罪人。前文在写韩林儿之死时，我说过杨宪和廖永忠发生争吵的事。其实和杨宪发生过争吵的远不止廖永忠一人，整个淮泗功臣集团几乎没人不讨厌杨宪，就连一些非淮泗阵营的人对杨宪也没什么好感。只不过杨宪是朱元璋的近臣，各位大佬无论怎么看不惯他，都只能憋着。

当朱元璋把杨宪放到御史中丞的位置上时，杨宪立刻明白了领导交给自己的新任务：这是要我继续完成刘伯温未竟的事业，把李善长给收拾得服服帖帖的。是的，朱元璋虽然打算动一动李善长，却并不准备将他"一棒子打死"，所以杨宪的工作就是不断找碴，逐渐将李善长身边的人全部剥离，然后换上新人——与官僚士绅集团无太大瓜葛、无条件效忠并服从朱元璋的新人。

这份工作的难度是大了点，但对杨宪而言也不难完成。李善长虽然厉害，但他显然还没资格与朱元璋相比，双方差了好几个档次呢。杨宪背后有朱元璋撑腰，李善长又能有何作为呢？很快，李善长及其主要部下的黑料就成堆地摆在了朱元璋的案前。

朱元璋看到这些材料，那是开心得放声大笑。他并不会立刻把这些材料全部公之于众，也不会马上清算围绕在李善长身边的那些人，毕竟此时的大明刚建立没多久，北方的徐达等人还在收拾元廷，自己不能把事情做绝。所以朱元璋立刻发布一封调令，将杨宪调往中书省任职。

在这件事情上，朱元璋与杨宪在私下有过单独沟通，他希望杨宪在中书省好好干，并给杨宪画了一个大饼：只要你干得好，我就把李善长撤了，换你来。杨宪得到允诺自然是兴奋异常，他把这种状态带到了日常工作中，竭力向朱元璋证明，重用自己绝对是英明且正确的，他不仅整人是把好手，治国一样不含糊。

杨宪在中书省具体干得怎么样呢？正史无记载，野史则有"风波悉平"的说法，也不知道是说杨宪停手不折腾了，还是说杨宪进入中书省继续折腾，使得整个中书省"悉平"。我个人更倾向于前一种说法，因为杨宪是绝不敢和朱元璋对着干的。

朱元璋真打算用杨宪取代李善长吗？当然不是。朱元璋把杨宪放到中书省的做法，就是想着在中书省内部营造出一个"双头政治"的格局，让李善长和杨宪一边竞争一边为国效力，这样的工作环境才是真正的"流水不腐，户枢不蠹"，才不容易滋生官僚做派。

如果杨宪能够制衡李善长，那自然是好事，如果杨宪做不到这一点，那么他还可以再度穿上酷吏的外衣重操旧业。反正中书省不可能让李善长一个人说了算，这是朱元璋的底线。

杨宪高高兴兴地到中书省上任了，李善长能没有反应吗？杨宪刚进中书省没多久，李善长就为他准备了一份别开生面的见面礼。他在朱元璋面前弹劾参议李饮冰和杨希圣，说他们欺上瞒下，贪赃枉法。

李善长到底老辣，这两个切入点选得非常好。李饮冰这个名字在前文中提到过，就是他向朱元璋汇报了朱文正的种种不法行为，朱元璋以此为由，圈禁了朱文正，最终导致朱文正抑郁而亡；杨希圣这个名字倒是还未提及，但他的哥哥杨宪在本章中出镜率极高。

朱文正是淮泗功臣集团认定的"备用领袖"，李饮冰揭发朱文正，这种做法大大地得罪了淮泗功臣集团。他们虽然不敢在朱元璋收拾朱文正的过程中做点什么，但他们却敢在事后用各种办法报复李饮冰。

最初，朱元璋虽然拿下了朱文正，但对淮泗功臣集团却并未多加追究，毕竟培养"备用领袖"也是朱元璋自己的决定，淮泗功臣集团顶多就是和朱文正热乎了一点，也不算出格。可随着朱元璋先后启用刘伯温和杨宪，对着李善长穷追猛打之后，终于惹来了李善长的反击。李善长弹劾李饮冰，就是打算把整个淮泗功臣集团绑上自己的战车，其意思就是：这个人捏造各种"莫须有"的罪证栽赃陷害朱文正，现在我参了他一本，大家是什么意见？

李饮冰本人并不干净，贪污受贿等各种手段同样驾轻就熟，用大道理来说，李善长并没有做错。如果朱元璋死保李饮冰，那么李善长就会为死去的李彬说话，李文忠也会为死去的儒生说话，大家翻起烂账来，什么时候是个头呢？

朱元璋对李饮冰感觉如何，史书并没有相关的记载，但应该没什么好恶，因为李饮冰和朱元璋并没有什么亲近关系。在拿下朱文正的过程中，李饮冰就是个工具人，或者说他看出了朱元璋对朱文正的杀机，于是大胆地做了一次政治投资，仅此而已。

尽管如此，朱元璋依然对李饮冰被弹劾一事感到愤怒，因为这人站在自己这边，没过多久就受到了报复。这次没能保护好李饮冰，如果将来自己还打算对某人动手，还会有人像李饮冰这样，站在自己这边吗？

政治家总是会权衡利弊，所以朱元璋思来想去，还是决定放弃李饮冰，因为为了他和李善长等人直接开战并不值得。至于杨希圣被弹劾，那更是李善长的打击报复，意思是：你哥哥杨宪整天抖我的黑料，现在我"以彼之道还施彼身"，让陛下看看你的黑料，不知道你哥哥此时的脸色如何。

这一手对朱元璋来说伤害不大，因为朱元璋对杨宪的定义就是干脏活的酷吏，什么贪污、腐败都可以放一放，只要脏活干得好就行，更何况还不是杨宪本人贪污、腐败。

但对杨宪来说，意义可就完全不一样了。酷吏最终的宿命是什么？答案是不得好死。西汉的郅都和张汤，唐朝的周兴和来俊臣，那都是大名鼎鼎的酷吏。他们中谁有好下场？如果朱元璋肯花大力气保下杨希圣，杨宪自然会感恩戴德，可朱元璋连李饮冰都没能保下来，又怎会尽力保杨希圣呢？就这样，李、杨二人被罢免了官职，甚至遭受了肉刑。李善长扳回一城。

看到弟弟杨希圣的下场，杨宪的心拔凉拔凉的。皇帝只是派人来安抚他，表示杨希圣的结局不会影响他自己的未来。可朱元璋越是这样说，杨宪就越是害怕。杨宪心想："现在还用得着我，所以好言安抚，等哪天用不着了，我肯定也像李、杨二人一样。我替你干了那么多脏活，得罪了那么多人，当你决定不再保护我时，我肯定会被李善长他们给撕成碎片的。"

本来呢，杨宪对自己酷吏的定位是非常清晰的，可在他进入中书省之后却产生了不该有的妄想。朱元璋希望抬高杨宪的地位，用以制衡李善长，可杨宪却相信了朱元璋的允诺，居然真以为自己有取代李善长的那一天。

弟弟杨希圣出事之后，杨宪觉得四周都是满满的恶意。如果是在公司里干活，遇到这样刻薄寡恩的老板，我们就该收拾包袱准备辞职了，因为跟着他干实在是没什么安全感。但对杨宪来说，他的老板是皇帝，就算辞职又能跑到哪里去呢？他替朱元璋干了那么多脏活，现在突然退出说不想干了，届时恐怕不等李善长等人动手，朱元璋第一个就不会放过他。

思前想后，杨宪决定孤注一掷：既然你不认为我有让你死保的价值，那我就加快步伐，整个大新闻出来让你看看我的能力。至此，杨宪不再以"迎合朱元璋的心意"为目标，而是以"如何破局"为使命，他和朱元璋的默契渐渐消失了，原本勤政的杨宪也消失了，取而代之的是曾经那个辣手杀儒生、坐镇御史台的酷吏。

李善长感受到了杨宪的咄咄逼人，他觉得眼下再与杨宪死拼颇为不智，于是便求见朱元璋，泪眼婆娑地表示自己得了重病，实在无力在中书省继续干下去，杨宪年轻有为，由他来辅佐陛下，我大明必然千秋万代。

看到李善长的这番表演，朱元璋先是一愣，后又陷入了长时间的沉默。李善长以退为进，自己却不得不同意，一来他的确有病在身，二来他长期担任自己的重要助手，如果在这个节骨眼儿上突然倒下，局势或许会朝着不可预测的方向发展。

杨宪的变化也被朱元璋看在眼里，他知道症结在哪，但无论是李饮冰还是杨希圣，现在都不能翻案，不然会落下话柄。与此同时，朱元璋对杨宪也有不满的情绪：自己根本没打算动他，杨希圣也只是被免官，如果杨宪能够在中书省起到重要作用，逐步淡化李善长的影响，届时随便找个由头，重新给杨希圣一个全新的未来也不是什么大事，你杨宪却在这种时候给我耍小性子，这是要干什么呢？

经过一番思考之后，朱元璋批准了李善长的辞呈，并嘱咐他安心养病，等病好之后立刻回来，大明少不了像他这样的栋梁之材。

李善长退了，他留下的左丞之位由谁来接替呢？杨宪巴巴地望着。在他看来，这是朱元璋重新认识到了自己的价值，所以才有了李善长辞职这件事，只不过是用"生病"做借口，让大家面子上好看一些。现在李善长离开了，就该由自己接任左丞，成为中书省的新领导。

可结果却出乎杨宪的预料。朱元璋将杨宪提拔为右丞，左丞之位却由汪广洋接任。汪广洋此人善诗文，性格保守，并不是很好的左丞人选，朱元璋把一个不适合当左丞的人放在这个位置上，就是隐晦地向杨宪释放善意：我把你放到中书省，是让你去做事的，而不是让你去整人。你因为弟弟杨希圣的问题心怀不满，这个信息我收到了，不过你不用担心，只要你官运亨通，就没有人敢伤害杨希圣，将来他有的是机会。你觉得李善长碍事，现在他也走了，汪广洋就是个书呆子，他不会挡你的路，你安心做事就行，别想那些有的没的。

应该说，朱元璋提拔杨宪为右丞，就是补偿他在"杨希圣事件"中所受到的伤害，而提拔汪广洋为左丞，则是警告杨宪收心，好好为大明服务，努力展现自己的能力，将来总有"更上一层楼"的机会。换言之，汪广洋这个人政务能力一般，在左丞这个位置上也注定干不长。如果杨宪能够很好地团结汪广洋，双方群策群力把中书省良好地运转起来，自然就更容易通过朱元璋的考核。杨宪想取代李善长，就不能只知整人而不知容人。

杨宪此时只有四十九岁，尚未知天命，他还有大把的时间迎接光明的未来，可他经历过杨希圣被免官的事件之后，似乎已经走上了一条不归路。任凭朱元璋如何暗示，杨宪都是两眼一闭，假装没看见。

汪广洋到任之后，立刻就遭受到杨宪的各种刁难。据史书记载，汪广洋到任一个月左右，什么事都没办成，左丞本在右丞之上，可中书省什么事情都是右丞杨宪做主，哪怕汪广洋做过批示的文件都要在杨宪那里过一圈。汪广洋在中书省成了吉祥物，心里老不痛快了。闲来无事时，他就经常与身边一位名叫刘炳的侍御史抱怨，大概是觉得此人比较投契。汪广洋抱怨的内容也不难猜，无外乎就是骂杨宪为人霸道，把整个中书省当成自己私有物之类的言论。

对此，我认为是可以理解的，你杨宪把汪广洋架空到这个地步，人家骂你两句怎么了？按照汪广洋的能力，如果能有一位像李善长这样的长者带着他熟悉一下工作，说不定还能勉强干下去。现在倒好，迎接汪广洋的不是鲜花与掌声，而是杨宪的背后黑枪，你叫人家怎么想呢？

令汪广洋万万没想到的是，他那位"知心听众"刘炳可不是一个普通的侍御史，而是受杨宪指派，潜伏在汪广洋身边的间谍。汪广洋的抱怨言辞，被刘炳一五一十地记录下来，并及时呈报给了杨宪。杨宪拿到这份记录之后大喜过望，要求刘炳签字画押，然后立刻去找朱元璋。他跟朱元璋反复强调汪广洋懦弱无能，正经事干不成光会拖后腿，自己不跟他计较，他却要在背后散布谣言中伤自己。

朱元璋看到这份记录之后勃然大怒，立刻命令汪广洋来见自己，并让杨宪将刘炳带过来当场对质。

杨宪接到命令后，做出了他这辈子最糟糕的一个决定。他没有把刘炳带到朱元璋的面前去对质，而是杀了他灭口。当朱元璋得知刘炳的死讯后，阴沉着脸久久没有吭声。杨宪在下面大声斥责汪广洋心狠手辣，居然痛下毒手杀害同僚。汪广洋则是一脸无辜，不停申辩。当杨宪拿出那份由刘炳提供的谈话记录时，汪广洋的声音也小了，只是一个劲儿地表示自己没有杀人。

朱元璋就在上面冷眼看着，他突然发现杨宪这个家伙是这样讨厌，这样无耻，这样无能，这样没有担当。汪广洋是个书生，杨宪是个酷吏，刘炳是被谁杀的，这有什么疑问呢？你杨宪把我当傻子，自以为能把我玩弄于股掌之中？好，既然你这么喜欢玩弄权术，那我就找个人陪你玩玩。

打定主意之后，朱元璋立刻痛斥汪广洋，并将他罢官赶回家乡。但耐人寻味的是，朱元璋赶走汪广洋的理由并不是他散布谣言和涉嫌杀人，而是说他不孝。长期不在母亲身边尽孝，你到底是儿子还是狼崽子？汪广洋无言以对，只得回家陪伴母亲。

赶走汪广洋之后，朱元璋表示杨宪有功，当即任命他为左丞。杨宪自鸣得意，以为终于改变了朱元璋的看法，他终于不再将自己视作一条随时可以抛弃的狗，而是真心实意地将自己当成得力助手看待。

然而没等杨宪高兴多久，朱元璋就亮出了自己的撒手锏：调太常少卿胡惟庸至中书省担任参知政事。胡惟庸是何许人也？他也是淮泗功臣集团的一分子，渡江之前就投靠了朱元璋，但一直不受重用。究其原因，还在于李善长特别喜欢胡惟庸，一直把他留在身边听用。朱元璋只知道胡惟庸是一个精明能干的人，但朱元璋一直没怎么提拔过胡惟庸，打天下的时候事情又太多，以至于朱元璋逐渐都淡忘了还有这么一号人。

当初李善长因病辞职时就跟朱元璋提过，如果中书省发生了什么重大变故，可以考虑把胡惟庸弄过来收拾残局，他有足够的才干和智慧。看到杨宪一副小人得志的样子，朱元璋立刻想起了李善长的话，决定把胡惟庸放到台前和杨宪斗。

胡惟庸是怎么和杨宪斗的呢？史书没有记录具体过程，我们唯一可以确定的是，胡惟庸于洪武三年（1370年）七月调任中书省，杨宪于同月被杀。就我推断，虽然朱元璋已经下决心收拾杨宪，却并未打算弄死他。杨宪对自己是忠诚的，这一点朱元璋心知肚明。杨宪之所以会一再行差踏错，是因为他太想证明自己，也害怕自己的忠诚得不到回报，以至于搞得朝堂失衡。基于朱元璋的想法，杨宪应该受到严惩，否则无法服众，但最多也就是判个流放边疆，自己命人仔细看护他就是，将来或许还有能用上他的机会。可由于事态发展过于迅速，以至于朱元璋想插手干预时，却发现为时已晚，杨宪被杀的结局已难以改变。

胡惟庸固然精明能干，但他绝没有能迅速将杨宪置于死地的实力。从这个角度来看，杨宪之所以会死，李善长肯定在背后下了大力气，甚至整个淮泗功臣集团可能都在此次事件中扮演了重要角色。当朱元璋决定启用胡惟庸时，李善长或许正在家中仰天大笑，以为朱元璋终于服软，于是决定以最为凌厉的方式为杨宪收尾。殊不知，正是由于杨宪的速亡，使得朱元璋对李善长，乃至整个淮泗功臣集团的猜忌更重了。

杨宪被杀一案可以说是打开了"潘多拉魔盒"。在此之前，刘伯温和李善长之间的争斗就已经有擦枪走火的趋势，是朱元璋拢住了局面，并用更适合这项工作也更听话的杨宪取代了不太好把控的刘伯温。可在一系列的阴差阳错之下，杨宪居然把争斗程度升格了好几档，这也为洪武年间的多次政治事件定下了一个基调：只要翻了脸，就往死里整。最初只是臣子们这样做，后来朱元璋亲自下场，导致几百几千乃至数十万的官员被杀。这个结局，其实早在洪武三年七月某日的那个下午，杨宪被开刀问斩时就已经注定了。

29　朱元璋险成汉献帝

杨宪被杀之后，朱元璋的"奸臣集团"就暂时失去了代言人，于是他做了两手准备。第一手准备是把汪广洋召回来，朱元璋认为汪广洋已经回乡尽孝，证明心有悔意，自己可以再次重用他，并将汪广洋的母亲接到南京，方便他随时尽孝。第二手准备是把刘伯温召回来，刘伯温回乡安葬妻子的事情已经办得差不多了，也经常写信和自己交流一些问题，可见他本人还是想再度出山的。

看到朱元璋这些运作，李善长等人心里顿时"咯噔"一下。杨宪才死没几天，这两人怎么又回来了？陛下为什么就不能让大家安生一段日子呢？他们本来还想劝阻，但朱元璋召回他们的理由光明正大：马上就要封赏功臣了，汪广洋和刘伯温虽然犯过错误，但在建立大明的过程中还是立有功劳的，功过相比，依然是功大于过，所以不能忘记他们。

好吧，既然无法改变，那就只能想办法接受。汪广洋书生一个，成不了大器；刘伯温虽然厉害，但杨宪已死，仅凭刘伯温一人也难以成事，他要是再想像之前那样乱来，朱元璋就不会放过他。

除掉杨宪之后，李善长曾短暂复出过，可等封赏大典结束之后，李善长又请病假了。这也可以理解，现在中书省有了胡惟庸，李善长完全没必要亲自下场与刘伯温等人肉搏，在幕后找机会放冷箭就行。只要李善长能在背后力挺，胡惟庸就有了底气。

朱元璋没说什么，只是接受了李善长的建议，提拔胡惟庸为左丞，却又把汪广洋放到了右丞的位置上。与此同时，刘伯温再次入主御史台，成为御史中丞。朱元璋这意思很明显，胡惟庸背后是李善长，这两人算一派；汪广洋虽然不太擅长搞政治，但刘伯温在御史台却可以力挺，这两人算另一派。

"李胡组"和"刘汪配"同场竞技，谁将占据上风？朱元璋在一旁格外关注，他随时准备下场干预，以确保这两个团体始终保持均势，自己则高高在上当裁判。在这场二比二的较量过程中，最弱的无疑是汪广洋。这位老兄并没有独当一面的能力，也缺乏破釜沉舟的魄力。他虽然占据着中书省右丞的位置，但结果几乎是注定的。胡惟庸会先朝他开刀，把他弄倒之后才轮到刘伯温。

为此，朱元璋特意夸奖了汪广洋，称他就像张良和诸葛亮，是社稷股肱，国家重臣；还说他能谋善断，一定能够在中书省展现出应有的风采。作为汪广洋的搭档，朱元璋对刘伯温也没有吝惜溢美之词，说他是诸葛亮和王猛那样的大才，来到己方阵营后立了不少功劳，现在应该再接再厉。

朱元璋的嘴，骗人的鬼，他说话大家听听就行了。作为朱元璋的老熟人，刘伯温和汪广洋对他也十分了解，这位领导夸人的时候从来都是没边的。但这一次，刘、汪二人却十分受用。朱元璋虽然只是嘴上夸一下，传达出来的意思却是："你们是我钦定的张良、诸葛亮和王猛，肯定不会让我失望的吧？"换言之，如果"刘汪配"能够顶住"李胡组"的几轮猛攻，朱元璋就可以名正言顺地插手，就怕刘、汪二人和杨宪一样，挺不到一个月就双双死罪，那朱元璋再有本事也保不住他们。毕竟政治讲究的是一个局势，如果刘、汪二人忙中出错，犯下了一些无可挽回的错误，那么朱元璋也只能老老实实地遵守游戏规则，判定他们出局。

裁判顶多就是吹个偏哨，却绝不能决定比赛的胜负，这是社会运行的根本，也是常识。至少在洪武四年（1371年）是常识，但再往后就难说了。

从表面上看，二比二的格局已经形成，本该剑拔弩张，但双方却始终维持着一团和气的氛围。之所以会这样，是因为杨宪才死没多久，双方谁都不敢将争端放到台面上，只能暗中布置后手，寻找合适的机会一击必杀。换言之，他们互相见面的时候，还会亲热地打招呼，祝愿对方健康长寿，其实心里巴不得对方早点死。

朱元璋在做出人事调整时就曾想过双方是否会形成默契，即停止争斗，你做你的事，我做我的事。这样的局面对朱元璋是否有利呢？答案是否定的。朱元璋为什么要在明朝建立后频繁地针对淮泗功臣集团呢？不就是因为他们过于团结，以至于齐声呼喊的时候自己都有些心惊胆战吗？如果李善长和刘伯温亲善友爱，只怕老朱更要睡不着觉了。

这就是皇权政治的特点：平衡永远是最完美的境界，如何令双方长期维持在一个"斗而不破"的状态，是帝王最应该优先考虑的问题，也是需要帝王用一生去解决的难题。这不仅是帝王个人的手腕和魅力的展现，更需要斗争双方拥有足够的理智和智慧，否则完美的局面根本不可能出现。

理论是这么个理论，但具体操作起来却难上加难。正当朱元璋纠结于目前微妙的局面时，汪广洋率先掉队了。重回中书省之后，汪广洋似乎还是没有找回主心骨，当自己想做点事情时，却发现胡惟庸把该做的事情都做好了。有时候胡惟庸也会留下一点收尾的工作让汪广洋做，可汪广洋做起来总是乱七八糟的。

当中书省将相关奏折递给朱元璋时，老朱的脸色是铁青的。在打天下时，汪广洋给朱元璋留下的印象非常好。早在徽州鸿儒朱升进献"高筑墙，广积粮，缓称王"这九字箴言前，汪广洋就曾建议朱元璋要"高筑墙，广积粮"，就差一个"缓称王"。这九字箴言不是随便什么人都能想到的，汪广洋能够看到可持续发展的重要性，证明这个人还是有脑子的，只要他愿意提高积极性，怎么可能处理不好中书省的政务呢？

朱元璋明察暗访，排除了胡惟庸给汪广洋设套的可能性，于是他又留书称赞汪广洋，希望他勤勉工作，将来可以光宗耀祖，惠及子孙。面对朱元璋的拳拳心意，汪广洋依然故我，像极了消极怠工的蛀虫——上班带着报纸和茶杯，浑浑噩噩地厮混一天之后，再带着报纸和茶杯回家。

朱元璋还没表态呢，刘伯温先受不了了。他找到朱元璋，表示自己已经收到好几封检举信，都在投诉汪广洋尸位素餐，整天待在中书省当薪水小偷，如果不及时处理，恐怕会导致负能量蔓延。

听到刘伯温的抱怨后，朱元璋却始终不表态，因为老朱还没看明白，这个汪广洋葫芦里卖的是什么药。汪广洋怎么了？什么事也没有，他只是怕了，或者说尻了。杨宪在一个月之内迅速被定罪处死，当时到底发生了什么事？我们现代人不会知道，但汪广洋身为局中人，后来又被重新调回中书省，他一定知道。

当汪广洋重回中书省见到胡惟庸时，总会情不自禁地想起杨宪。想当初杨宪也像今天的胡惟庸这样意气风发，可还不到一个月的时间，杨宪就连骨灰都找不到了。他心里一直在犯嘀咕："我听从陛下的旨意，跟这帮淮泗人对着干，这真是正确的决定吗？如果我或者刘伯温在某一天突然被定罪处死，谁又能救我们呢？指望陛下是不可能的，如果他真愿意救我们这些为他卖命的非淮泗人，杨宪又怎么会死呢？"

我不能说汪广洋的顾虑不对，但文人都有这种毛病，想问题比较复杂。当汪广洋开始把事情往杨宪身上串时，他很快就会被自己脑补的内容给吓住：某某事件是不是李善长故意安排的？某某人与胡惟庸有没有关系？某某物是不是徐达通过特殊渠道传递过来的？哪怕李善长等人根本没做过这些事，甚至根本没想过这些事，或者只是巧合的事，汪广洋都会认为这是淮泗功臣集团的后手。

汪广洋一头扎进了"自己吓自己"的怪圈当中无法自拔，你说他还有心思工作吗？他能坚持每天按时上下班就已经很不容易了。

汪广洋突然掉链子，这是所有人都没想到的。在"李胡组"看来，汪广洋是"扮猪吃老虎"的行家里手，表面不动声色，心里面鬼门道可多着呢。杨宪当初就是轻视汪广洋，才会吃了这么大一个亏。有鉴于此，胡惟庸最初对汪广洋那叫一个尊重，丝毫没有因为他拿不出政绩而沾沾自喜。在朱元璋和刘伯温看来，他们虽然不知道汪广洋在想什么，但这显然不是一个朝廷重臣该有的举措。当盟友突然发挥失常时，很多人的第一反应就是回忆盟友曾经的表现。如果这位盟友曾经表现得聪明过人，那么他突然发挥失常就很奇怪，这大概率是在演戏。

就这样，所有人都把目光对准了汪广洋，非要仔细瞧瞧这位老兄到底在耍什么花样。而汪广洋呢，他重回中书省之后本就疑神疑鬼，却突然发现四面八方都是关注自己的目光。这样一来，老汪心里就更没底了：这都是在干吗呀？是不是知道我干不长久，等着给我开追悼会？

在汪广洋脑补的剧情中，自己现在已经到了危急关头，淮泗这帮人正准备朝自己挥刀子，朱元璋面无表情，刘伯温一脸无奈，自己瘫坐在地上。应该如何自救呢？答案不难猜，那就是跪地乞降。

洪武四年四月的某一天，汪广洋深夜求见朱元璋。老朱有些纳闷儿，这么晚了什么事啊？见到朱元璋之后，汪广洋说也没什么特别的事，只是深夜有感，想起自己所作的一首旧诗作，打算把他呈现给陛下过目。

汪广洋呈上的诗名叫《过高邮有感》，写作背景是朱元璋讨伐张士诚，内容是汪广洋触景生情，盼世间再无战争。汪广洋此时将这首诗作递给朱元璋，主要是想表达两点：第一，这几年活得太累，希望陛下能高抬贵手，让我回到家乡做官；第二，臣厌恶一切争斗，望陛下明察。

朱元璋的文化水平肯定是不高的，但这首诗用语较为直白，所以他一下就看懂了。看看手上的诗，再看看跪在地上的汪广洋，朱元璋真是气不打一处来，心想："我一直觉得老汪是个人物，才把你收入麾下听命，平时你表现得挺好的，怎么在关键时刻掉链子呢？"

尽管对汪广洋的软骨头感到愤怒，但朱元璋依旧很好地克制住了自己的情绪。他深知，汪广洋现在已经濒临崩溃的边缘，如果自己大加指责，很可能会导致他走上极端。杨宪那是没办法，自己救不了杨希圣，可汪广洋目前没什么黑料，只要他能坚持住，再由刘伯温从旁支持，自己在背后力挺，胡惟庸根本就拿他没办法。于是朱元璋开始和颜悦色地开导汪广洋："总而言之，我对你一百个放心，也觉得你很好。你是久经考验的战士，不要学那些小儿女姿态，要胸怀天下，尽力在中书省这个大舞台上表演吧！"

朱元璋的宽慰起到了一些作用。虽然经历过一系列事件之后，这位陛下的信用有些破产，但他能在如此私密的空间低声劝慰，可见还是很看重自己的。汪广洋算是勉强打起了一点精神，可一想到李善长、胡惟庸和淮泗功臣集团，他好不容易打起的那点精神似乎又萎靡了下来。

洪武四年很快就过去了，洪武五年（1372年）的朝堂上也没什么大事，因为这一年从正月到十一月，大家都在为明军的第二次北伐做准备，曾经硝烟弥漫的中书省也进入了真正的战争状态。但从洪武五年的十二月一直到洪武六年（1373年）的正月，汪广洋实在是顶不住了，整个人从早到晚都神情恍惚，似乎一阵风就能把他给吹跑。朱元璋眼看此人难当大任，于是大笔一挥，将他降职为广东行省参政，算是亲自出手终结了中书省左右丞相之争。自此，胡惟庸独掌中书省大权。

汪广洋没能派上用场，刘伯温呢？其实也没派上多大用场。重回御史台的刘伯温轻车熟路，又把自己那套严刑峻法拿了出来，好久没有喷人的言官们看到刘伯温就好像看到亲人。

按照刘伯温的规划，应该是汪广洋在中书省大放异彩，逼着"李胡组"步步后退，当他们不甘心，打算反击时，刘伯温再出面拦截。反正朱元璋手里有大把淮泗功臣集团的黑料，时不时抛出一两件，就够李、胡二人忙乱一阵了。

可刘伯温千等万等也没能等到"李胡组"步步后退，反而是汪广洋一会儿一个状况，搞得老刘心神不宁。刘伯温可是聪明人，当朱元璋私下劝慰汪广洋时，他已经差不多看出来汪广洋靠不住。事已至此，该怎么办呢？能怎么办呢？

刘伯温左思右想，决定学习老对手李善长的策略——请病假。刘伯温的肺一直有问题，史书记载他总是咳嗽。建国之后，刘伯温长期待在御史台，专门纠察官员违法乱纪的行为，再加上他本人脾气不好，心眼似乎也不太大，老跟自己较劲，所以咳嗽的问题不但没有缓解，反而有愈演愈烈之势。

洪武四年六月，刘伯温向朱元璋打了一份辞职报告，说自己的肺病越来越严重，太医建议自己回乡休养调理，希望能够得到陛下的恩准。

看到刘伯温的辞职报告，朱元璋一方面是觉得心累，另一方面是觉得心寒。不是心寒刘伯温和汪广洋，而是对自己的处境感到心寒。从洪武元年开始，自己就千方百计地找代理人，目的是为自己制衡淮泗功臣集团，可经过这三四年的角逐，自己找的代理人一个接一个地失败，淮泗功臣集团也就损失了几个小卒。

目前的情况是这样的：中书省已经被胡惟庸独霸，御史台一把手的接替人选有且只有一个，他叫陈宁，人送外号"陈烙铁"。陈宁虽不是淮泗人，但他是胡惟庸的铁杆，也可以看作是淮泗功臣集团的一分子。大都督府就更不用提了，徐达、汤和、李文忠、邓愈……但凡能叫得上名字的明初武将，几乎都是淮泗人。

朱元璋要做的是天下人的皇帝，而不是淮泗人的皇帝，更不是淮泗人的盟主，他绝不允许朝堂上出现一个巨无霸，那样会损伤自己的权威，更会危及后世子孙的统治。但从目前的情况来看，随着刘伯温的离去，以及汪广洋的退缩，自己短期内已经找不到更合适的人选来接替他们，只能任由淮泗集团像病毒一样肆意发展，广泛蔓延。

洪武八年（1375年），刘伯温因病去世，死因成谜。据说是朱元璋派胡惟庸带御医前去探视，胡惟庸受命下毒，导致刘伯温吐血而亡。朱元璋和刘伯温的关系一向不太好，但在对付淮泗功臣集团这个问题上，他们是共患难的战友。无论刘伯温有用没用，朱元璋都不会干出毒杀刘伯温这种蠢事来。刘伯温要么是正常死亡，要么就是李善长、胡惟庸在后面做小动作，没有别的可能。

洪武十年（1377年），朱元璋无人可用，决定再次召汪广洋入中书省担任右丞，可汪广洋还是那副不堪大用的样子，甚至还变本加厉。这回他不是带着报纸和茶杯上下班，而是整天喝得醉醺醺的，连班都懒得上。到了洪武十二年（1379年），汪广洋多次抢救无效，心如死灰的朱元璋彻底放弃了他，并将他贬谪至海南。朱元璋越想越气，越想越不甘，于是开始翻旧账：你过去经营朋党，是经过谁允许的？朱文正行为不端，你当时在他身边，为什么既不禀报也不劝阻？杨宪为非作歹，你当时与他共事，为什么毫无察觉？

拿着证据找麻烦，这是多简单的事啊。汪广洋一看到上述内容，立刻明白自己没有活路了，于是在前往海南的路上服毒自尽。

后世提起朱元璋时，都会把他看成一个无所不能又无恶不作的大魔头，似乎他想杀谁就能杀谁，而且一杀就是几十人起步，几万几十万也不嫌多。实际上，从洪武六年正月，汪广洋被降职为广东行省参政开始，一直到洪武十三年（1380年）正月，朱元璋追查胡惟庸案为止。在这整整七年的时间里，朱元璋都处于一种极度抑郁的状态。朝堂上的政务大多与他无关，他只能做一些回忆功臣和祭祀天地这样的面子活，胡惟庸交上去的奏折，他圈阅一下就算完事。

如果不开前后眼，那么当我们说起朱元璋执政的这十三年时，肯定是不会有什么好评价的。这位开国皇帝本来满手好牌，却愣生生地把绝对优势变成了绝对劣势。若论权谋，李善长和胡惟庸比朱元璋强了不是一星半点。当然了，我们也必须承认，朱元璋之所以会在与淮泗功臣集团较量的过程中步步受制，也不都是因为他权谋水平不高，而是因为他必须分神，各种政务问题处理，各种敌对势力分析，都会大大消耗他的精力，以至于自己经常被淮泗功臣集团用"快打慢"的方法决出胜负。

但朱元璋有一项绝对优势——他拥有皇帝的名分，他还有机会等待自己的皇子们长大，更有机会将军权逐步过渡给他们。他心里肯定在想："你们别过分，一旦等朕逮着机会下定决心，打算以暴制暴的时候，就是尔等乱臣贼子的死期！"

30 失败的北伐

我曾在上一章节中简要提过，洪武五年整个中书省都没发生什么内讧事件，因为在这一年里，北伐才是主旋律。朱元璋到底发动过几次北伐？直到现在也没有统一答案。主流说法是八次，还有人说六次、九次和十三次，争论点就在于一些小规模的战争是否应该算在北伐范围内。但有一点我们可以肯定，无论是哪种算法，都会把洪武五年的这次北伐算在内，而对于这场北伐的看法也很简单，不是打平，就是战败，说打平是从伤亡比判定的，说战败则是从战略角度考虑的，但没人说过第二次北伐也算胜利。

提及这次北伐的起因，主流观点是徐达静极思动，主动向朱元璋提出建议，是不是再组织一次北伐，打到和林去把元廷伪帝抓回来受审？对于徐达的这种建议，朱元璋本来是没什么兴趣的。北元昭宗已经远遁和林，大明朝堂上又闹得乌烟瘴气，此时的朱元璋根本就没心思北伐。但架不住徐达一再上书，朱元璋在反复斟酌之后，决定同意徐达的请求。

这里面其实是有问题的，当元廷余孽被打到和林之后，朱元璋的看法就变了，觉得他们无法再对中原构成实质性威胁，所以只需依托长城以守为主即可。而徐达此次上书的提议是主动进攻，彻底将元昭宗等人扫进历史的垃圾堆。且不说谁对谁错，至少徐达的意见与朱元璋不一致，老朱实在是没理由答应徐达的请求。可根据史料记载，朱元璋最终被徐达说服，通过了主动进攻的战略方案。

从攻打定远到开国立业，朱元璋一生经历过上百次大小战役，他对战争形势的理解和判断绝不会比徐达差，但从当时的国际形势来看，很显然是朱元璋的稳守策略更符合局势。他怎会如此轻易地就被徐达说服呢？事实上在北伐这件事上，朱元璋和徐达并不存在谁被谁说服，而是两位战术大师经过反复磋商之后，结合攻守两个方案，得出了一个攻守兼备的方案。说朱元璋同意徐达主攻，这种观点是错误的。

最初定下的战术是：分左、中、右三路大军，每路大军各五万人，左路军由宋国公冯胜率领，向甘肃一带进军；右路军由曹国公李文忠率领，经应昌往和林进军；中路军则由魏国公徐达率领，出雁门关向北行进。

按照这个战术来看，真正主攻的应该是左、右两路，徐达的中路军更多是作为幌子，迷惑元军，以及居中策应避免左、右路遭遇不测。这个战术既能避免冒进的危险，又不至于因保守错失战机，可以说是非常完美的。如果徐、冯、李三人配合得当，此次北伐的战果按说不会太差。

此次北伐于洪武五年正月二十二日正式出兵，徐达出雁门关抵达山西时已经是二月二十九日，过了一个多月，速度是够慢的。应该说此时的徐达还保持着冷静，依然严格按照朱元璋的战略部署行军。可令徐达感到意外的是，许久未见王保保，他似乎更弱了。

徐达虽然还没遇到王保保，但他的先锋已经和王保保打过照面了，双方在野马川（今中蒙边境克鲁伦河）大战了一场，王保保战败；随后又在土拉河相遇，王保保再次战败。

当徐达得到这个消息后，他立刻更改了朱元璋的战略部署，做出了与之相反的决定——大军加速行进，在王保保回和林补充兵力之前截住他，消灭他。

徐达为什么会突然决定加速行军呢？难道他不怕中了王保保的诈降计吗？我认为徐达肯定有过这种顾虑，但三大因素的作用，使得徐达抛却了顾虑，一心一意只想赶快追上王保保。

第一大因素是因为两次击败王保保的那位先锋。这位先锋名叫蓝玉，在后世可谓大名鼎鼎，但在当时，蓝玉并不是什么名将，甚至名声还不太好。蓝玉是大明已故名将常遇春的小舅子，还是大明太子朱标太子妃的舅舅，标准的皇亲国戚，也是标准的纨绔子弟。

只要一有机会，常遇春就会在朱元璋面前夸奖蓝玉，说自己这个小舅子如何有勇有谋，如何能征善战。但朱元璋听了也没反应，总是一笑了之。常遇春一看领导的反应，就知道他对自己这个小舅子的感觉不太好，因此后来就没有再提，只是经常把蓝玉带在身边，手把手地教他打仗。

蓝玉最初只是想跟在常遇春后面混日子，所以并没把常遇春的教导和嘱托放在心上。可随着常遇春1369年病逝于军中，蓝玉一下子没了后台，这日子可就难过了。通过后来的事件可知，蓝玉此人不但纨绔，脾气秉性似乎也有很大问题，所以当常遇春去世之后，也没谁想着关照或拉蓝玉一把，可见蓝玉虽然出身于淮泗集团，但众位老乡似乎都不喜欢他。

后来还是降将出身的傅友德比较厚道，他看蓝玉没人搭理，于是给朱元璋打了个报告，希望蓝玉能跟着自己一起去出征四川。就这样，平时待在大都督府无所事事的蓝玉总算捞到了再次出征的机会。

攻克四川之后，蓝玉就跟着徐达一起北伐了。徐达对蓝玉有一定了解，过去的印象不太好，现在虽然跟着傅友德去四川转了一圈，但想来也不会有太大进步。既然蓝玉这样的人都能两次击败王保保，可见王保保手下的兵力已经不足以对大明的北伐军构成威胁了。

王保保当然有可能是诱敌深入，但徐达敢于追击的第二个原因在于自己对北疆的了解。当朱元璋拿下江南时，北方依然乱象频仍，整个北方的经济也在战乱中受到了不小的影响，以至大明建国之后，朱元璋不止一次地在较为稳定的山西大搞移民政策，更是不停地从江南各地抽重税救济北方。

中国北部尚且如此艰难，撤到沙漠的北元情况只会更糟糕。当元廷还是中原之主时，他们对北部的开发就极不上心，反而对江南这样的水乡人家拥有极高的热情。江南经济腾飞也是从元朝开始的，可这个地方距离元廷的军政中心又较远，最终平白让朱元璋和张士诚等人捡了个大便宜。

当朱元璋发动第一次北伐时，元廷本来也想采取坚壁清野的政策，但明军行进速度实在太快，再加上元廷内部派系林立，想做决定也不是一件简单的事。所以当元顺帝外逃时，可以说几乎是一种"净身出户"的状态。

随后王保保在山西境内首次击败明军，给了元顺帝莫大的信心。他积极动用了本就不多的资源，为王保保配备了一支人数超过十万的大军，驻扎在甘肃境内，最终却被徐达打得落荒而逃，仅有的一点家当就这样打了水漂。时至今日，虽说元廷可能恢复了一点元气，否则他们也不敢屡屡在边境挑衅，但也只是如此了，疥癣之疾何足挂齿？

最能令徐达坚定加速进军信念的第三大因素，在于这支强大的北伐军。很多人都认为明军之所以厉害，是因为徐达、常遇春等将才。这个说法自然是有道理的，但我们也不能无条件地夸大将才的作用，而无限贬低士兵的作用。如果说江南义军是菜鸡互啄，看不出明军战斗力的话，那么明军对阵元廷军队时的表现就很能说明问题了。

1366年，也就是朱元璋起意北伐的那一年，他早早地开始为未来的北伐做准备。北伐大军应该从何处出发？朱元璋选择了徐州。徐州素有"五省通衢"之称，它地处华北平原东南部，江苏的西北部，京杭大运河在境内穿行而过，是兵家必争的要地。

经过一番考虑，朱元璋派傅友德防守徐州，并派给了他一个亲军卫。亲军卫的设置很有元廷特色，因为亲兵本就是游牧文明的产物，它是一支不受任何部门管辖，只接受朱元璋一人直接领导的部队。

1367年，王保保派李二率领数万军队强攻徐州。傅友德顶住了压力，最终不但守住了徐州，更是击溃了李二的数万军队，并成功将其俘虏。朱元璋为此破格赏赐了傅友德，因为这一仗打得非常漂亮。

李二虽然只是顶着一个龙套的姓名，但徐州如此重地，王保保绝不会派一个庸将前来。傅友德之所以能取得"徐州保卫战"的胜利，除了他本人能力极强，他手下的亲军卫更是令他倍感安心。

在第一次北伐中，朱元璋派了三个上亲军卫和十六个下亲军卫参战，这十九个亲军卫在第一次北伐过程中大放异彩。大家还记得王保保绕过居庸关奇袭北平，被孙兴祖率军据城而守的事吗？还记得王保保奇袭兰州，却被宿将张温拒之门外，只得退而求其次选择围点打援的事吗？没错，这两次防御战打得和"徐州保卫战"一样漂亮，唱主角的除了守将，还有威猛无敌的亲军卫。

现在朱元璋手下最强大亲军卫之一的天策卫就在徐达麾下，这给了徐达莫大的勇气，就算自己真是轻敌冒进又怎样，你王保保还能把我吃了不成？

其实除了上述三大因素，还有一个徐达不太愿意说出口的因素，那就是他瞧不起王保保。或许有人会问："朱元璋亲自称赞王保保为奇男子，徐达怎么敢瞧不起他？"王保保确实很厉害，可徐达两次击败他，虽说有内奸的作用，但我们也不能否认徐达的功劳，他的确有资格瞧不起王保保。至于朱元璋的夸奖，我还是那句话，大家听听就行了，别太当真。朱元璋夸奖文臣的时候，最喜欢说"你就像我的张良、诸葛亮和王猛"。你要是没被朱元璋说过像那三人，都不好意思和其他的"张良""诸葛亮""王猛"打招呼。可问题是，这世界上哪来那么多的张良、诸葛亮和王猛呢？

种种因素相结合，使得徐达信心十足地追赶王保保，当他率军刚冲进岭北（北元地盘）时，王保保就带着伏兵杀了出来。王保保两次败给蓝玉，其实都是为了诱敌深入，最初他只是想吃掉蓝玉这股先头部队，但蓝玉毕竟资历较浅，还不敢公然无视朱元璋的战略部署，于是他并未乘胜追击，只是缓慢行军等待徐达。

配合王保保一同参与伏击战的还有一个名叫贺宗哲的将军，两路联军前后呼应，立刻使得徐达的中路军名副其实地被夹在了中间。从战场形势上看，元军占据了极大的优势。但从双方的战前准备来看，元军想彻底围歼徐达恐怕也不太容易。

徐达之所以敢孤军深入，就是因为他非常了解元廷目前的困境，哪怕真被元军围住，自己也不见得会输。而如果王保保没有设伏，徐达的孤军深入就是压死骆驼的最后一根稻草，真有可能把元廷赶出和林。

根据《明史》记载，此役明军战损过万，却并未统计元军的战损。清朝彭孙贻在其著作《明朝纪事本末补编·西人封贡》中称，元军此役伤亡过万，以致无力追击徐达。

围而难歼，王保保机关算尽，却最终受制于客观实力不如人；攻守易势，徐达孤军深入，却最终凭借强大的实力从牢笼中挣脱。可见计谋虽然管用，却也需要有相应的实力配套，否则同样无法取得理想的成绩。

但我们必须得说，双方虽然各有伤亡，但王保保经此一役，算是勉强保住了元廷的最后一丝元气；徐达虽然没有在战场上失利，但随着他强势突袭战略的失败，此次北伐的最终目标注定也无法完成。从这个角度来看，此次北伐可以算是失败的，而且完全是败于徐达的轻敌冒进。

东边的李文忠率领右路军一路冲杀，很有"小常遇春"的风范，大军过处寸草不生。但李文忠这种打法很考验后勤的补给能力，当他冲到称海（今蒙古国科布多东）之后，却再也无法继续向前。

西边的冯胜率领左路军杀入甘肃，一路都比较顺利，也没有遇到元军的大规模抵抗，毕竟他们兵力不足。冯胜在看到西北元军的弱点之后，立刻与先锋傅友德分兵。冯胜自己率军在甘肃腹地活动，傅友德则率军往西北方向打。这一路的元军实在是弱得不像样，空有数量却无质量。傅友德率领部分亲军卫所向披靡，创下了"七战七捷"的神话，以至于惊动了朱元璋，他称傅友德为"将功第一"，大大地褒奖了他。

第二次北伐到此就算结束了，中路军和东路军都没有完成既定的战略目标，西路军本就是辅助，也没什么战略目标可谈。此次北伐唯一的亮点就是傅友德，他的上级冯胜自然也洋洋得意，自以为功劳甚大。但出乎冯胜预料的是，当他率军回朝交令之后，迎来的不是鲜花和掌声，而是朱元璋劈头盖脸的斥责。

按照史书的说法，就在西路军捷报频传时，冯胜在前线贪污腐败的消息也一并传了回来，朱元璋得知后非常愤怒，所以本该给冯胜的奖励也没了，只为他准备了一顿臭骂。我不敢说冯胜没有贪污腐败，但比起战场获胜而言，这实在是小得不能再小的问题了。

朱元璋痛骂得胜归来的冯胜，总会使我联想起李世民痛骂得胜归来的李靖。想当初李靖战胜突厥，有大功于唐，李世民却揪着一些小细节不放，直把李靖骂得跪地请罪。见李靖如此驯服，李世民这才表示功过分开，还是会善待他的。

知道这个典故之后，我们再回过头来看朱元璋骂冯胜，是不是就有那味儿了？

在朝堂上，朱元璋敢弄出个"奸臣集团"和淮泗功臣集团打擂台，但在军队里他可不敢这样做。朝堂上那些官僚杀了也就杀了，多大点儿事？可军队一旦乱起来，那就不能用"多大点儿事"来形容了。

朝堂可以乱，自己管得住，军队千万不能乱，否则可能会失控。朱元璋还是很有分寸的，他不但没有拉拢冯胜，反而借势批评了他，给一事无成的徐达、李文忠留了面子。这种做法是出自朱元璋的真心吗？我认为不是，只不过朱元璋现在只能等。他的儿子们都还太小，现在无法进入军队接班，等他的儿子们长大了，军队里的这帮军头们也就不会再有什么好日子过了。

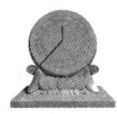

31　欲望掌控者的生杀予夺

　　从洪武六年正月到洪武十二年十二月，在这将近七年的时间里，朱元璋一直处于"无所事事"的状态。军务有徐达，政务有胡惟庸。可就在洪武十三年的正月，南京城爆出一个大新闻：中书省左丞胡惟庸蓄意行刺皇上，意图谋反！

　　这是怎么回事儿呢？史书给我们讲了一个故事：在洪武十三年的正月，胡惟庸家的井里涌出了醴泉，老胡认为这是上天赐予圣天子的祥瑞，所以就邀请朱元璋来自己家里观赏。朱元璋这个人很喜欢祥瑞，所以欣然前往。当朱元璋即将抵达胡惟庸府邸时，一个名叫云奇的太监突然冲了出来，为朱元璋拉车的马因此受惊，侍卫们立刻动手，用乱棍把这太监给打死了。

　　但神奇的是，云奇不但不反抗，还在将死未死时用手指着胡惟庸府邸的方向，一句话也不说。看到这种奇景，朱元璋感觉非常奇怪，出于小心谨慎的态度，他命人先行一步去胡惟庸住处探望，探子回来后对朱元璋说："胡惟庸家里静悄悄的，根本不像是在迎接圣驾。"得到这一消息之后，朱元璋立刻返回皇宫，居高临下地朝胡惟庸府邸探视，发现有许多人藏在暗处，个个手持凶器，显然是胡惟庸有刺王杀驾的打算。第二天，朱元璋下令逮捕并处死胡惟庸，异常惨烈的"胡惟庸案"就此拉开帷幕。

这虽然是史料的记载，但怎么说呢，里面的"宿命"味儿实在是太浓了。我们能从这个故事里读出来的信息，恐怕只有朱元璋受天帝保佑，小人不得加害。

首先，朱元璋本就是个生性多疑的人，他极少离开皇宫外出，更别说是到胡惟庸家里去。而且此时的朱元璋已经被淮泗功臣集团排挤得快成汉献帝了，他怎么可能会因为一个祥瑞跑出去呢？谁知道老胡会不会两杯酒下肚，一时头脑发昏就让朱元璋在此长眠呢？那毕竟是在别人家里啊。想想刘伯温是怎么死的，老朱不可能不小心谨慎。

其次，胡惟庸家里有没有祥瑞，这是根本瞒不住的，朱元璋完全可以派一个亲信先行一步去看看是怎么回事，何必一听到这种消息就坐不住呢？这种毫无城府的做法，哪里像一个白手起家的马上皇帝呢？

再次，这个太监到底是谁，史书上没交代，但他未免也太忠诚了吧？自己不过是不小心拦了朱元璋的马车，然后就被杀了？如果是被一刀砍死，那也说得过去，毕竟护卫们在情急之下直接杀人是有可能的。但这位老兄居然是被乱棍打死，用这种钝器杀人，总是需要时间的吧？在此期间，朱元璋为什么不给这个太监一个申辩的机会呢？太监为什么一直不说话呢？这种情节怎么看都不合乎常理。

另外，朱元璋派人到胡惟庸家，居然能探查到隐藏起来的持凶歹徒，可见这个人至少是进了胡惟庸的家门。而这位老兄发现了这种情况之后，还能笑眯眯地和胡惟庸告别，最后溜达着来到朱元璋身边，报告胡惟庸家的情况，你们说胡惟庸的反应是不是有些过于迟钝了？

最后，朱元璋回到皇宫之后，居然能居高临下发现胡惟庸家里的歹徒，且不说皇宫有没有高到能俯瞰全城的程度，就说老朱那双眼睛，难道比望远镜都强吗？

要我说，记录这段历史的人还是太年轻了，故事都不会编。《二十四史》其实就是各朝各代的新闻，你说它全不可信，那当然不客观；但你要是把它全当作真相，那显然又太天真了。怎么样从史料的边角夹缝里找出事件真相，这是一件很考验读史者功力的事。

胡惟庸这个人既有资历又有才华，还在与杨宪、汪广洋和刘伯温的斗争中笑到了最后，已经位居百官之首，眼看就要走上人生巅峰，你说他为什么要造反呢？想不明白吧？其实很简单，因为人胡惟庸压根儿就不想造反，是朱元璋一个屎盆子扣到他脑袋上：你不反也得反，朕说你要反你就是要反。

这是可以理解的，毕竟朱元璋早就忍无可忍了。可现在的问题是，他为什么要等到七年之后才动手呢？事实上，在这七年时间里，朱元璋并不是一直在混吃等死。虽然史书没有写太多细节，但他在洪武十年重新启用汪广洋，洪武十二年赐死汪广洋，可见他一直在为夺回权力而努力。

由于史料的匮乏，我们没有更多的确凿证据，只能大概推断，双方的矛盾已经激化到了一定程度，朱元璋强行掀桌子，最终成了一个"不讲道理的赢家"。

朱元璋在掀桌子之前，除了找人制衡淮泗功臣集团，同样也在频繁拉拢胡惟庸。老胡的权力很大，但对朱元璋而言威胁有限，毕竟朱元璋是打天下的开国君主，胡惟庸手里又没有兵权。朱元璋最担心的是，如果放任胡惟庸继续掌权，淮泗功臣集团和官僚士绅集团就会结合得越来越紧密，自己虽不会受制于他们，可自己的接班人朱标呢？那是个仁厚的主，他能降得住这帮结成利益共同体的官僚吗？朱元璋打造"奸臣集团"的目的其实就在于此。

在计划失败之后，朱元璋更改了战略战术，他希望淮泗功臣集团和官僚士绅集团能够泾渭分明，想要实现这个目标，就必须拉拢淮泗功臣集团的代言人——李善长和胡惟庸。李善长此时已经处于隐退状态，再加上此人老谋深算，以他为突破口并不合适。只要朱元璋能够顺利收服胡惟庸，再利用胡惟庸多年的影响，以李善长那谨慎保守的性格，他大概率会就坡下驴，主动与官僚士绅集团划清界限。

出于这个原因，朱元璋开始想办法拉拢胡惟庸。《明太祖实录》里记载了这样一个小故事：洪武六年八月，也就是汪广洋被降职为广东行省参政的那一年，新任右御史大夫陈宁受朱元璋派遣祭祀"大成至圣先师"孔子。在祭祀结束后，陈宁把祭祀时用的肉分给了胡惟庸、刘伯温和冯冕。随后有人弹劾陈宁，说胡惟庸、刘伯温、冯冕三人没有参加祭祀，按规矩是不能分肉的，这样做是玷污圣人，该罚！

朱元璋得知这件事以后，立刻表示陈宁是个武夫，他不懂你们读书人的这些规矩，不知者不罪，罚他半个月薪水以作警示。但刘伯温和冯冕你们都是读书人，怎么连这个道理都不懂呢？于是也对这两人开出了罚单：扣一个月薪水。

这就奇怪了，刘伯温和冯冕是读书人不假，可胡惟庸也是读书人啊，为什么只罚后两人，唯独漏了胡惟庸呢？再者，陈宁是武夫不假，可他坐在右御史大夫的位置上，又接到了祭祀孔子的任务，却对相应礼节毫不了解，按说应该负主要责任，为什么他所受到的处罚比刘伯温和冯冕还轻呢？

朱元璋就是要拉拢胡惟庸，他怎么可能处罚呢？陈宁是胡惟庸推荐上来的，爱屋及乌给个面子，又怎么可能责怪呢？

类似的事情发生过好几次，言官弹劾胡惟庸时，朱元璋都会主动维护。这里面固然有朱元璋不愿朝局失控的因素，但不可否认的是，朱元璋对胡惟庸始终是以拉拢为主，并不打算继续找人和他对抗。这种现象，直到汪广洋第三次进入中书省时，才算有了较为明显的改观。

胡惟庸对朱元璋的感情是非常复杂的。这个人是大明皇帝，也是自己的顶头上司，但他却不是最先发现自己的人。出于这个原因，胡惟庸并不会像杨宪那样，事事唯朱元璋的利益优先，更何况即使是杨宪，最终也因过于恐惧而不断做出忤逆朱元璋的事情。

当朱元璋掏出糖果时，胡惟庸的第一想法是得吃，毕竟对面的是皇帝。可站在胡惟庸身后的人又不断说："不能吃，那是夹心糖，里面全是毒药。"胡惟庸现在所面临的问题是，他不愿得罪朱元璋，却又难免不得罪；他想通过建立班底的方式独立出淮泗功臣集团成为朝堂的第三极，却又担心朱元璋和李善长联合起来把自己清理出局。

就在这种极度纠结的状态中，胡惟庸度过了独揽大权的七年。或许在胡惟庸看来，这个局面可以暂时先将就着，等遇到合适的机会，再找一个大家都能接受的解决办法。可他万万没想到的是，朱元璋已经忍无可忍了，赐死汪广洋之后，他决定亲自下场。

不管上面那个故事有多假，反正胡惟庸是被朱元璋的突然袭击给打蒙了，他连申辩的机会都没有，就被朱元璋直接处死。但在给胡惟庸定罪时，朱元璋并没有说胡惟庸"蓄意谋反"，而是说胡惟庸"擅权枉法"，这就引出了"胡惟庸为什么被杀"的第二种说法。

据说胡惟庸的儿子某大乘坐马车回家，路旁突然有行人窜出，马夫立刻停车，由于车速过快，胡惟庸的儿子被甩了出去，当场就断气了。胡惟庸暴怒不已，在未通知司法部门的前提下，用私刑处死了马夫，为自己儿子报仇。朱元璋铁面无私，他决定将胡惟庸绳之以法，没想到"挖出萝卜带出泥"，竟然发现胡惟庸有许多不法之举，于是轰轰烈烈的大案由此展开。

在这种背景下，墙倒众人推的局面出现了，大家都争先恐后地揭发胡惟庸的"罪证"。

比如说，吉安侯陆仲亨和平凉侯费聚都曾被朱元璋责罚。作为中书省左丞，胡惟庸不说立刻整死他们，至少也得让他们脱层皮，可胡惟庸是怎么做的呢，他暗自收买这两人，希望能为己所用。

比如说，刘伯温就是胡惟庸毒死的，他的病本来并不致命，但胡惟庸命令御医更改药方，把刘伯温的药量加重，导致刘伯温最终不治身亡。

比如说，越南中部有一个名叫占城的小国，他们派使者向朱元璋进贡，但胡惟庸私吞了人家的贡品，并把这事隐瞒下来。

比如说，汪广洋死的时候，他的妾陈氏一同陪葬，而这位陈氏是犯官陈知县的女儿，属于没官（没收入官）妇女，朝廷会将她们集合起来统一送给功臣，汪广洋这样的文臣没资格拥有，是胡惟庸徇私情送给他的。

比如说，胡惟庸眼红徐达在朝堂上的显赫地位，曾打算和徐达结盟，但是徐达光明磊落不搞派系，导致胡惟庸心生嫉恨，曾试图买通徐达的下属刺杀他。

"胡惟庸案"影响极为深远，在案发当年仅有胡惟庸被诛九族，陈宁与涂节等数人受牵连被杀。但直到十二年后的洪武二十四年（1391年），还有人被定性为"胡惟庸党羽"，并因此被杀、被流放。在这十二年间，被冠以这个名称被诛杀的人，足有三万余。

对于这种现象，明史学家吴晗先生曾坦率地说："这是明太祖（指朱元璋）巩固君权的办法，也是这几次大狱（指胡惟庸案和蓝玉案）的起因。"吴先生的明史著作中有不少值得商榷的地方，但在胡惟庸案的定性上，他说得非常正确。胡惟庸案就是一个垃圾箱，任何人打击政敌时都可以说对方是"胡惟庸党羽"，这实在是太荒谬了。

应该怎样评价胡惟庸呢？我认为胡惟庸比杨宪和汪广洋更有能力，也比刘伯温和李善长更有情怀。想做一个好官，没有能力是不行的，他处理不了错综复杂的政务；想做一个好官，没有情怀也是不行的，他没法在名利诱惑中洁身自好。

尽管朱元璋朝胡惟庸泼了很多脏水，但我们通过胡惟庸的行为也可以窥见一丝端倪。胡惟庸是中书省左丞，按照通俗的说法就是"丞相"。什么是丞相？《史记·陈丞相世家》中有一段极为精彩的论述："宰相者，上佐天子理阴阳，顺四时，下育万物之宜，外镇抚四夷诸侯，内亲附百姓，使卿大夫各得任其职焉。"

从表面上看，丞相不负责任何具体事务，可他任何事情都要操心。毕竟当意外发生时，皇帝最先问责的一定是丞相。吉安侯陆仲亨和平凉侯费聚都是淮泗功臣集团的一分子，胡惟庸没有从重处罚他们，从坏的角度来看，这自然是他居心叵测，打算插手军队。可胡惟庸也不傻，他不知道朱元璋对军队有多看重吗？

除此之外，史书还曾记载过胡惟庸收买亡命徒的事，所谓亡命徒，其实都是起于草根的人，谁敢说这不是胡惟庸从尘泥中找出遗珠，为大明建功立业呢？从始至终我们都没有胡惟庸插手军队的直接证据，有的只是各种似是而非的事件和迫不及待扣下去的大帽子。至于说胡惟庸擅权，操心政务就叫擅权吗？请问哪个想要有所作为的丞相不擅权呢？

胡惟庸肯定不会很干净，但这正是胡惟庸的自保之道。他知道自己拥有了太多的权力，朱元璋肯定会不放心，所以他主动送了不少把柄给朱元璋，以示自己毫无威胁。萧何是随汉高祖刘邦一同打天下的人，最后都被逼着往自己身上泼脏水。在一个强势皇帝的手下打工，不战战兢兢的怎么能行呢？

处死胡惟庸之后，朱元璋立刻废除了中书省丞相的职位，将六部的权力收了回来。从表面上看，这是因为朱元璋觉得杨宪、汪广洋和胡惟庸等多位宰相都辜负了自己，于是决定不再找助手，大事小事都自己解决。可是从权力博弈的角度来看，朱元璋从处置胡惟庸到废除丞相只用了五天时间，动作实在是太快，以至于李善长根本没反应过来。

胡惟庸死了，大明朝堂进入了一个新时期；丞相没了，中国历史进入了一个新时期。可这真的是好消息吗？大明的官僚集团比任何朝代都要嚣张，党争也比任何朝代都要剧烈，谁敢说这不是朱元璋独断专行所酿成的苦果呢？就算这不是全部原因，至少也是主要原因之一吧。

夜深时，当朱元璋从书案中抬起头来，一边捶着酸疼的腰背，一边看着堆在眼前的那一摞摞文件时，会不会偶尔想起忠心耿耿的杨宪、如履薄冰的汪广洋和兢兢业业的胡惟庸呢？

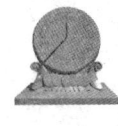

32　麻烦的日本

胡惟庸被杀了，他的罪名有很多，但翻来覆去也没脱离"擅权枉法"那一套。直到洪武二十年（1387年），一个做过大明武官的人出面检举：胡惟庸曾试图勾结日本人，阴谋陷害英明神武的大明皇帝朱元璋。

检举者名叫林贤，他曾是大明的宁波卫指挥使，正三品官。据林贤说，胡惟庸曾以重金买通他，然后上奏欺瞒朱元璋，说林贤这个官当得不称职，于是老朱就把林贤的官给罢了。林贤被罢官之后，胡惟庸立刻把他"流放"去了日本，目的是让他结交日本君臣，等胡惟庸造反时可以引为外援。

过了几年，胡惟庸找准机会上奏朱元璋，表示林贤过去是被人冤枉的，他这官当得可好了，我们应该重新起用他。朱元璋同意之后，胡惟庸立刻派人去日本找到林贤，并拜见了日本幕府将军足利义满，奉上胡惟庸的亲笔信，双方详细策划了如何刺杀朱元璋。

林贤回国时，是带着一支所谓"日本使团"一起回来的，据说是为了向朱元璋进贡，加入大明的朝贡体系中。这支使团有四百多人，全部是武士假扮的，他们带来的礼品是一根非常大的蜡烛，但却不是实心的，而是在内部藏了很多武器。

结果呢？自然是"圣天子百灵相助"，朱元璋抓捕并处死了罪大恶极的胡惟庸，日本使团失去了内援，再加上足利义满并不是日本国王，所以没盖国王的章，礼部认为他们递交的国书不合规，也就失去了进献礼物的机会。于是，这支使团只得灰溜溜地坐船回家。

按照这个故事所说，林贤告发胡惟庸应该是在洪武二十年，可从洪武二十年一直到洪武二十八年（1395年），都没有任何史料记载朱元璋对此事的态度。

洪武二年，朱元璋下令编纂了一本《祖训录》，内容是他对后世子孙的训诫。洪武六年，朱元璋第一次对《祖训录》进行重修，并在其中添加了十五个"不征之国"，意思是说这十五个国家不能打。在这十五个国家中，排在第二位的就是日本。

洪武二十八年九月，朱元璋第二次重修《祖训录》，并更名为《皇明祖训》。十五个"不征之国"没有删减，但却在日本的旁边加了一段备注，大意是说我虽然不打你，但你勾结奸臣胡惟庸，我也不打算和你交朋友，大家就当陌生人吧！而在同年十一月，朱元璋与翰林学士刘三吾等人有过一次谈话，其间提及胡惟庸，依然在反复强调胡惟庸是因为"擅权枉法"被杀，没有只字片言提及他勾结日本人这件事。

这就给人一种错乱的感觉，同年九月重修的《皇明祖训》说胡惟庸勾结日本，同年十一月的谈话又丝毫不提及此事，这到底是怎么回事呢？这是因为朱元璋与刘三吾等人谈话的重点不在胡惟庸身上，彼时刘三吾在朱元璋手下已经颇得重用，老朱是在敲打他们不要忘记胡惟庸的教训，千万不能"擅权枉法"，只是略过了胡惟庸勾结日本人这一环节。

那么，胡惟庸到底有没有勾结日本人呢？明朝官方的答案是有，而我的答案是没有，编造这个故事的人根本就不了解日本当时的具体情况。足利义满是幕府将军，当时还不是日本国王，要等到后来明成祖朱棣登基之后，因足利义满向明朝称臣纳贡，所以朱棣主动加封足利义满为日本国王。编造这个故事的人大概不知这一细节，以为足利义满在朱元璋时期就是日本国王。

当时的日本处于分裂时期，南、北各有一位天皇。也有人认为，林贤所说的"日本国王"并不是指幕府将军足利义满，而是指南朝的征西将军怀良亲王。这个说法也是有一些依据的，比如在林贤的供述中，那支日本使团的团长名叫如瑶，后来此人又多次前往明朝，皆是代表怀良亲王向明朝纳贡。

尽管人物是对上号了，但疑点依然很多。胡惟庸于洪武十三年正月被诛，而此时的怀良亲王正被北方势力打得上蹿下跳，他真有功夫派出一支多达四百人的刺客使团前往中原刺杀朱元璋吗？他图什么啊？

"胡惟庸勾结日本人加害朱元璋"基本是子虚乌有，这是学术界的主流认识。在当时对此事抱有疑虑的人同样很多，但朱元璋依然坚持认为胡惟庸就是打算勾结日本人陷害自己，其目的除了给胡惟庸添加"莫须有"的罪名，还在于朱元璋不太喜欢日本这个国家。

前文里早在朱元璋建立明朝之前，我就提过许多他与方国珍相爱相杀的事。老方不断地给朱元璋添麻烦，但朱元璋最终还是没有痛下杀手，这与他一贯强硬的形象不符，也给后人留下了许多疑问："朱元璋为何如此偏爱方国珍呢？"

实际上，这不是朱元璋偏爱方国珍，而是由于方国珍起事时间早，又长期在东海活动，早已与倭寇有了一定的交情。朱元璋之所以留着方国珍，就是希望他能成为大明与日本沟通的桥梁，一劳永逸地解决东部海患。毕竟朱元璋当时的大敌是北方元廷，而不是跳到海里和倭寇玩捉迷藏。

但"树欲静而风不止"，朱元璋不想惹倭寇，却无法制止倭寇不停地侵犯大明海疆。小打小闹暂且不提，早在洪武二年，就出现过倭寇大规模侵犯苏州、淮安和山东沿海地区的大新闻。

上文我说过"不征之国"，朱元璋认为此时不宜对日本等十五个国家用兵，可在此之前，日本就曾做出过擅杀明朝使者的事。在这种背景下，朱元璋还一再克制自己对日本的怒气，可见对于刚成立的明朝而言，跨海攻打日本是一件吃力不讨好的事。

对当时的日本而言，他们其实也不太怕中原大国。元朝开国君主忽必烈曾两次征讨日本，结果均是大败而回。朱元璋在考虑是否征讨日本时，自然会借鉴忽必烈的教训。跨海打日本真不是件简单的事，而且当时的大明并没有海军，长江里的水军拉到大海里会怎样？恐怕只有天知道。

心里面的算盘是这样打的，但话却不能这样说，于是在《皇明祖训》中，朱元璋说日本那地方贫瘠荒凉，打下来也没什么好处，那地方的人口也不多，根本不足以成为中原王朝的威胁。别看他们现在频繁扰边，实际上这是不祥之兆，不用咱出兵收拾，那边会自乱阵脚的。咱只需要选将练兵，以备不时之需即可。

什么叫阿Q精神啊，朱元璋这不就是吗？当然了，我并不是说朱元璋做错了什么，政治家的确不能意气用事，更不能冲动。相较于元廷，日本对明朝所能造成的威胁确实也很有限。但总有这么些讨厌的海虫时不时冒出来刷一下存在感，实在也令人恶心，朱元璋虽然不对日本使用武力，却始终在想着通过什么办法收拾一下日本。

问大臣能得到答案吗？也许能，但儒生的脾气大家也该知道，说来说去无非就是"感化""服膺""教化"之类的言辞。总而言之，我们是圣人门徒，要学习圣人手段。这种答案在朱元璋听来，那是标准的"打官腔"啊，要是这种办法有效，这世上哪还会有争端呢？武将们的回答更不用听，无非就是"臣愿提精兵为陛下分忧"之类，听起来很给力，但并不现实。

朝堂上想不出好办法，朱元璋就吩咐各倭患严重的地方建言献策。这一招还挺好用，在洪武三年，莱州府同知赵秩上策，说莱州抓到了几个身份较高的倭寇，他们有资格与日本国王良怀（就是上文所说的怀良亲王）直接对话，我们可以借此机会建立沟通渠道。

朱元璋一听这个消息，便立刻写了一封诏书，命令赵秩带着前去宣旨，诏书的内容是希望良怀能够认清现实，不要与天朝上国作对，只要乖乖进贡，以后大家相安无事岂不美哉？

良怀接到诏书之后，立刻表示愿意臣服大明，赵秩圆满完成任务，受到了朱元璋的嘉奖。可这份诏书似乎没起到什么作用，就在这一年的六月，倭寇继续侵犯大明沿海，从山东一路向西，温州和台州都留下了他们烧杀掳掠的身影。

朱元璋气坏了，立刻遣使斥责良怀不守信用，良怀则无辜地表示："这不是我干的，我们日本现在分成南北两派正在打仗呢，这都是那帮北方逆贼做的坏事，别把锅往我身上甩啊！"

得知这一消息之后，朱元璋又立刻派人与日本北方势力联系，好容易联系上之后，便要求北方势力停止派倭寇劫掠大明这一恶劣行为，否则自己将会出兵帮助南方势力。

北方负责人就是前文提及的足利义满，他十分委屈地向明朝使者表示："我们北方势力才是正统，从不干这种缺德败兴的事，而且早就有向大明称臣的打算。南方反贼大大的坏，出动倭寇在我们之间制造误会，望上国皇帝明察！"

这么一来二去，朱元璋也被搞糊涂了，他们谁说的是真话呢？后来又转念一想，我管他们谁说的是真话呢，只要再出现倭寇，朕就和他们双方同时断交。当然了，这招并没有什么用，在数次沟通无果后，朱元璋表示断绝与日本南、北双方的往来。北方势力并未对此发表什么意见，南方势力的良怀却大大不满，他写信威胁朱元璋，说如果不重新恢复关系，倭寇活动将会更加剧烈。

良怀为何如此执着于和明朝恢复关系呢？难道他们不向朱元璋称臣就睡不着觉？当然不是。国与国之间的所有行为都可以和利益挂钩，良怀喜欢朝贡明朝，是因为每次朝贡他们都能大捞一笔。《明太祖实录》中记载了一件事：日本人滕八郎前往南京朝拜朱元璋，献上弓马、刀甲和硫黄等物，并转交了由日本僧人进献的两匹贡马。朱元璋非常开心，但他没有收滕八郎带来的礼物，反而赐给他大笔白银；日本僧人进献的贡马被朱元璋笑纳，并回赐了许多珍贵丝绸。

日本使团每次来明朝，都会带着一大批礼物前来，然后带走比这批礼物多得多的回赐。在良怀看来，我写一封表示臣服的信，再让使者给你磕几个头，就能换回大批物资，还有什么比这更划算的买卖？当然了，进贡归进贡，派倭寇洗劫大明沿海这种"无本买卖"还是要继续做下去的。

面对良怀言语极不恭敬的书信，朱元璋自然不会答应他的要求，并且命令他端正态度，你是做臣子的人，得有个臣子的样，别总干这种得罪天朝上国的蠢事，这样容易把自己给作死。良怀大概是滚刀肉，他并不把大明的言语恐吓放在心上，反而重新写了一封信，里面没有什么请求恢复关系的内容，通篇都在大骂朱元璋，这把老朱气得够呛。

可没过多久，日本那边又传来消息，表示良怀已经处于半隐退状态，这封信是他的政敌冒名所写，目的是破坏良怀与大明的深厚友谊。从那以后，日本但凡有什么大事小事，我们总能看到各种打着良怀旗号的倭寇势力，但同时又会出现不少向大明进贡的良怀使团，这可算得上是明初外交史上非常诡异的一幕，正所谓"东南西北尽良怀"。

明初之所以会在外交中闹出这种笑话，倒不是因为朝臣们水平不够，而是精力和物力不够。日本体量太小，无论怎么胡闹也无法使大明伤筋动骨，但北元不一样，他们时刻准备着杀回中原，如果不对他们多加防范，反而将主要精力放在日本身上，那就是"丢了西瓜拣芝麻"。

也正是因为元廷吸引了明朝太多的注意力，所以朱元璋根本没工夫去管周边小国的事，统统写进"不征之国"中，努力释放所谓的"友情"，至于对方领不领情，老朱暂时也管不了那么多。日本的问题，还是留给后世子孙去解决吧！

33　终成主角的沐英

　　洪武十三年正月，胡惟庸被诛；到二月初时，朱元璋就已经开始准备第三次北伐了。之所以会有这次北伐，据说是因为北元在和林驻扎了一支上万人的军队，朱元璋怀疑他们有南侵的可能。

　　这种说法虽见于正史，但可信度不高。因为在第一次北伐结束后，元廷就被明朝的北伐大军赶到了和林，那里是人家的都城，驻扎一支军队就是打算南侵？这理由未免过于牵强。再者，北伐不是小事，前前后后的准备工作都要做足。洪武十三年的正月几乎都在处理胡惟庸一案，根本没精力做别的事。二月初决定出兵，十一日沐英就率军出发了，前后只有几天的准备时间，哪有如此仓促的北伐呢？最重要的是，徐达并没有在此次北伐中露面，而第一次和第二次北伐，以及这次北伐之后的第四次北伐，全部都是由徐达领衔的。

　　究其原因，还在于朱元璋急于发动一场对外战争，用以淡化胡惟庸案造成的一系列影响，而北元只是不太幸运，成了朱元璋转移目标的目标。

　　虽然在十一日成功出发，但留给沐英的准备时间不足十天，整个行动仓促又急躁，很多准备工作都没有做好。然而沐英很理解朱元璋，所以在准时出发之后，却并没有加速行军，而是一边行军一边做准备工作。就这样走走停停，直到三月二十一日，沐英才从陕西走到宁夏，花了四十天时间。

北元早已得知明军又出动了，所以也开始从和林整军出发，当沐英抵达宁夏时，北元先锋军也已经来到了亦集乃路（今内蒙古自治区额济纳旗），并慢慢地朝黄河方向移动。北元统兵大将是国公脱火赤，他知道沐英已经来到了黄河南岸，所以并未加速行军，只是早早地派出斥候打探消息。

脱火赤的做法就是在迷惑沐英，让他以为自己正在缓慢行军，如果沐英敢大张旗鼓地渡过黄河抢占有利地形，那么己方斥候就会率先得知，自己再加速行军，趁明军半渡之时将其一举击溃。

沐英得知元军已至亦集乃路的消息之后，立刻将大军驻扎在黄河南岸，并摆出一副严阵以待的阵势，自己却带领小股精锐部队趁夜色分批渡河，连续七日急行军，悄悄地包围了脱火赤。当明军准备四面突袭时，脱火赤正和几位将领在大帐中美滋滋地饮酒呢，毕竟北元没有军中禁酒令。脱火赤一边喝着，一边在与身旁的枢密知院爱足等人笑谈："朱元璋派了一个小娃娃领军，这不是给我们送军功吗？"

正是"酒过三巡，菜过五味"的时候，明军杀来了。结果还用多说吗？脱火赤和爱足等一干人都成了小娃娃沐英的俘虏。

获胜之后，沐英立刻请示朱元璋，是否乘胜追击。朱元璋回信表扬了沐英，但要求他回到陕西驻防，以防北元可能到来的报复，第三次北伐就这样草率地结束了。

在朱元璋的一生中，打过的胜仗数不胜数，按说"俘虏脱火赤"这种规格的胜利本不该有太高的地位，但主流观点依然认为这次战争值得被铭记。不是因为战争局面，而是因为沐英。

沐英生于1345年，此次北伐发生于1380年，说他是一个三十六岁的"小娃娃将领"有些过，毕竟这个年纪的常遇春已经大杀四方了。但是说沐英依然很年轻，其实也没什么问题。要知道，陆逊偷袭荆州俘虏关羽时也是三十六岁，而《三国演义》中的关羽还把他称为"孺子"呢。

沐英出身贫寒，父母早逝，朱元璋初次领兵打下定远之后，就在当地募兵补充兵员，年仅八岁的沐英人小鬼大，居然跑到募兵处要求当兵，立刻成了定远的小名人。朱元璋得知此事之后，就把沐英收为义子带在身边，并给他起了一个名字叫朱文英。

在朱元璋称帝的前一年，朱元璋命朱文英改回本名沐英。老朱为什么要这么做呢？史学界没有定论，但主流意见是认为老朱担心沐英有不臣之心，所以让他改回本名，断了这个念想。而沐英是不是本名其实也有不同说法，有人说沐英觉得自己的本名不好听，于是保留了朱元璋给他起的"英"字，然后从"深沐养育恩"中提取一个"沐"字，以后就叫沐英了。这种说法也是有可能的，因为按照沐英那种出身，他的名字很可能也像朱重八一样是数字。

朱元璋对沐英很好，读书识字、带兵打仗全都教，打算将他培养成一个优秀的人才，拥有出将入相的本事，将来可以为自己的事业提供帮助。

拥有顶级的教育资源，沐英为朱元璋的事业提供了很大帮助吗？至少在此次北伐之前没有。未成年的沐英只是读书识字暂且不提，成年后的沐英被朱元璋分派过很多工作，但都谈不上多重要。

朱元璋救援韩林儿，没有沐英的份儿；朱元璋与陈友谅决战，没有沐英的份儿；朱元璋围攻张士诚，没有沐英的份儿；朱元璋选派兵将进行第一次北伐，没有沐英的份儿；徐达主动请缨的第二次北伐，还是没有沐英的份儿。而就算是所谓的"第三次北伐"，我之前也分析过，只是为"胡惟庸案"转移注意力，强行认定北元准备入侵，然后灭掉对方一支万人部队，俘虏了一位北元国公而已。

在整个明初，沐英之所以戏份不多，主要还在于他年纪尚小，等他长大之后，该唱的戏几乎都唱完了，他又不像蓝玉那样成长快速。没办法，沐英就只能在大都督府打打杂，后来大都督府的调兵权归到了兵部，沐英就跟着去边疆地区扫个尾，练练兵，不说多厉害吧，至少也不是个纨绔子弟。日子就这么没招谁没惹谁地过着，直到此次北伐，才算是沐英首次获得了独当一面的机会。

经过此次北伐，朱元璋觉得沐英表现得还不错，可以给他再加加担子，只不过这需要机会。机会说来就来，在洪武二十一年（1388年）正月，也就是沐英北伐立功之后不到一年的时间里，北元平章乃儿不花等人侵略明朝边境，作为对明朝无故兴兵及俘虏脱火赤的报复。接到边境奏报之后，朱元璋命徐达挂帅，汤和与傅友德一左一右从旁协助，开始了洪武年间的第四次北伐。

第一阶段的任务主要就是肃清境内的北元侵略军。这部分战况乏善可陈，明军毕竟主场作战，而北元也就是来打个秋风，双方并未爆发大规模战争，多是百十人的小场面。只不过北元侵略军的骑兵不错，经常来去如风，所以翻来覆去地骚扰，像狗皮膏药一样，明军花了差不多四个月时间，才算把境内的北元侵略军清理干净。

朱元璋可不是光挨打不还手的人，第二阶段的任务自然就是出兵塞外报仇。在这一阶段，朱元璋闲置了左路军统帅汤和，启用了驻守在古北口（今北京密云东北）一带的沐英。

汤和的战力一向是个谜，他投身造反事业的时间比朱元璋还早，当初还是汤和写信给老朱，邀请他一起加入义军共谋大业。朱元璋最初也跟着汤和混了一段时间，只不过后来娶了郭子兴的养女马氏，这才算咸鱼翻身，转而成了汤和的领导。

当朱元璋率军南征北战时，我们基本看不到汤和的身影，因为朱元璋将主要精力都用于对付西边的陈友谅，而汤和则主要驻扎在东边的常州，防备张士诚可能到来的突袭。

第二次北伐时，汤和轻敌冒进，第一次让明军在北方尝到了失败的滋味，事后朱元璋也没把汤和怎么样，毕竟是老兄弟了。但从此之后，朱元璋就基本不太用汤和了，这位老兄已经习惯了打防御战，指望他率军穷追猛突不太现实。

第四次北伐第一阶段的任务是稳守反击，汤和完成得不错；第二阶段是乘胜追击，汤和恐怕力有未逮。沐英刚在去年立过功，现在正是信心十足的时候，启用他的时机也很好。就这样，三十七岁的沐英取代汤和，成为左路军先锋。

或许有人会说，"取代"这个词不恰当，因为汤和还挂着左路军统帅的名。但是结合右路军来看，用"取代"这个词还是合适的。傅友德也挂着右路军统帅的名，同时也是右路军先锋，所以说沐英是实际上取代汤和，担负起整个左路军的工作。

由于北元的军政中心均位于明朝的正北偏东方向，所以明军历次北伐的侧重点都在右路军，左路军多起到伴攻或阻击援军的作用，就是一个配角。

史学界说起朱元璋第二次北伐时，之所以会认为这次北伐失败，主要是因为右路的李文忠和中路的徐达都没能讨到便宜，所以从战略角度上来看是失败的，而左路的冯胜、傅友德抢了不少好东西，也没人觉得他们是擎天支柱，主要原因就在于左路军的重要性不高。

明白了这个道理，我们再来看第四次北伐，大家记得最清楚的就是右路军在灰山（今内蒙古自治区赤峰市东南部）击溃元军主力，并一路追击到北黄河（今西辽河）的丰功伟绩，对沐英的左路军战绩极少提到。因为在主流观点看来，右路军和中路军胜利了，左路军是否获胜已经不太重要。

史学界不看重，但朱元璋挺看重，沐英虽然改回了本名，但毕竟是他的义子，更是他亲自点名取代汤和的人选，如果沐英打得好，老朱的脸上也有光彩。

那么沐英此次北伐的表现如何呢？非常出色。沐英最大的问题是从小在朱元璋身边长大，看着徐达、常遇春等人都比自己强得多，难免会有些信心不足，再加上一直没干出什么耀眼的成绩，唯一一次北伐胜利，但看起来更像是北元太弱，所以当时的人都不怎么看重他。如果是蓝玉受到了这样的待遇，自尊心极强的他肯定会满腹牢骚，但沐英这个人老实厚道，平时也不喜欢夸夸其谈，这种没什么压力的环境其实更适合他发挥。打得好了，朱元璋看在眼里爱在心里；打得不好，别人看在他是朱元璋义子的分上也不会多说什么，毕竟大家的目光主要集中在右路军，只要那边打得好就行。

接到任务之后，沐英立刻调兵遣将从古北口出发，最初，他没遇到什么阻碍，元军零零散散地出现，他挥挥手也就打发了。可当沐英来到公主山长寨（今河北省承德市附近）时，第一次考验也随之到来。

北元在此有一支两千人左右的兵马，长寨附近有一支近千人左右的盗匪团伙，双方达成联盟对抗沐英。敌军人数虽然不多，但公主山地势险要，易守难攻，再加上距离高州（今河北平泉境内）较近，这里也有几支北元军队盘踞。如果沐英对公主山久攻不下，很可能会被山上山下两路敌军合围。沐英对敌情非常了解，所以他来到公主山下之后，只花了一夜时间略做休整之后便立刻下令攻山。

这种毫无技术含量的硬攻就是憋着一股气，如果能在气势上压倒对方，就有可能令其胆怯，进而直接冲上山。这种打法用于剿匪是很好用的，但长寨的这股敌人显然已经被暂时捏合成了一个整体，再想用欺负盗匪的方式攻打，实在是有些困难。沐英亲自带队冲了几次，还没等他接近主峰，就被周围各种零散攻击给打下山来。明军的攻势持续了整整一天，都没有取得什么进展。

回营之后，沐英的脸皱得像个包子，公主山就屹立在那里，想跨跨不过，想打打不下来，真是令人犯恶心。无奈之际，他把重要部署全部召集过来，让大家群策群力共渡难关。可话说过来说过去都是那一套，公主山地势险要，只要敌人不内讧，想从正面强攻根本没戏。

正面强攻没戏，那如果绕过正面从背后偷袭呢？沐英好像突然来了灵感。

第二天清早，他命令大部队继续从正面进攻，自己则带着亲兵和小股精锐绕到了公主山的背面。长寨中的元军根本没想到敌人会从后面上来，在进行了一番仓促的抵抗之后，最终只得弃寨溃逃，沐英顺利完成先登。随后几日，驻扎在高州的元军开始向公主山进发，沐英却在半道设伏，最终打得这支元军狼狈而逃。沐英趁势追击，全歼了高州城内的剩余敌军，取得了辉煌的胜利。

此时此刻，傅友德率领右路军横冲直撞，已经在灰山一带与元军打成一团，所以沐英在拿下高州之后，立刻急行军向着灰山进发，希望能够对傅友德形成支援。只不过傅友德动作太快，在沐英还没赶到时就已经全歼了灰山敌军，继续向北黄河行进。沐英落在了后面，顺势将嵩州（今内蒙古自治区赤峰市西南部）拿下，接着又攻下了全宁（今内蒙古自治区赤峰市北部）。由于灰山一线的元军已经溃败，所以沐英打下这两座城池也没费什么工夫。

拿下全宁之后，摆在沐英前面的选项有两个：一是继续跟着傅友德走，能支援就支援，不能支援就扫尾；二是重新选择一个进攻方向，继续扩大战果。沐英想了一下，很快就放弃了第一个选项，元军在灰山一线的部队已经溃散，傅友德追上去也是扫尾，不太可能会有第二场硬仗，自己再跟着恐怕也捞不到什么好处。可现在的问题是，如果自己选择一个新的进攻方向，应该选哪里呢？

部将们纷纷献计献策，有人说朝锡林浩特打，也有人说朝通辽打，还有人说往回走，防备多伦方向可能出现的敌军。沐英对着地图看了又看，最后用手指着一个点说："打这里。"大家凑近一看都傻眼了，沐英所指的位置是呼伦湖，就在今天的满洲里边上。

这可够异想天开的。从全宁到呼伦湖，直线距离超过一千五百公里，等沐英带着大部队走到半路时，恐怕朱元璋早已经下令撤军了。咱这是去公费旅游吗？

沐英下定决心之后，立刻命令大部队回撤，防备多伦等地可能到来的突袭，自己则带着轻骑兵日夜急行军，朝呼伦湖方向冲了过去。一路也没遇到什么阻碍，沐英很轻易地来到了胪朐河（今中蒙边境克鲁伦河），眼见到对岸有元军把守，沐英带着部队做好隐蔽工作，准备晚上趁夜色偷渡到对岸去。对岸的北元守军只是在此地驻防，虽然都知道前方正在和明军交战，但具体交战地点离得太远，他们也没什么警惕心理，根本想不到明军会突然冲到这里来。当他们睡到半夜时，只听到外面喊杀声一片，有些人连衣服都没穿好，就成了沐英的俘虏。

当沐英越过胪朐河抓获北元俘虏的消息传回南京时，朱元璋是哭笑不得："这孩子是不是把自己当成霍去病了，也给我来了一出千里奔袭？"尽管沐英此次奔袭没抓住什么重要人物，但朱元璋依旧很开心，传令嘉奖沐英，自己还亲自写了一封信，向沐英表达自己的喜悦之情，还说义母（马皇后）听到你打胜仗的消息后非常开心，希望你注意安全，好好吃饭。

沐英打了胜仗的确该嘉奖，但第四次北伐的首功显然应该是傅友德或徐达，我们再对比一下第二次北伐时的情景，傅友德作为僚机打了胜仗，却被朱元璋一通狠批，这其中的亲疏已经表现得很明显了。

在我看来，沐英虽比不上同一时期的蓝玉，但他作为朱元璋的义子，也没有给老朱丢脸。作为明初众多将星中的一颗，他也有着独属于自己的耀眼光芒。再看他从山背突袭长寨和千里奔袭胪朐河的行为，确实有点像大汉骠骑将军霍去病，一样的成就功业，一样的雄姿英发。而且到目前为止，沐英还未真正走上人生巅峰，未来还有更广阔的舞台在等着他登台演出。

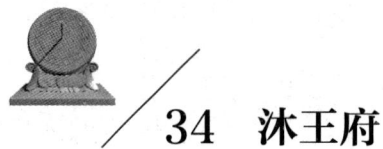

34　沐王府

　　在朱元璋命沐英从朱文英改回本名时，除了想断掉他可能出现的不臣之心，还有一个重要原因——封藩。大明建国之后，朱元璋给所有儿子都封了藩，如果沐英依旧叫朱文英，你说老朱要不要给这个儿子封藩呢？沐英毕竟不是亲儿子，朱元璋不想给他封藩也情有可原。但世事难预料，沐英虽然没能封藩，但他的子孙却获得了"世镇云南"的殊荣，直到明朝灭亡为止。当时的云南并非大明所有，统治者名叫孛儿只斤·把匝剌瓦尔密，是正儿八经的黄金家族后裔，尊奉北元为正统，同时也是北元世袭的梁王（下文统称梁王），不服明朝管辖。

　　早在洪武四年，朱元璋接受明玉珍之子明升投降时，就想着一鼓作气把云南也拿下，但明朝当时的大敌是北元，东边的倭寇也令朱元璋烦不胜烦。与这两个敌人相比，云南的梁王显得非常安静，虽不投降却也不闹事，所以朱元璋就暂时放弃了武力夺取云南的打算，希望通过怀柔手段解决云南问题。

　　洪武五年，朱元璋正式派遣使者王祎出使云南，劝说梁王归顺大明。王祎摆事实，讲道理，把话掰开揉碎这么一说，梁王有点动心了，但北元那边并不愿意就此放弃云南，他们还想着有朝一日可以南北夹攻大明，所以也在争取梁王，希望能坚定他反明的决心。经过一段时间的博弈之后，梁王最终选择拒绝投降，并把王祎给杀了。

在随后的几年里，朱元璋又陆续派出过几拨使者，其中有能言善辩之士，也有北元投诚之人，目的就是希望梁王能"弃暗投明"，不要再做无谓的抵抗。可这些人的结局都不好，梁王总是会在一阵犹豫之后坚定决心，然后拿明朝使者开刀。

一来二去，朱元璋也看明白了，哪有什么犹豫不决，这货就是元廷的坚定支持者，只不过表现出一副优柔寡断的样子，让朕以为他可以争取，用这种方式拖时间。既然你不识抬举，那就别怪我老朱不客气。在第四次北伐结束之后没多久，朱元璋便任命傅友德为征南将军，蓝玉和沐英为副将军，率步骑精兵共三十万，远征云南。

出兵之前先要搞清楚敌我兵力对比。通过情报，傅友德发现云南拥有不下于二十万的常备军，但梁王所能调动的顶多也就十万。这是怎么回事呢？我们还得从大理段氏说起。金庸先生在其武侠小说中塑造了以武立国的大理段氏，像段正淳、段誉和一灯大师等人物在历史中其实是有原型的，大理段氏也并非虚构。从五代十国时期开始，段氏就成为大理一带的主人，他们立国的时间甚至比北宋建立还要早，历经了两宋和元朝之后，段氏依然是云南望族，任何统治者想要在这里维持统治秩序，就必须对段氏保持足够的尊重。

想当初天完政权内部争斗不止时，明玉珍选择西进重庆的方式脱离权力旋涡。离开了天完政权那个大泥坑之后，明玉珍将主要精力放在了攻略西南地区。

1363年，明玉珍率军攻打云南，梁王领兵应敌，结果被明玉珍打得大败而逃，凄凄惨惨戚戚地奔向楚雄，同时派人向大理段氏求救。时任大理总管的段氏族长段功认为，梁王对稳定云南局势能起到积极正面的作用，而明玉珍是个反贼，将来未必能成气候。基于这种思路，段功不但带兵救援梁王，更用夜袭和火攻的方式击溃了明玉珍，力保云南不失。

得逃活命的梁王对段功感激不尽，更进一步加深了他对大理段氏的认识，于是梁王加封段功为云南平章政事（相当于云南行政一把手），同时还把自己的女儿阿盖公主嫁给了段功。梁王之所以会这么做，一来是为了笼络大理段氏，从而借助他们的力量保卫云南；二来是想通过自己的女儿影响段功，使其终身为大元效命。

第一点不难办到，毕竟保卫云南就是保卫段氏自身，但第二点比较难。像大理段氏这样的世家大族，他们最在乎的是家族利益，而不是什么国家利益。如果投靠大元有利，他们自然不会三心二意，可当时的江南战乱频仍，大元已经日薄西山，指望大理段氏为大元尽忠，实在是不太容易。更令梁王感到恼火的是，女儿阿盖公主嫁给段功之后，逐渐有些不愿意听自己这个当爹的话了。以前还知道禀报一下段功的动向，现在自己主动问都问不出来，这胳膊肘往外拐得有点太快，梁王猝不及防，对女儿、女婿的不满日益加深。

1365年下半年，此时的朱元璋已经干掉了陈友谅，并准备开始向张士诚动手，梁王敏锐地意识到，随着陈友谅的出局，南方恐怕会在不久之后成为朱元璋的囊中之物。不甘失败的梁王频繁约见段功，希望他能与自己配合，打乱朱元璋统一南方的步伐。可在段功看来，谁能获得最终的胜利，大理段氏依附于他就行，反正他们治理云南时，都必须倚仗段氏的支持。正是由于双方利益点的不同，使得梁王与大理段氏之间的矛盾无可调和。梁王觉得段功不忠不义，段功觉得梁王想吞并自己，双方的矛盾逐渐加深，阿盖公主夹在中间左右为难。

梁王还想着把女儿拉回己方阵营，所以有事没事就让自己的妻子去看她，翻来覆去说父爱的伟大，再给她讲讲春秋时期郑国大夫祭足女儿的典故。祭足的女婿阴谋害死自己的老丈人，结果被他老婆发现了，他老婆一时不知道该怎么办，就去问自己的母亲："父亲和丈夫谁更重要啊？"母亲对她说："那自然是父亲重要，丈夫死了还能再找，父亲死了可找不着了。"于是祭足的女儿揭发了丈夫的阴谋。梁王妻子话里话外的意思就是，如果你父亲将来和段功分道扬镳，希望你能认识到谁对你更重要。

但阿盖公主显然不太熟悉汉文化，或者说她不认为祭足女儿的做法正确。当梁王拿出毒药，希望阿盖公主能大义灭亲，毒死不忠不义的段功时，阿盖公主毫不犹豫地将父亲梁王给出卖了。她对段功说："我爹要我下毒害你，你赶快想办法！"段功得知此事后自然是不甘示弱，打算立刻返回大理，集合军队要给梁王好看，可走在半道上就被梁王派出的刺客给刺杀了。阿盖公主得知丈夫的死讯之后，也选择了自杀殉情。

段功与阿盖公主的故事可谓远近闻名。著名文学家郭沫若先生还专门为其创作了一部话剧，名为《孔雀胆》。大家有空可以去看看，非常感人。

大理段氏在云南可谓只手遮天，他们的族长被刺杀了，怎么可能暗气暗消呢？于是轰轰烈烈的云南内战就此拉开帷幕，双方打打停停十多年，一直到朱元璋派傅友德率军南征时也没分出胜负。梁王现在面临的局面是，他一方面要防备大理段氏，另一方面要抵挡明军，手中的兵力自然捉襟见肘。傅友德非常清楚梁王此时的困境，所以他大胆做出调整，将部队一分为二，开国元勋郭兴率军从叙永出发，直取乌撒（今贵州威宁一带）；其余军队由自己带着蓝玉、沐英从遵义出发，目标云南曲靖。这就等于是从云南的东北部和东部分别进军，到云南境内以后再合兵，从东面堵住梁王，进而和大理段氏形成夹击昆明的态势。

傅友德这招谈不上多高明，但梁王就是破不了，不是他看不懂，而是看懂也没用。想破解傅友德这招，就必须分兵两路，分别在威宁和曲靖堵住两支敌军，但此时的梁王哪有这种实力呢？把兵力全部弄到东边来，西边的大理段氏不管了？那肯定不行啊。想来想去，梁王最终选择了坚壁清野。他放弃了威宁一线，将重兵布防在曲靖白石江边，目的是尽快击退一股敌军之后，再回师与另外一支敌军周旋。当然了，西线部队肯定是不能动的，避免腹背受敌。

当傅友德得知梁王大肆集兵于曲靖时，立刻命令郭兴放慢行军速度，这样做有两个好处。一是他担心梁王用疑兵之计，大张旗鼓地在曲靖屯兵，却派精锐急行军赶往威宁袭击郭兴；二是放慢脚步稳扎稳打，可以给梁王一种威慑。如果泰山以极快速度压顶，恐怕人还没反应过来就死了；可如果泰山从空中缓缓落下，那个等死的心理压力真不是一般人所能承受的，这或许能逼着梁王胡乱出招。

对明军而言，现在天时、人和都在自己一方，只要放慢速度，梁王的地利优势也无从发挥。只要郭兴那边能取得突破，梁王在曲靖肯定就坐不住了，届时就是破敌的最佳时机。影视剧和小说中的战争总是充满着各种奇谋诡计和名将强军，可历史上大多数战役其实都像傅友德南征这样。大家谁也不比谁聪明，谁也不比谁傻，指望耍花招取胜其实不太容易，通常都是双方摆开阵势，然后大打情报战、后勤战和心理战，谁先支持不住，等待他的结果自然是兵败如山倒。

傅友德稳步施压，梁王的境况越来越糟糕，他不止一次想过："干脆让出曲靖，把军队调回昆明，等明军过来决一死战！"想得简单，可实施起来却不太容易，敌军近在眼前，如果贸然撤退，就有可能在敌军的压迫之下演变为溃退，要知道十万大军可不是那么好控制的。但幸好郭兴在威宁受到了阻挠，一时半会儿过不来，这让梁王稍微安心了一点。当郭兴那边的战报送抵傅友德大帐时，沐英立刻敏锐地意识到战机来临，他对傅友德说："梁王知道我军以稳为主，目的是等待郭兴那边合围过来。现在郭兴受阻，如果我军再不做出改变，恐怕梁王会静极思动。请将军给我一支精锐，让我带领他们趁夜色渡过白石江，打元军一个措手不及。"

傅友德反复琢磨着沐英的建议，越想越觉得有理，于是当即拍板："我给你一千人，你带着他们从下游偷渡过江，蓝玉带领大部队在正面制造声势吸引敌军。"军令一下，各自行动，沐英很快就带兵过了白石江，然后潜伏在江边林中静待时机。当蓝玉在正面吸引了足够敌军，并作势要渡江时，沐英突然从元军背后杀出。当时正是大雾天气，两米内只闻人声不见人影，沐英深知自己人手不足，这点兵力冲进元军营帐可就出不来了，于是就在外围敲锣打鼓摇旗呐喊。

梁王正准备率军迎敌，但天公不作美，元军只能凭声音大致判断敌军方位，却不知他们的具体位置。就在这一团乱麻的环境中，蓝玉率军迅速渡过白石江，两军在大雾中短兵相接。一通乱战过后，本就没多少战意的元军开始溃退，梁王几次试图收拢队伍却徒劳无功，最终只得带着数十个亲兵趁乱逃离战场。凭着对当地的熟悉，他才勉强逃回了昆明。

是役，白石江的十万元军全军覆没，大多数人死在乱军之中，剩余部分则被明军俘虏。从曲靖到昆明不算遥远，傅友德不做停顿立刻下令追击，只留蓝玉在后面收尾。当明军即将抵达昆明时，却发现前方出现了不少"带路党"。梁王逃回昆明后，发现西线也已被大理段氏突破，自己待在昆明，就好像待在一个大棺材里，再无生路。梁王毕竟忠于元廷，他将妻子推入滇池，自己则与几位臣属一起自杀，元廷在昆明的统治至此终结。

梁王死了，云南境内还有一堆事等着做，比如说大理段氏，他们在西线趁火打劫，吃了个满嘴流油，当明军开过来时，他们还想着与傅友德谈谈条件，希望能与大明"共治"云南。眼见大理段氏如此不识好歹，傅友德也没多说什么，只是随手挥了挥令旗，蓝玉和沐英立刻就朝着大理段氏冲了过去。三个月之后，大理段氏灭亡，云南全境悉平。

由于云南山多林广，少数民族分布错综复杂，所以朱元璋并没有急于召回南征大军，而是让他们在当地平定各地叛乱，确保云南成为名副其实的大明领土。

从洪武十四年（1381年）九月出兵，沐英就一直和傅友德、蓝玉一起攻略西南，为大明固守边陲。在这段日子里，沐英过得很快乐，与两位军事天才一起工作，他获益颇多，时常写信给朱元璋夸赞傅、蓝二人，称他们为大明的"顶天白玉柱，架海紫金梁"。

快乐的日子总是短暂的，洪武十六年（1383年）初，朱元璋下令沐英镇守云南，傅友德与蓝玉即刻班师，另有新任务安排。就这样，沐英开始了独自镇守云南的全新历程。从洪武十六年到洪武二十五年（1392年）沐英病逝，他一直在云南勤勤恳恳地戍边。在中国历史中，西南地区只有四川的戏份较多，云南在大多数时候都属于蛮夷之地。形成这种局面的主要原因是云南生产力发展缓慢，云南的各民族成分又很复杂，致使经略成本太高，但在朱元璋时代，这一现象有所改观。

沐英深知云南和中原有所不同，所以他是一手大棒一手甜枣，既想办法限制当地土司的权力，又想办法利用宣慰司和宣抚司进行制衡，还会在矛盾即将激化时想办法化解，如果实在化解不了，那就用军队说话。除此之外，沐英还在云南频繁设立卫所，并大规模开辟军屯，修建大量驿道，大大加强了云南与中原的联系。这些举措虽然在明成祖朱棣时期走了一些弯路，但总的来说，从朱元璋时代开始，经略云南由沐英具体策划并实施，是符合历史发展潮流的，也是有积极意义的。

有关于沐王府和云南的特殊性，就连国外学者都有非常深刻的认识。《剑桥中国史》是这样写的："有明一代，云南的治理很特殊。像西南其他省份一样，云南采用通常的省、府和州县的民政机构与世袭的土司和宣慰司相结合的治理办法。与这两种体制相平行的，是沐家的军事体制和广大的庄园，沐家是明太祖义子沐英的后代，沐英封于云南。实际上是沐氏家族使云南成为明朝的一个省，并使其成为汉族文明的一个组成部分。这个家族的声望一直很高，它的权势是没有争议的，历代黔国公是明朝唯一持续掌握实际领土权力的勋臣。"

　　由于传统史书不会着重记载这些边疆地区的相关信息，所以大多数人对这一块的了解也不太深，但正如"善战者无赫赫之功"那样，真正为国为民做出过重大贡献的人，都不会被重点关注。云南之所以能够成为中华永久版图，朱元璋与沐英都是有功之臣，我们应该时刻铭记这一点。

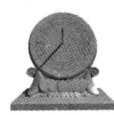

35 打击贪腐的"空印案"

自洪武十三年正月处理胡惟庸案，一直到洪武十四年九月出兵南征，在这段时间里，大明朝廷还算比较太平。洪武十五年（1382年），朝堂上爆出了一个大新闻，那就是后世所熟知的"空印案"。

"空印案"的始末大致是这样的：朱元璋在不经意中发现，地方官员到南京报账时，都会随身携带盖有印信的空白书册。地方官员进京报账是有一套流程的，带着盖有印信的空白书册上京，这是严重的渎职行为。于是朱元璋就责问相关涉事官员，得到的解释是，因为钱粮在运输过程中会有损耗，而户部在审核各地财政报表时又非常严格，一定要精确到小数点后好几位，稍有不合便作废重报。由于那个年代没有电报、电话和网络，一来一回非常麻烦，所以官员们都习惯携带盖有印信的空白书册，等户部核查过详细数额之后，再填报具体数字。

朱元璋一听到这种说辞，顿时就火冒三丈，立刻指示相关部门严查此案。两年前他刚处理了胡惟庸案，手上的血迹还没干透，立刻又有一批携带空印的官员送到眼前，那还有什么客气的？数百涉案官员因此被杀，数万涉案人员因此被流放或判刑。官员的那番说辞，粗听起来似乎很有道理，可实际上，这是地方士绅和官员联手，想方设法地糊弄朱元璋，与中央政府争夺税收的隐秘博弈。

官员们带着盖有印信的空白书册来到京城，你说你是为了防止钱粮因押运受到损耗，可谁知道你不是为了从中贪墨（贪图利益）呢？你如何自证清白？就算你自证清白了，可你敢保证所有官员都不会从中贪墨吗？所以最好的办法就是禁止使用空印，不管你是不是清官，一旦查明使用空印便立刻严惩不贷。如果某位官员敢大声抗议："空印可以大幅度提高我们的工作效率，禁止空印就是浪费我们的生命！"那肯定也要被抓起来的，谁给你的胆量这样无法无天？

无论官员们怎么强调客观困难，都必须承认一点：使用空印本身就是违法行为，因为任何书册都必须先写内容再盖章，这是谁也无法反驳的。至于有人说，只要出现些微差错就要回去重新盖章，这种说辞一望可知是假的。朱元璋并不是含着金钥匙出生的二代，而是白手起家打天下的一代，在一定范围内出现误差是可以理解的，朱元璋甚至还会默认淮泗功臣集团豢养白手套，比如被刘伯温斩首的李彬就是长期为李善长等人捞钱的，朱元璋最初也没怎么管，"水至清则无鱼"的道理他也懂。

我们在生活中总会听到一个词——潜规则。什么是潜规则呢？就是那些端不上台面，但大家都默认的规则。违反潜规则不会受到法律的惩罚，却很容易受到身边人的孤立和排挤，"空印案"其实就是一个经典的潜规则案例。潜规则不好查更不好抓，违法行为之所以会演变成潜规则，主要原因是卷入的人越来越多，大家争相捞好处，受损的是国家，而非某一个具体的人。在这种背景下，潜规则就可以半公开地存在于社会之中。

再看"空印案"，官员们真的侵害了具体某个人的利益吗？好像没有。可这种行为会导致国家利益受损，朱元璋发火也在情理之中。在大多数情况下，领导面对潜规则案件也只能命令相关部门出台一套解决方案，然后呢？就没有然后了。因为有关部门的官员都卷入了相关事件中，你让嫌疑人出台一套嫌疑人管理办法，这和让狼看羊圈有什么区别呢？

"法不责众"是所有领导都要考虑的现实状况。可朱元璋偏偏不信这个邪，在他的人生信条里，就没有"法不责众"这一说。或者说，朱元璋所认为的"众"和我们所理解的"众"不是一个概念。

"空印案"的具体爆发时间有争议，涉案人数同样有争议，但有一点是没争议的，那就是在处理整个"空印案"期间，当初随朱元璋打天下的那批功臣都没有涉案，被杀被流放的大多是元廷投降过来的，以及大明立国以后通过各项机制选拔出来的官员。

正是因为这个原因，使得后世学者在谈及"空印案"时都会抛出一个观点：但凡被"空印案"波及的，都是那些陋俗难改的旧体制官员，以及被他们所影响的部分官员，朱元璋对他们下手，就是为了肃清旧元陋习，还大明一个海晏河清。

可在当时，整个社会的主流论调不是这样的。朱元璋乱刀剁下，大明帝国人头滚滚，相关部门的负责人全部被杀光。很多人不敢当面说，但总会从犄角旮旯传出一些不太好听的言辞：这个皇帝怕是野兽转世吧？太没人性了。翻开史书看看，哪有这样做事的皇帝呢？官员又不是你养的牲畜，哪能成批地杀呢？

之所以会有人持这种观点，完全是因为他们站队站歪了，习惯从官员的角度来看问题。没有哪个官员是省油的灯，他们这样大张旗鼓地玩潜规则，目的就是构建利益共同体，一旦被他们得手，整个大明就要被蛀空。他们的做法，就是把整个大明变成一个人情社会，用各种裙带关系维系感情。长此以往，这个国家还是朱家的天下吗？

严格来说，"空印案"算不上什么大案，但后世史书依然把"空印案"

放在了"洪武四大案"之中，与"胡惟庸案""郭桓案"和"蓝玉案"相提并论，这里面主要有两个原因。一是"空印案"挑战了皇权的威严，惹得朱元璋大发雷霆。这一点比较好理解，像朱元璋这样的强势帝王，根本容不得手下人跟他耍心眼。二是"空印案"定性为冤案，就是要把舆论造起来，必须让后世读者知道，曾几何时，出现了一位屠夫皇帝朱元璋，他狂性大发杀死了千百位为国尽忠的清官和好官。

在"空印案"的审理过程中，有一位名字叫郑士利的小人物高光出镜。他写信给朱元璋，认为官员携带空印是有客观原因的，皇帝的想法不错，但在处理此案时的一些手法恐怕值得商榷。我为什么说郑士利是小人物呢？因为这位老兄并没有干过什么露脸的事，他之所以能被堂而皇之地写进《明史》，完全是沾了"空印案"的光。

通过郑士利这个人，令我想起了东汉末年的司马直，这位老兄同样是个小人物，他也没干过什么露脸的事。司马直之所以能被堂而皇之地写进《后汉书》，完全是因为他写信痛斥汉灵帝卖官。郑士利和司马直有一个共同点，那就是他们的所作所为符合文人士大夫集团的利益，所以后世的文人士大夫在写史书时，自然会破例给出一个优待，把这两个小人物写进史书。

谁会喜欢司马直呢？自然是反对汉灵帝卖官的人，也就是那帮世家大族。汉灵帝卖官并不是为了自己奢侈享受，而是希望能从世家大族手里抠出一笔钱，缓解中央的财政危机。也就是说，汉灵帝的卖官是在选出官员以后逼捐，这自然会惹得既得利益集团不满。谁喜欢郑士利呢？自然是官僚集团，他们努力把"空印案"中受打击的官员洗白，然后再抬出郑士利这么个小人物，用以展示所谓的"民意"。

当然了，我也不是号召大家从朱元璋的角度来看问题，因为朱元璋也不代表百姓的根本利益。他是皇帝，他所思所想的不过是如何将自己的江山从一世二世传到千世万世。我只是强调，"空印案"并不是简单的谁有理谁没理，而是官员和皇权都试图压服对方，从而达到自己的目的。官员们选择以沉默抗争，朱元璋选择大开杀戒，都是出于捍卫自己利益的目的，之所以会出现这样的局面，是因为他们的核心利益点不一致。

比如说，大家都说汉武帝刘彻雄才伟略，打得匈奴远遁漠北，是大有为之君。但对刘彻治下的官员和百姓而言，刘彻是个什么人呢？整天就知道死要钱，打仗打得国内户口减半，世家大族看到刘彻就像老鼠看到猫一样，这种皇帝怎么可能不遭他们的嫉恨呢？

再比如说，大家都说荆州牧刘表是个暗弱无能的家伙，曹操瞧不起他，刘备随时准备干掉他，孙权也对他恨得牙痒。但对荆州百姓和当地的世家大族而言，又有哪个领导能比刘表更完美呢？刘表从不折腾百姓，而且尊重世家大族。刘表主政荆州十八年，大部分地区都能保持和平稳定，简直就是汉末乱世中一道靓丽的风景线。

如果坐在电脑前大发议论，相信大多数人都会喜欢刘彻这种领导；可如果事关自身的利益，相信大多数人都会喜欢刘表这种领导。朱元璋是开国皇帝，他敢下狠手整治所谓的潜规则，但潜规则就是"野火烧不尽，春风吹又生"。所以朱元璋在一顿乱砍乱杀之后，也只能被迫使用潜规则对付潜规则。提着长枪勇敢冲向风车的堂吉诃德，最终还是被迫臣服于现实。

"空印案"之所以被认为是冤案，还在于无人敢揭露内幕。潜规则所代表的利益面太广了，如果有人敢揭发相关内幕，就等于与所有潜规则中的受益者为敌。我们可以模拟这样一个场景：如果官员甲死不招供，就意味着他与无数官员站在一起。在这种背景下，就算皇帝想杀官员甲，他也未必敢动手。如果官员甲运气不好，遇到了朱元璋这种屠夫皇帝，那么官员甲即便被杀，舆论也会站在他这一边，因为大家都会认为官员甲死得冤枉，他的孤儿寡母也会受到社会普遍的同情和帮助。

可如果官员甲为了讨好皇帝，主动或被动揭露相关内幕，那就意味着他站在了官员的对立面。在这种背景下，就算皇帝不杀官员甲，他的日子也不会好过，因为官员甲为了自己活命，居然选择出卖成千上万的同僚。如果同僚们最终有惊无险，那么他们肯定会联合起来收拾官员甲；如果同僚们运气不好都被杀了，官员甲就得仔细算算，自己到底得罪了多少人。这帮官员被杀死了，总会有新的人来顶替，他们看到官员甲这样的"官场败类"时，又会是怎样的态度呢？

正是由于上述原因，使得"空印案"不但没能成为贪污案，反而成了朱元璋滥杀无辜的铁证。但我却依然坚定地认为，"空印案"肯定有疑点。

在"空印案"中，官员们具体搞了什么鬼，我们已经很难还原了，但有一点可以肯定，官员们肯定会借此机会，适当地侵蚀帝国赋税，然后与士绅等基层代表瓜分相关利益。所谓的"中央和地方的官员坐在一起，对着一些空白书册集体做账，只是为了工作方便"，这种话只能用来骗小孩子。大明帝国后来的诸位皇帝，只能被迫看着官员们用精心设计出来的假账管理国家，最后的结果就是，大明帝国的政府资源都被官僚集团和各大利益集团一点一点地蚕食。

36　郭桓案

洪武十八年（1385年），郭桓案爆发。据史书记载，户部侍郎郭桓等人利用职务之便，不仅私吞太平府和镇江府等地的赋税，还私吞浙西的秋粮，贪污的粮食数量超过了两千万石。这个数字相当恐怖，几乎等同于明朝一年田税的八成以上。朱元璋得知这一结果后勃然大怒，立刻命锦衣卫彻查，这一查可了不得，六部的大多数官员都成了郭桓的同党。

从表面上看，这一结果是符合逻辑的，因为郭桓贪污的金额巨大，约为大明一年的总收入。这么大一笔赃款，要说只是以郭桓为首的小集团所为，实在是难以服众。郭桓虽然不是小苍蝇，但也绝不是什么大老虎，他根本不可能有如此惊天手笔。

在我看来，"郭桓案"其实可以算是"空印案"的延续，虽然起因不同，但性质是一样的。朱元璋的眼里揉不得沙子。

在讲到"郭桓案"的涉案金额时，史料给出的数字并不是多少两白银或黄金，而是用粮食来计算的，这就是具有"朱元璋特色的纳税制度"——不需要你交钱，而是直接交粮食。朱元璋之所以要这样做，目的就是为了增加官员的贪污成本。他们不可能把大量的粮食堆积在自己家中，因为他们毕竟不是商人。如果将粮食转换为银两则增加了一步手续，这就会为他们的贪腐行径增加难度，同时也增加了一个可能存在的漏洞，将来政府在侦破相关案件时就会相对容易些。

可最终结果却出乎朱元璋的预料，他道高一尺，官员们还真能魔高一丈。有了如此苛刻的条件，郭桓居然还敢顶风作案。下面的官僚集团已经强大到了什么地步，朱元璋闭着眼睛都能想象得到。他越想越害怕。

郭桓是怎么贪的？是依托于税务系统贪的。税务系统是一个国家的命脉，如果连这一块都没办法保证廉洁，大明真的会有光明未来吗？很多人认为，当贪腐大行其道时，往往是一个王朝没落的标志。实际上，腐败无时无刻都存在，只不过当王朝处于强盛期时，可以把腐败管控在一定范围内，而到了王朝末期，统治者已经无法进行强力管控了。接下来自然就是"墙倒众人推"，大家看你已经无力管控，这个政权也该黄了，于是抓紧时间在改朝换代前捞一票大的。

至于朱元璋，他强力打击贪腐的这种行为，如果事不关己，那么放在明面上讲，大家自然都是拍手称快："那群贪官污吏，就是全部杀光也不会有冤死鬼，万岁爷干得漂亮！"可如果他们在办事的时候想继续插队，却又发现自己认识的"本事人"也因为被朱元璋打击而无法继续帮忙时，自然又会在嘴里唠叨个不停："万岁爷那么大的牌面，干吗老跟我们这些小老百姓过不去呢……"

对于这里面的弯弯绕，换作其他皇二代或皇N代，他们可能不甚了解，但朱元璋则不然，因为老朱就曾是底层民众的一分子，他非常清楚士绅集团和官僚集团是怎么勾结的，也非常清楚要干掉这些既得利益者有多困难。但朱元璋就是这样刚强的汉子，他处理"空印案"时不信邪，准备处理"郭桓案"时同样不会信邪：不就是利益集团吗？来来来，咱们好好过几招！

朱元璋是打天下的一代皇帝，又是从腥风血雨中闯过来的，他只用了一个照面，就把既得利益集团给打趴下了。老朱并没有去追查谁才是真正的罪魁祸首，而是用了最简单粗暴的方法：全部杀光！

在"郭桓案"之前，发生过"胡惟庸案"和"空印案"，大家对朱元璋的嗜杀已经有了大致了解，但此次杀戮却显然有些过火，出乎了所有人的预料。据统计，除了三四万官员被杀，还有许多士绅受到牵连，史书称之为"核赃所寄借遍天下，民中人之家大抵皆破"，也就是说整个大明的中产阶级几乎都因"郭桓案"而家破人亡。

这个结果再次证明了一点：朱元璋大肆杀戮绝不是一时头脑发热，他的目标就是针对士绅集团。在打天下时，士绅集团对朱元璋有大用，因为老朱需要他们来帮忙维持各地区的统治秩序，但此时的大明立足已稳，士绅集团的存在就变成了弊大于利。再加上他们几乎都是元廷的既得利益者，积累的身家也颇为丰富，老朱迫切地需要找一个借口把他们抄家灭门，然后用他们的家产充实国库。

很多人怀疑两千多万石这个数字的真实性，其实大可不必。"郭桓案"的涉案金额到底是多少，那得看朱元璋打算从士绅集团那里抢多少，以及他实际抢到了多少，这肯定是一笔糊涂账，我们永远也算不出具体数字，所以只能以史书给的数字为参考。在办理"郭桓案"时，魏国公徐达恰好在这个时候病逝，于是就有一种观点认为：徐达不是病逝，而是被朱元璋整死的，因为徐达在"郭桓案"中扮演着不光彩的角色。

为了增加可信度，还有人绘声绘色地编了一个故事：徐达年纪大了，背上长了一个毒疮，这个病是不能吃任何发物的，否则会有性命之忧。朱元璋在处理"郭桓案"时，得知了徐达的种种不法行为，当时就想直接把徐达收监，但后来念及多年的交情，于是决定赐一只蒸鹅给徐达，蒸鹅是发物，徐达吃完就死了。

背上长一个毒疮的病叫背疽，这个病的确会致命，像曹休、孟浩然、李克用和宗泽等名人都因此病而亡，可我认为徐达吃蒸鹅病发而亡的记载不可信，他应该是正常病逝。从科学的角度来说，蒸鹅绝没有使背疽恶化的可能，这是通过现代大量临床医学实验得出的结论。如果徐达真是吃了朱元璋赏赐的蒸鹅而亡，那只能说明朱元璋在蒸鹅里下了毒，可如果朱元璋真要下毒，又干吗要弄什么蒸鹅呢？锦衣卫有一万种方法让徐达悄无声息地死去。

从权力博弈的角度来看，徐达被朱元璋整死的可能性更低到几乎不可能发生。"郭桓案"肯定不是凭空出现的，更不可能是某一年突然出现的，它必然有一个长期积累的过程，这个时间少说三五年，多则十数年。郭桓或许是该案件的终点，但却未必是该案件的起点，换言之，这是一个系列案件。

在郭桓之前，便已经有官僚集团联合淮泗功臣集团侵吞国有资产的行径，并借此培养出一个相当规模的复合型利益集团。经过层层传递，郭桓从该利益集团中的一分子，逐渐成长为重要角色，后又在大佬退居二线之后顺利接过权杖，成为该利益集团在江南的台面人物。尽管这个利益集团的内部关系是罗圈套罗圈，但朱元璋玩了个"一力降十会"，不管你多复杂的关系，我直接抬起石头用力往下砸就是了。

也亏得朱元璋是开国皇帝，他有足够的资本玩这种狠招，如果换一个皇帝，恐怕根本不敢考虑这种方法，因为这是标准的没事找事，更是典型的自寻死路啊！除了开国皇帝，其他皇帝并不是"天上地下唯我独尊"的存在，而只是众多利益的交汇点。当国家的大多数利益集团点头认可，这个人能够代表大多数人的利益时，他才能成为皇帝。如果新君不被大多数利益集团认可，他本人却想着强行上位该怎么办呢？大家可以看看那些被废、被杀或突然死亡的皇帝，历史总是似曾相识的。

在朱元璋通过"空印案"收拾官僚集团时，为他打天下的功臣有一个算一个全部安然无恙；在朱元璋通过"郭桓案"收拾士绅集团时，为他打天下的功臣依旧安然无恙。所以朱元璋通过"郭桓案"收拾了徐达，这怎么可能呢？朱元璋在处理这两个案子时，那范围划得清清楚楚、明明白白，怎么可能把徐达卷进来呢？徐达被卷进来了，淮泗功臣集团的那一大票文臣武将为什么全都没事呢？他们就眼睁睁地看着徐达被朱元璋整死？这于情于理都说不通啊。

即使是开国皇帝，在他打天下和坐天下的过程中，同样也需要得到大多数人的认可，他才有可能诸事顺遂，只不过由于他威望太高，所以利益集团的容忍度也相对要高一些，允许他在一定范围内扩大打击面。只有支持他打天下的枪杆子认可，只有这批人代表军队支持他，朱元璋的皇位才能稳如泰山。徐达是枪杆子的代表人物，朱元璋是有多想不开，才会用这种不着调的方法去收拾他呢？

在"蓝玉案"之前，我们根本看不到朱元璋大规模收拾军队将领的记录，更看不到朱元璋处死重要将领的记录，怎么徐达就这么特殊呢？显然不可能。哪怕是朱元璋在处理"胡惟庸案"时，也没有军队重要将领涉案啊。

徐达之死只是朱元璋收拾官僚集团和士绅集团中的一个巧合，老朱此时的攻略重点并不在军队，而是要想办法澄清吏治和充实国库。至于这些人被杀之后由谁来顶替，其实朱元璋心里早就有了预案。

37　数据化的大明

　　"胡惟庸案""空印案"和"郭桓案"相继落幕，朱元璋杀得人头滚滚，张嘴说话都是一股子血腥味儿。按说朝堂上死了这么多官员，民间死了这么多士绅，大明早就该从上到下乱作一团，因为朱元璋的淮泗功臣集团人数不算很多，根本没法依靠他们治理整个国家啊。可实际上，不管朱元璋怎么杀，整个大明依然四平八稳，上层秩序肃然，下层岁月静好，这是怎么回事儿呢？

　　史书没有直接告诉我们朱元璋的后招，但却把相关事件写了出来，只要我们把各事件略微串一下，就能很轻易地发现端倪，进而解出正确答案。

　　1365年，此时明朝还未建立，朱元璋将应天府的儒学改为国子学，算是己方政权内部的最高学府。大明建立之后，朱元璋又迅速补充县学、州学和府学，形成了一套"从中央到地方"的完备教育体系。洪武三年，朱元璋定科举法，规定"中外文臣皆由科举而进，非科举者勿得与官"。洪武十七年（1384年），朱元璋定科举取士制，将原来连续三年举行乡试的制度改为每隔三年举行一次，同时进一步细分科举规则：新的科举制度分乡试、会试和殿试三级进行。

科举制度由隋文帝杨坚开创，但一直以来都是混乱不堪，直到朱元璋时期才算真正规范，成为官员选拔的唯一标准。

洪武三年，朱元璋下令在全国范围内普查人口户数。洪武六年，朱元璋决定移民屯田，从外来人口较多的山西入手，将大批百姓迁移至中原各地，这项政策一直持续实施至永乐十五年（1417年），共四十四年。

洪武十四年，朱元璋行里甲制度，这是明朝的基层组织形式，规定一百十户为一里。同年，朱元璋行黄册制度，以户为单位，将每户的姓名、年龄、籍贯、田宅和资产等数据逐一登记在册，一式四份，逐级上报至县、府、省和户部。

洪武六年，朱元璋颁布《大明律》，号召全国军民依律行事。

洪武八年，刑部主事茹太素给朱元璋写报告，老朱最初耐心听着，后来越听越不耐烦，因为茹太素通篇都是官样文章，具体有什么事始终没说。朱元璋听了半天，总算听到了干货，赶紧叫了暂停，然后让念报告的人查了一下字数，发现已经念了一万六千五百多个字。于是朱元璋命人将茹太素招到大殿里痛打了一顿，打完之后接着念干货。朱元璋发现茹太素写得非常好，每件事都说到了点子上，而且只用五百多字就把事情全部说清楚了。他拍着茹太素的肩膀说："你说的这些事都很对，但你这奏章写得又臭又长，我实在是听不下去。"

洪武九年（1376年），朱元璋修订《大明律》，并特别做出说明："以后的奏报都必须简单直接，别弄那些套话、空话、废话来凑字数。"

洪武二十年，明朝第一版《鱼鳞图册》问世，具体负责人是国子监学生武淳等，这是非常完备的土地登记册。《鱼鳞图册》的问世，意味着明朝对基层的控制力已经达到了空前强大的地步，历朝历代都无法比拟。

我知道列一大堆史料有些无聊，大家先别急，已经列完了，我们现在就开始串。

怎样才能令一个朝代永葆生机？怎样才能令一个国家长治久安？用大道理来说自然是"文官不爱财，武将不怕死""人人平等，安居乐业"，可这只是表象。人性是有弱点的，如果没有足够的威慑力，文官怎么可能不爱财，武将又怎么可能不怕死呢？每个人的出生环境不同，又怎么可能做到人人平等呢？如果解决不了上述三个问题，百姓又怎么可能安居乐业呢？

如何尽最大可能解决这一问题，那就必须依赖科学而系统的统计学了。喜欢玩战略游戏的朋友应该都明白一个道理：当你选定一个开局之后，一定要想好优先发展什么，其次发展什么，随后发展什么，最后发展什么；在发展过程中，你需要优先备齐的资源有哪些；如果某项资源稀缺，你要怎么把它弄到手；如果遇到突发情况，你有没有足够的军队来应对。

如何治理一个国家，其实和如何玩好一款战略游戏的思路差不多。战略游戏的优点是数据透明，你可以一眼看穿目前的缺点和困境；你有明确的发展方向；你手下的人都没有思维能力，鼠标点到哪里，他们就去哪里。战略游戏的缺点是不能过于复杂，否则一个人根本操作不过来。你在这边刚补了军队，那边早就已经断粮了；你在这边努力兴修水利，那边城池内部已经有人起来造反了。

而治理国家的优缺点和战略游戏是相反的：你不用担心操作不过来的问题，因为你可以拥有许多助手分忧，但你要时刻保持警惕，因为这些助手未必会和你齐心协力，他们都有着自己的打算，你没法用鼠标命令他们百分百服从。

治理国家最大的难点还在于数据不透明，如果某地发生了水灾，你根本不知道受灾人群的具体数量，只能听助手的报告；如果某地发生了贪腐，你根本不知道办案人员从中贪墨了多少，只能看看他们的结案陈词。

真正的治国能臣，他们最看重的就是如何令整个国家"数据化"。只有做到这一点，才能最大限度地降低助手们自私自利所带来的影响，才能最大限度地令中央政府看到国家目前所面临的困境和威胁。

朱元璋或许没有玩过战略游戏，但根据前文罗列的那一大串史料，我们完全有理由相信：朱元璋治国的终极目的就是想方设法令整个大明"数据化"。我在前文所罗列的诸多史料并非按年份区分，而是按具体作用来区分，我们可以很好地看清楚朱元璋的出牌思路。

在建立大明之前，朱元璋就已经把建立完整的教育体系当成重要工作，在这里培养出来的人才，基本都是全心全意为国家工作的，毕竟他们都还年轻，没有经历过元廷官场的腐化。随后，朱元璋逐步加强科举的地位，使其成为选拔官员的唯一渠道。也就是说，只要朱元璋能把科举取士的主动权抓在手里，就可以自主选择他认为可用的官员，而不是根据什么地方推荐，勉为其难地用一些不知根底的"野官"。

进行人口普查是为了对国内各行省的基本情况有一个大致的了解。这项工作完成后，才有了轰轰烈烈的"大移民行动"，避免人口集中在某地而引发内卷，同时让人口缺失的行省能够焕发新生。

当上述两步走完之后，里甲制度便有了存在的基础：大多数行省的人口规模都差不多，人员构成也差不多，为了防止以后发生变化，不如把职业给定下来。父亲是木匠，儿子、孙子、重孙都必须是木匠，就好像战略游戏当中那样，左上角坦克营里造出来的都是坦克，右上角兵工厂里造出来的都是枪械弹药，方便记忆和分类。

现实生活中有"传承"一说，父、子、孙三代都是木匠，那手艺肯定是有保障的，就好像书香世家的孩子平均成绩肯定高于工人阶层的孩子，因为人家祖辈和父辈都是饱学鸿儒，这就叫"传承"。

当一切各就各位时，我们应该如何治理国家呢？自然不能听各家族族长的话，而是要听国家的话，所以《大明律》横空出世。惩罚茹太素这件事其实应该和科举联系在一起，这就是在告诫大家：我们国家不需要只会写官样文章的所谓"文人"，而是要能够干实事的专业人才。

上述几项都不是独立存在的，比如《大明律》和里甲制度同样有互相印证的功效，人口普查对科举取士定名额也有参考作用。

完成上述工作之后，整个大明的基层几乎都被朱元璋握在掌中，于是在洪武二十年，朱元璋开始命人编纂《鱼鳞图册》。这就好像你在某个随机地图与人交战时，只有自己的占领区会在地图上显示，其他地区都是黑漆漆的一片。《鱼鳞图册》的意义就是把整个地图全部打开，让你可以轻易地看见敌人正在做什么，整个地图对你而言已经没有秘密了。

按说这种把地图点亮的工作应该交给最重要的得力助手来完成，但朱元璋选派的却是自己培养的国子监学生。由天子门生为大明制作地图，想想就很刺激啊。可问题在于，他们有能力把这件事办好吗？

对于这一点，我们来看一份明朝户籍档案就能明白。嘉兴府嘉兴县零宿乡有一个名叫林荣一的人，他被编为二十三都宿字圩民户，一家五口人，二男三女，分别是：林荣一，男，三十九岁；阿寿，男，五岁；章一娘，女，四十岁；阿换，女，十二岁；阿周，女，八岁。

在这个家庭中，林荣一是男主人，章一娘是女主人，三个孩子分别是阿换、阿周和阿寿。此外，林荣一家的固定资产有屋一间一披，还有田地六亩三分五毫。林荣一只是一个普通农民，在这份户籍档案中，我们可以很清楚地获取他的家庭详细信息。明朝其他农民的家庭背景，乃至其他职业的家庭背景，应该也差不多是这样。

这就是朱元璋前期做出许多布置所获得的回报。当他把一切准备工作全部完成以后，接手办事的人用不着有多强的能力，只要有责任心就足够了。只有高明的战略家才会像朱元璋这样做事，就好像《孙子兵法》所说的那样：胜兵先胜而后求战，败兵先战而后求胜。胜利者往往在战争开始之前就已经具备了必胜的条件，战争过程只是走流程而已；失败者往往是先想办法在战争中获胜，然后再从胜利的战争中获得想要的一切。

朱元璋把大战略制定出来之后，他就已经做好了心理准备。哪怕事出反复，哪怕蜿蜒前行，都是可以接受的，因为自己的战略正确，结果必然是好的。

自洪武三年定科举法之后，又因故暂停了十年科举，直到洪武十三年胡惟庸倒下，朱元璋才重开科举。这是极大的挫折，但朱元璋宁可自打耳光，也不愿意让自己辛苦浇灌的幼苗受到外界污染。

朱元璋为什么能够容忍旧元官吏？因为在大明建立初期，人手极度缺乏，不用他们就无人可用。别说远在天边的边疆之地，就是近在眼前的江南水乡，朱元璋也管不好。

早在洪武元年，朱元璋就命令苏州和常州丈量土地，汇集成册上交中央政府，可这两个地区就是一再地阳奉阴违，不是这里出问题就是那里不对劲，反正相关资料始终交不上来。朱元璋有好几次气得在后宫砸东西，却也无可奈何。直到洪武二十年，朱元璋决定派人编纂《鱼鳞图册》时，这两个地区才算勉为其难地把相关资料上交。

区区一份土地资料，二十年之后才上交，这事还发生在所谓的"杀人皇帝"朱元璋时代，有没有颠覆大家的认知呢？底下人都敢这样糊弄他，看来朱元璋也不是那么可怕。

在前文引用的那份户籍中，我们看到了林荣一全家的详尽资料，可这样一份资料并不是一次性制作完成的。朱元璋在洪武三年搞人口普查时并没有丈量土地，因为这里面的利益牵涉极深，朱元璋没把握全身而退，所以就出现了"只查人口，不查财物"的奇景。

一桩桩、一件件都是朱元璋在实现战略规划过程中所遇到的难题，但老朱全都一一挺了过来。应该说大明建立之后的朱元璋就像弹簧一样，越是被压制，他的反弹力度就越大。

"空印案"于洪武十五年爆发，朱元璋于洪武十六年派遣第一批国子监学生进六部历练；"郭桓案"于洪武十八年爆发，朱元璋于洪武十九年（1386年）派遣近千名国子监学生至各地担任知州知县。

洪武二十三年（1390年），朱元璋旧事重提，追查胡惟庸案余党，开国第一功臣李善长等三万多人被杀；洪武二十四年，八百余国子监学生摇身一变成为御史。朱元璋打定的主意就是"一个萝卜一个坑"："空印案"朕只查旧元官僚，然后派人进六部顶替他们；"郭桓案"朕只查士绅，然后派人至地方顶替他们；翻"胡惟庸案"旧账是为了根除淮泗功臣集团中的大部分文职官员，然后重新选派御史监察官员，成为朕的全新臂助。

大家也不要觉得顶替前任的国子监学生少，比如说李善长等三万多人被杀，那可是拖家带口的三万多人，八百余国子监学生如果全部成家立室，他们的三族加起来，人数也不会少。

后世都说，明、清两代是封建王朝的巅峰，之所以会是巅峰，根源就在于朱元璋的这一通"数据化"操作，后世各位皇帝有样学样，上至文武百官，下至黎民百姓，全都被一套详细而完整的行政措施管得死死的。这到底是对还是错，到今天都没个定论呢。

38　如此翁婿太搞笑

朱元璋虽然没有玩过战略游戏，但他多线操作的本事还是挺不错的。他一方面处理国内政务和官员问题；另一方面紧盯死敌北元，总想着找机会"毕其功于一役"。

经过四次北伐之后，北元对大明的重视程度逐级上升，知道这是一个非常强大的对手，想要通过正面交锋的方式击溃甚至歼灭对方，实在是有些不现实。想当初王保保和贺宗哲联手伏击徐达，最终只得到了一个两败俱伤的结果，可见北元较之大元帝国，已经衰弱了太多。

·元昭宗爱猷识理达腊已经于洪武十一年病逝，继位者是他的次子（蒙古史料记载为弟弟，存疑）天元帝脱古思帖木儿。他认为大明过于强大，自己不能再像上一任皇帝那样硬碰硬；认为大蒙古国本就是游牧起家，现在是时候干回老本行了。

就这样，曾经喜欢硬碰硬的北元开始转型，取而代之的是机动力极强的游牧政权。

面对死对头的转型，朱元璋觉得很头痛。如果能抓住对方，那么战而胜之是没有问题的。可目前最大的难题是，到底该怎么抓住对方呢？

洪武十七年，凉州卫指挥宋晟有过一次奉命北伐讨元的军事行动，取得了大胜，俘虏元军近两万人，这也是朱元璋时代的第五次北伐。从实际效果来看，此次北伐并没有太大的意义，因为在此之后的三年时间里，北元仍在继续派遣高机动性的骑兵骚扰大明边疆，而且打一枪换一个地方，比以前更为机警了。

洪武二十年，朱元璋在这一年做了两件大事，一件是我们前文所说的编纂《鱼鳞图册》；另一件就是筹划第六次北伐，因为大明辽东地区有强敌窥伺，朱元璋决定彻底解决这一问题。

《鱼鳞图册》的编纂工作进行得有条不紊，因为朱元璋已经把准备工作做得十足，只差临门一脚了。可第六次北伐却有很多问题需要思考，首要的是，该派谁挂帅呢？

这个问题不难解决，在开国六公爵中，除了文官李善长，武将徐达、常遇春、李文忠和邓愈都已经故去，能用的也只剩冯胜了，此时的老冯虽已年过六旬，但依然老而弥坚，值得信赖。

在为冯胜选副将时，朱元璋打算给年轻人更多的机会。他遍观朝野，实在没发现几个有潜力的年轻将才，数来数去就两人，一个蓝玉，一个沐英。现在沐英正在云南戍边，蓝玉倒是已经历练出来了，但他性格孤傲，和谁都处不好关系，所以朱元璋并不喜欢他。

正当朱元璋犹豫不决时，太子朱标出面替蓝玉说好话，他认为蓝玉在小节方面的确有些问题，但大节无亏，对国家、对陛下都十分忠诚，可以信赖。蓝玉是朱标太子妃的舅舅，朱标替他说话也无可厚非，而朱标的性格仁慈宽厚，朱元璋也不担心他会勾结蓝玉等外将行逼宫之事，于是也暂时放下了对蓝玉的偏见，任命他为右副将军。为了保证大军统帅之间不起内讧，朱元璋特意将常驻西南的傅友德召回南京，并任命他为左副将军。

"傅友德和冯胜年纪相仿，蓝玉则要小一些，如果他们三人发生争执，傅友德和冯胜以大局为重，应该不至于和蓝玉争吵。再加上冯胜是蓝玉的顶头上司，傅友德曾做过蓝玉的顶头上司，想必也压得住这头倔驴。"朱元璋心中的如意算盘打得啪啪响。

选定出征将领之后，下一步就要探讨这一仗该怎么打。此时盘踞在东北地区的是北元太尉纳哈出，他不仅是成吉思汗爱将木华黎的后裔，更是朱元璋的老熟人。早在1355年，朱元璋攻打太平城时，和陈野先一起守城的就是他。太平城破之后，陈野先选择投降朱元璋，而纳哈出却拒绝投降。当时的朱元璋初到江南，纳哈出又是木华黎的子孙，老朱害怕杀了这个人会惹麻烦，于是就把他给放了。

回到北方之后，纳哈出带兵围剿各路义军。元廷灭亡后，元顺帝逃亡上都，纳哈出却带领部分兵将来到金山（今吉林双辽）一带，后又将势力范围扩大到庆州（今内蒙古自治区巴林左旗）一带，操演兵马继续与大明为敌。在这近二十年的时间里，纳哈出亲自练出了一支十来万人的军队，其战斗力不可小觑。

在此期间，朱元璋一直派人给纳哈出送信，大谈双方曾经的交情："总而言之，我当初放你一马，只因为你是个顶天立地的好汉，没有别的意思。如今我们有二三十年没见了，你身体还好吗？辽东那地方太冷，有空就来南京看我吧，我请你吃鸭血粉丝汤。"

纳哈出接到朱元璋的信后，其实也一直在犹豫，倒不是因为他怕冷，更不是因为他喜欢吃鸭血粉丝汤，而是因为他觉得继续跟着北元混，似乎有点看不到前途。说起来，纳哈出是木华黎的子孙，木华黎又是蒙古至尊成吉思汗的爱将，好像很了不起的样子。可现实情况是，此时的北元完全是黄金家族的一言堂，纳哈出看起来很受重视，其实也就是黄金家族的高级奴才之一，没有太显赫的地位。只不过此时的纳哈出手上握有一支强军，黄金家族不愿意得罪他而已。

对于北元内部的各种情况，朱元璋并不十分了解，但也猜了个八九不离十，于是他继续给纳哈出写信，说两汉之交的窦融向光武帝刘秀进献河西之地，刘秀非常开心，给了他规格极高的待遇；如果你现在把辽东地区进献给我，就是在向窦融致敬，我也会学习光武帝那样，给你规格极高的待遇。相信我，毕竟我曾经放过你一马，勉强也算你的救命恩人吧？

信是一封接一封地送往辽东地区，纳哈出收信很勤快，却始终不给朱元璋回信，因为他始终在犹豫，但就是无法下定决心，这才是朱元璋打算武力解决辽东问题的根本原因。朱元璋认为，纳哈出还是可以争取的，他并不是黄金家族的人，不会像云南梁王那样死忠于北元，只要能持续给他施加压力，同时不断释放善意，就有可能令其投降。

朱元璋的论断得到了冯胜的认同。当初打太平时冯胜也在军中，他与纳哈出有过接触，知道这个人有些本事，做事却喜欢瞻前顾后，必须逼一逼他，否则他肯定会一直保持观望的状态。

洪武二十年二月，冯胜率军抵达通州（今北京通州）；三月，北伐大军抵达松亭关（今河北宽城县西南）。按照正常逻辑，冯胜必然是一路向北，最终抵达辽东地区与纳哈出对峙，可冯胜却命令大军原地驻扎休整，然后带着人大搞城防建设。在两个多月的时间里，连续修建了大宁（今内蒙古自治区宁城）、宽河（今河北宽城满族自治县）、会州（今河北平泉市南）和富峪（今河北平泉市北）四座城池。

冯胜这是什么意思呢？那就是告诉纳哈出：我们这次北伐是动真格的，不把你灭了就不走了，哪怕我这次被你击败，还会有源源不断的北伐大军前来剿灭你，看到我修的这些城了吗？将来这就是大军休整的地方，我们会用实际行动加强对辽东的控制。

果不其然，冯胜的稳扎稳打给了纳哈出很大的心理压力，他决定放弃金山，将主力后撤至新泰（今吉林松原），希望借助天气和地理优势来拖延时间，等天冷之后明军自然会撤军。

当冯胜得知纳哈出将主力后撤的消息后，立刻命蓝玉率军突袭金山。纳哈出刚到新泰没多久就得到了金山失守的消息，他当时就傻眼了，知道自己上了冯胜的当。但现在说什么也晚了，明军肯定已经准备在金山稍做休整继续追来，不会给自己拖到冬天的机会，现在最应该做的就是抛弃幻想，考虑如何退敌。

冯胜的行军速度远比纳哈出预估的更快。他刚在新泰摆好阵势，冯胜就率军赶到了，双方在松花河附近对垒，一场大战眼看就要打响。就在此时，一个名叫乃剌吾的人从冯胜阵中走出，指名道姓地请纳哈出前来答话。

乃剌吾曾是纳哈出的部将，后来投降了大明。朱元璋特意将他安排在此次北伐的行伍之中，就是希望他能用套交情的方式劝说纳哈出投降，不要负隅顽抗。

纳哈出始终坚持不投降，除了本就优柔寡断，还有他比较在意脸面的缘故。他觉得待遇都没谈妥，朱元璋写几封信自己就投降，那显得太没面子了。乃剌吾得到朱元璋的授权，就在阵前与纳哈出交谈。双方就投降后的工作安排和待遇问题进行沟通与磋商，算是初步达成了协议。纳哈出回营准备了一番，这次他是真打算投降大明了。可等到北伐众将回到大明之后，等来的却不是丰厚赏赐，而是朱元璋的雷霆之威：先是蓝玉的副将常茂被关押，后是统帅冯胜的大将军印被夺，并被赶往凤阳监视居住。

这到底是怎么回事呢？史书给了我们一个答案，或者说给我们讲了一个故事。据说纳哈出先是派使者前往明军大营向蓝玉请降，在蓝玉点头同意之后，纳哈出带着数百骑兵前往明营办理投降交接事宜。一切手续办完后，纳哈出向蓝玉敬酒，以示臣服，而蓝玉见纳哈出身上的衣服破旧，于是便将自己的外衣脱下递给纳哈出，希望他穿上。纳哈出表示不想穿，蓝玉说你不穿我就不喝你敬的酒，就这样双方谁也不让步，最后纳哈出生气了，将酒泼到地上，那意思是说你爱喝不喝，我还不敬了呢！然后用蒙古语对身边的骑兵随从说，咱回去吧！

常茂是蓝玉的好哥们儿，他懂蒙古语，听纳哈出说要回去，以为他是反悔不想投降了，于是常茂生气了，心说我哥们儿看你衣服破旧，好意把自己的外衣给你穿，你不领情不说，居然还把酒泼到地上，现在又要反悔，哪有这种事？于是他没向蓝玉请示，直接就抽刀朝纳哈出砍了过去，纳哈出先是被砍伤，后又被蓝玉手下的都督耿忠捉拿，送往冯胜处发落，那数百骑兵逃回元军大营，将纳哈出被砍伤的消息传达给了纳哈出的老婆孩子，他们全部大惊失色，于是四散而逃。

冯胜都不知道是怎么回事，于是对纳哈出好言安抚，又命跟随纳哈出一起投降的元将观童出面，把溃逃的元军重新聚拢，约有二十多万人，牛羊等各类牲畜更是数不胜数。冯胜见纳哈出已降，于是也决定撤军。可由于元军人数太多，还有部分逃兵没有追回，于是冯胜命都督濮英率三千骑兵殿后，没想到濮英被逃兵打得全军覆没。

回到南京后，冯胜作为大军主帅，自然要向朱元璋报告此次北伐的详细经过，他同时也把常茂挥刀砍伤纳哈出，以至于受降阶段横生波折，都督濮英及三千骑兵因此被杀的消息报告给了朱元璋。本来都已经招降成功，却因为常茂的一刀导致局面失控，进而损失了一位都督和三千骑兵，朱元璋自然非常不高兴。他立刻派人把常茂锁了起来，准备定罪。常茂立刻大喊冤枉，表示这都怪冯胜，是他没能安抚好纳哈出及降军，才导致了这一悲剧事件的发生，同时还举报了冯胜的种种不法行为。"探明真相"的朱元璋决定收回冯胜的大将军印，并停发此次北伐大军的一切赏赐。

这个故事说得绘声绘色，但可惜不是事实，只不过是因为蓝玉在数年后被朱元璋诛杀，所以有人编出这么一个故事朝蓝玉身上泼脏水而已。请大家不要忘记，此次北伐的大军主帅是冯胜，纳哈出凭什么向蓝玉请降呢？冯胜与纳哈出有交情，双方洽谈投降事宜最合适。在整个投降过程中，左副将军傅友德都没有出镜，右副将军蓝玉是怎么插进来的？更重要的是，如果蓝玉真是导致纳哈出受伤的罪魁祸首，那么冯胜也好，常茂也罢，为什么只字不提蓝玉在这件事当中的过错呢？

结合北伐大军回南京之后的种种离奇事件来看，在纳哈出投降时，真正捅娄子的人应该是常茂和冯胜。据《明史纪事本末》记载，常遇春还活着时，就与冯胜有过儿女婚约，常遇春临终时把常茂托付给冯胜，请他以老丈人的身份替自己管教儿子。冯胜管得怎么样呢？估计不怎么样，都说"丈人看女婿，越看越有气"，常茂的军事水平比他爹常遇春差远了，老冯估计是有些瞧不上他，所以总会习惯性地加以训斥。在此次北伐的过程中，冯胜也经常当众拿常茂开涮，搞得小常很不开心也很没面子。但冯胜既是他的岳父，又是他的顶头上司，再不开心也得忍着，所以常胜心里憋着一股劲，想向冯胜证明自己的能力。

当纳哈出前往明军大营走投降流程时，常茂手下有一个姓赵的指挥使声称自己懂蒙古语，他刚才听见纳哈出对旁边的骑兵亲随说："大家要仔细观察，如果有什么不对，咱们就立刻回去。"常茂一听，这还得了，纳哈出这个老梆子摆明了是诈降啊，于是他二话不说就抽刀砍了过去。也亏得纳哈出常年锻炼身手敏捷，躲过了这必杀的一刀，只是被砍伤手臂，随后的情节倒是和上文那个故事差不多。

回到南京之后，朱元璋开始详细询问此次北伐经过，这时就看冯胜的发挥了。如果老冯查明了事情经过，自然会得出一个结论：常茂只是被那个姓赵的指挥使给骗了，他挥刀完全是为了捍卫大明，想为国除掉一个诈降的敌人，虽然结果不好，但动机没问题。可冯胜一向瞧不起自己这个女婿，觉得他成事不足败事有余，这次挥刀砍伤纳哈出的胡乱操作就是明证，于是他也没做什么调查，直接告诉朱元璋常茂不尊军令，险些破坏了招降纳哈出的大计，是自己力挽狂澜，才算勉强度过此次危机，可都督濮英及三千骑兵却因此而亡，可怜可叹啊！

冯胜是北伐主帅，又是常茂的岳父，他说的话朱元璋还是很相信的，于是也没给常茂申辩的机会，直接把他抓了起来。当常茂看到锦衣卫拿着锁链冲进自己家里时，那心情肯定是格外悲愤，也充满了对冯胜的怨恨："我知道你不喜欢我，可我好歹是你女婿，你连替我说句话的意思都没有，居然直接让陛下冲进我家里来抓我，咱俩上辈子什么仇什么怨啊？"

冯胜和常茂这对翁婿的关系如此紧张，常茂和冯胜女儿的感情估计也不会好，这一连串因素同时作用，使得常茂当场爆发："我要见陛下，我要实名举报冯胜那个家伙！"常茂虽然没什么本事，但他爹常遇春可是有大功于明朝，得知常茂要诉冤，朱元璋也不好说不见，于是就给了他一次申辩的机会。常茂见到朱元璋后，立刻把常遇春临终前托孤和冯胜多年来对自己的刻薄、冷遇尽数发泄了一通；又揭露了冯胜的许多违法行为，什么藏匿良马、贪污财货等；还说正是因为冯胜抢了元军某位中层军官的女儿，人家一看大明的将军就是这副德行，这个朝廷肯定也好不到哪去，所以降而复叛杀死了濮英及三千骑兵。

这个黑料过于劲爆，于是朱元璋立刻命人把冯胜叫了过来，然后让冯、常二人当庭对质，自己则抱着个西瓜在一旁边吃边听。面对常茂的指控，冯胜自然是一力否认，同时认为常茂狼子野心，早就嫌弃自己的女儿，只是迫于自己受陛下重视，所以不敢始乱终弃，于是说："狼崽子现在跑到陛下面前告黑状，就是希望把我整倒之后休了我女儿，其人可厌，其心当诛！"

常茂则一再强调冯胜瞧不起自己，总是呼朋唤友围观自己的笑话，也从没想着好好教导自己，于是说："我爹常遇春死的时候我才十三岁，正是需要接受教育的年龄，你这老家伙从来都不管我。我自己好不容易混出了点名堂，你非但不鼓励，还总是挑刺，有你这样当老丈人的吗？你做下那些违法乱纪的勾当，怎么还不让人说了？"

两人吵了半天，也没分出个胜负，吃完瓜的朱元璋走过来下了判决："各打五十大板。常茂送往龙州监视居住，冯胜送往凤阳监视居住，谁要是再敢搞出什么幺蛾子，定斩不饶！"

事件的真相大致就是如此，里面有蓝玉什么事吗？没有。

常茂被判监视居住，对大明军界没什么影响，因为他的公爵是承袭父亲的爵位而得；可冯胜被判监视居住，对军界的影响就很大了。此次北伐只是接受了纳哈出的投降，对黄金家族所统治的北元并未造成实质性损害，略做休整之后，朱元璋必然还会再度发动北伐。除李善长外，冯胜是硕果仅存的开国公爵，从今往后他不可能再获得领军出征的机会了，那么谁会是下一位大将军呢？

单论资历，继任者应该是汤和，这位老兄比朱元璋参加义军的时间都早，资历杠杠的。但汤和更擅长防守，第一次北伐时被王保保打得灰头土脸，此后就再也没有单独领军出征的机会，再加上这时已经是洪武二十年，倭寇日益猖獗，汤和正在东部沿海地区发挥他善于防守的本事抵挡倭寇呢。

单论能力，继任者应该是傅友德。他被朱元璋称赞为"将功第一"，又在第二次北伐过程中七战七捷，和徐达、李文忠形成鲜明对比，能力毋庸置疑。可傅友德是天完政权的降将，朱元璋绝不会把包含部分亲军卫在内的精锐北伐军交给他。能带着三十万杂牌攻下大西南，就已经是傅友德所能获取的权力极限了，北伐大权想也别想。

在汤和、傅友德之外，还有唐胜宗、周德兴、耿炳文、郭英和王弼等一批宿将，但这些人不是垂垂老矣，就是有要职在身，都不适合接过北伐大旗。众议纷纷之时，朱元璋却早有安排。就在第六次北伐大军班师的同年九月，朱元璋任命蓝玉为征虏大将军，唐胜宗和郭英一左一右从旁协助，率军十五万，再次出兵征讨北元。这也从侧面证明了一点：在纳哈出投降风波中，没蓝玉什么事。如果蓝玉真是这场风波的导火索，朱元璋又怎么会对他委以重任呢？如果各位是公司老板，会放心地把大笔资金或重要任务交给这样一个性格有明显缺陷的属下吗？答案应该是否定的。

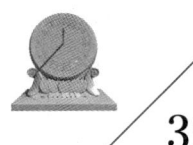

39 捕鱼儿海的豪赌

洪武二十年九月，朱元璋任命蓝玉为征虏大将军，开启新一轮的北伐，蓝玉于同月抵达大宁（冯胜修的新城）。洪武二十一年三月，蓝玉率军抵达庆州（今甘肃庆阳），这也是纳哈出经营多年的根据地，现在已经成为明朝北伐大军的补给点之一。

看到这个时间线，相信会有人感到奇怪：从北平到大宁，蓝玉只用了不到一个月的时间，可从大宁到庆州，蓝玉怎么走了半年呢？历次北伐顶多一两个月就能进入蒙古地界啊。朱元璋也百思不得其解。锦衣卫回报：这主要是因为蓝玉第一次作为统帅带兵出征，而且是十五万精锐，所以他较为谨慎。到了大宁之后，他先是检查了新城的情况，又在当地整军演武，并没有急于出兵，这与他过去勇往直前的作战风格截然不同。

身在南京的朱元璋接到奏报之后想了想，还是决定不干涉蓝玉的行为，既然已经决定放权，那么在蓝玉没有遇到重大挫折时，朱元璋并不打算管。先让新统帅适应一段时间吧。

事实上，朱元璋这一次不干涉就对了，因为蓝玉根本不是谨慎，而是准备玩一把大的。蓝玉和朱文正、常茂等人的脾性差不多，天生就不知"拘谨"二字怎么写，他之所以能耐心地待在大宁，整天除了练兵就是修城防，主要是为了麻痹北元。他这招是跟战国名将王翦学的。当初秦王嬴政打算灭楚，结果派出去的李信被楚国名将项燕打得大败而归，老将王翦顶班上阵。可王翦到了前线之后，整天不是练兵就是扎寨，显得毫无进取心，项燕被迷惑，于是逐步抽调兵力向东转移，而王翦却趁势突袭，全灭了项燕带领的楚国精锐，进而一举灭掉了楚国。

此时的蓝玉就像老将王翦那样，在等待着北元自己犯错，他知道自己的等待肯定会有好结果。双方僵持的时候，最先忍耐不住的一定是北元。这倒不是蓝玉认为自己一定比对方强，而是因为自己背靠强大的明王朝，有足够的资格与北元拼消耗，只要把北元耗到油尽灯枯，自己就有胜算了。

在中原地区进行战争时，交战双方往往会遵守一个规则，即春秋两季不出兵，因为春天要耕种，秋天要收获，如果这两个季节妄动兵戈，很可能会导致两败俱伤：己方打乱了对方的播种和收获，对方将来也用这种方法报复，什么时候是个头呢？所以进行战争的时间往往是夏季，或者秋收结束之后，而北方在冬天交战的场面也较为少见，因为北方的冬天太冷，无论是步兵还是骑兵都无法发挥出全部实力。当然了，这些规则都只是针对局部战争，如果是大型会战，就没有这么多的讲究了。

可草原游牧文明与中原农耕文明完全不同，他们不种粮食，自然也没有秋收，中原大战的这套规则对他们无效。对草原游牧民族而言，最好的季节是六到八月，那是水草丰美的夏秋时节，而到了九月份，草原就开始下雪了。那么问题来了：中原北伐大军想要与草原游牧民族交战，是不是必须等到夏季才行呢？毕竟可以破坏对方的牧场啊。

答案是否定的。任何人站在草原举目四望，都会有一种"人类真渺小"的感觉，因为草原的面积实在太大了。虽说草原游牧民族"逐水草而居"，但水草也不是连成片的，牧民们放牧的地区也很分散，可能在方圆几十里的范围内都看不到几个人。在这种背景下，就是想找到草原游牧民族的军事主力都很费劲，还谈什么决战呢？

打仗是要考虑成本的，如果每次北伐都只是带着十几万人到草原上耀武扬威地搞武装游行，然后像打兔子一样消灭几十几百个，甚至上千个敌军，那都是血亏的行为。这样的"败家子"，北伐只要来上几趟，国家就该破产了。

想当初汉武帝打匈奴，打得西汉王朝全国户籍减半，那可是经历过文、景两代明君积累，国力正处于巅峰的西汉王朝啊，这样都经不起汉武帝折腾。所以历代统治者在决定北伐时，都会选择游牧民族不得不聚集在一起生活的时候，也就是冬春风雪季。

蓝玉一直在等，哪怕北元正处于风雪季，正是进军的好时机，他也按兵不动。时间来到次年三月，当天元帝发现蓝玉还在大宁时，他们放心了。以往几次北伐，明军大多选择三月出兵，那时的明军离草原很近，基本上只要一个月的时间就能进入草原。而蓝玉目前还在大宁，距离草原还有不小的距离，等他率军赶到草原时，恐怕已经是五月份的事了，那时草原正是春夏之交，北元只需将主力分散开，就足以令蓝玉无功而返。

正是由于这个原因，天元帝基本确定蓝玉不是来打仗的，否则他会在二月出兵，现在都三月了，他不可能继续出兵了，今年上半年肯定无战事。天元帝的这种想法完全在蓝玉的预料之中，他在大宁待了半年，主要就是给士兵养身体，因为蓝玉决定用急行军的方式突袭北元。

带领十五万人急行军突袭，这在中外冷兵器战争史上都是罕见的，在蓝玉之前甚至都找不出什么像样的成功案例，但蓝玉就是敢赌。他手下的这支北伐精锐里有大量的亲军卫，而这帮人被他用大鱼大肉养了半年，此时不用更待何时？

就这样，在洪武二十一年三月上旬的一天，蓝玉带着十五万大军出发了，并在数天之后抵达庆州。此时蓝玉的"突袭计划"已经成功了一半，因为他的确带领十五万大军完成了急行军，亲军卫确实给力，但这计划目前已经进行不下去了，因为天元帝接到了蓝玉出兵的消息。

按说被天元帝得知了大军动向，蓝玉就已经失败了，事实上并没有，蓝玉的突袭还是取得了一定的成果。如果天元帝能够早些发觉蓝玉的动向，他就有足够的时间从容布局，可直到明军已经来到了庆州，天元帝才如梦方醒，再想布个完美的口袋阵收拾蓝玉，已经有些来不及了。

现在这个局面，不光蓝玉难受，天元帝也难受。蓝玉难受的点在于：北元已经有所警觉，自己的计划还要不要继续进行呢？天元帝难受的点在于：现在想把军队散出去已经有点晚了，如果明军继续前进，我要不要组织兵力跟他来一场决战呢？

如果我们抛开国力的差距，单看身处战场上的双方，就能发现，如果能够顺利扰乱对方的军心，然后持续施加压力，对方很可能就会心理崩溃，甚至出现炸营的现象，那这场战争立刻就不战而胜了。

蓝玉和天元帝现在都知道对方的情况，蓝玉大，天元帝小。可双方都不知道对方的底牌，天元帝担心蓝玉会不管不顾地冲进草原，那时自己不决战也不行了；蓝玉也担心天元帝是不是早就知道了自己的突袭计划，直到现在才装出惊慌失措的样子，然后把自己骗进口袋里打闷棍呢。

双方虽然都在犹豫，但手里的动作一点也没有停下来。天元帝当机立断将军事主力带到捕鱼儿海（贝尔湖）集结待命。此时敌强我弱，如果蓝玉继续进军，那就只能硬着头皮打一仗了。如果蓝玉不敢进军，那自己就趁势开溜。蓝玉继续急行军，不管怎么样我先冲进草原再说。然而，当明军即将冲到目的地时，蓝玉不敢动了。

据可靠消息，北元主力就在捕鱼儿海，如果趁对方没有防备，蓝玉率军冲过去，肯定能把对面杀个片甲不留。但现在的问题是：对面已经知道了自己这支军队的存在。在知情的情况下，元军却依然待在捕鱼儿海，听说还集结了不少军队，摆明了是想要跟自己决战。他们有这种实力吗？显然是没有的。可没有实力还敢决战，说这里面没鬼，谁信呢？

蓝玉下意识地抬头望了望天，素未谋面的天元帝似乎投影到了自己的面前，只见他拿起一摞筹码摔在牌桌中间，大喊一声："暗牌押注，不开牌！"天元帝如此行为，更令蓝玉感到为难。大明数次北伐都没有败过，哪怕是众人认为非常失败的第二次北伐，也在战损上维持了平局。这是自己第一次带队出征，手下众将士长途跋涉也疲劳了，如果莫名其妙地钻进口袋阵，那么等待自己的必然是惨败。可如果元军只是花架子，跟自己玩一套"拍打桌子吓唬猫"的把戏怎么办呢？自己刚下令就地休整，元军立刻趁着自己松懈的功夫逃之夭夭，那么这次北伐就成了笑话，大家都会被我这套"休整半年，突袭失败"的操作给惊呆。

蓝玉开始不停地挠头，这赌注太大，他有点不敢跟，却也不甘心放弃，咋办呢？

大家别笑话蓝玉，如果你身处他那个位置，恐怕也会和他一样挠头。身负十几万将士的身家性命，不得不谨慎啊。朱元璋也曾数次面临类似的局面，但总会有聪明人来开解他，只要有人能为朱元璋点破窗户纸，他自然就能下决断。蓝玉也是个聪明人，但他现在已经走进了死胡同，天元帝这套"大智若愚"的玩法把他给整蒙了，此时需要一个人在旁边喊一嗓子，将他从蒙的状态中唤醒。

果然，这个人适时地出现了，他的名字叫王弼。王弼也是淮泗功臣集团的一分子，渡江前他就跟随朱元璋打天下，蓝玉这人虽然混了点，但对老将军从来都是礼敬有加。此次北伐有好几位老将军在蓝玉手下听令，双方相处得也都还行。现在蓝玉遇到了困难，王弼就想着来帮忙出个主意。

蓝玉见到王弼后，自然也是大吐苦水，其实蓝玉的这些话说不说都无所谓，因为这些困境王弼都看在眼里。但王弼并未打断蓝玉的倾诉，只是在一旁静静地听着。好不容易等蓝玉说完了，王弼才缓缓地开口说话，他问了蓝玉一个问题："大将军，如果此次北伐惨败，你认为自己的下场会很惨吗？"

蓝玉听完了以后半天没回过神来，定定地想了老半天，然后用一种不太确定的语气说："应该不会很惨，陛下会因贪污渎职而大开杀戒，但作战失败的人好像没听说有被杀的，顶多也就是降职处罚。"王弼点了点头，又问了另外一个问题："大将军，你明知敌人就在前方，却始终不敢向前，如果让陛下知道你如此胆怯，他以后还会用你吗？"

蓝玉这回没犹豫，很肯定地回答道："那必然没戏，如果不战而退，我这辈子就只能做个富贵闲人了。"王弼趁势问了第三个问题："打，最坏的结果也就是降职受罚；不打只有一个结果，那就是一辈子再无翻身的机会，你还在犹豫什么呢？"

这就叫"说话的艺术"。想当初曹操率军杀向江东时，孙权手下文武重臣分成两派，一直在为是战是降争吵不休，而鲁肃的说法却直击要害："我们投降以后还能继续做官，主公（孙权）投降以后或许只能要饭，该不该降，这还有什么可争论的呢？"王弼这番话也就是明明白白地告诉蓝玉，只要你敢打，最坏的结果也就是这样了，想你蓝玉也曾是个眼高于顶的人，怎么现在变得如此婆婆妈妈、畏首畏尾了呢？

蓝玉就是因为初次领军，所以直接把十五万人的命运扛在了自己一个人的肩上，怎么可能不沉呢？王弼的话等于是在为蓝玉解压：只要你放开手脚敢想敢干，就凭你蓝玉的本事，对面那个什么天元帝哪会是你的对手呢？而且你蓝玉的背后有陛下，有整个大明王朝，你怕什么呢？

王弼自然也不能光说话不干活，那显得他有些"站着说话不腰疼"，所以当蓝玉若有所思时，王弼主动请缨："只要大将军决定打，我王弼愿为先锋，为大军开路搭桥！"王弼可不是以个人身份表态，他敢来找蓝玉，自然是私底下和几位老哥们儿通过气的，他站在蓝玉一边摇旗呐喊，明军指挥系统就不会有杂音发出，蓝玉完全可以独断！哪怕将来战事不利，这帮老将也不会推脱责任，有功一起领，有罪一起扛！

话说到这份儿上，蓝玉要是再不敢动手，那也太不像个爷们儿了，于是他又一次抬起头，看着天空中天元帝那若有若无的虚影，用尽生平气力，大声地嚎了一嗓子："双倍押注，开你的牌！"而负责"开牌"的是老将王弼，他率军直入捕鱼儿海。应该说，此役风险最大的人就是王弼，如果元军在捕鱼儿海真有埋伏，那么王弼肯定会被连皮带骨吃进肚子，而蓝玉折损了先锋军，或许就此撤退，甚至就此溃退也有可能。

但此时的王弼没想这么多，这位老将军已经完全处于一种"归零"状态：我根本不想胜负结果如何，我只知道我带着一支军队，他们都像饿狼一样饥渴，我现在要做的就是尽快把他们带到元军大营前，然后放任他们冲过去撕咬敌人。

就这样，在所有人反应过来之前，王弼就像跳水健将那样高高跃起，然后以一个极为标准的姿态一头扎进了元军大营。天元帝蒙了，他没想到明军还有这样的愣种，他手里根本就没有底牌，所以根本不敢后撤，只得装出一副肆无忌惮的样子，试图吓退蓝玉。可现在蓝玉不管不顾地派人冲了进来，天元帝那套虚张声势的把戏自然就玩不转了。

蓝玉率大军跟在王弼后面，眼见元军炸营，心头的一块大石落下，立刻命令全军进攻。战争很快就结束了。元军全军覆没，天元帝带着几十个随从和重要官员趁乱逃走，明军大获其辎重。

我在前面写沐英时说他身先士卒的样子很像西汉名将霍去病，可如果从功绩来看，蓝玉在捕鱼儿海的辉煌胜利，才更有资格与霍去病的封狼居胥相提并论，而且都是通过千里奔袭来实现的。

回朝后，朱元璋加封蓝玉为凉国公，至此，蓝玉到达了人生巅峰。可他万万没有料到的是，自己很快就将从巅峰滑落，然后重重地跌入深渊，成为明初最大的悲剧性人物之一。

40　淮泗功臣集团的末日

　　蓝玉率北伐大军凯旋之后，朱元璋即令各部分散至北方各地操练，直到洪武二十三年才再次将他们集结起来，准备新一轮的北伐。

　　此次北伐与前几次有极大的不同，最显著的变化就是统帅人选。当徐达还活着时，朱元璋只要发动北伐，统兵元帅肯定是徐达，这一点从未变过。徐达故去之后，朱元璋用过一次蓝玉，他在捕鱼儿海取得了辉煌的胜利。但在此之后，朱元璋就一会儿把蓝玉弄到大西南，一会儿把他弄到大西北，哪有困难往哪搬。

　　这次北伐，朱元璋打算让自己的两个儿子唱主角。晋王朱棡和燕王朱棣一个从山西出兵，另一个从古北口出兵，兵分两路向北元犯边的军队发起攻击。本次北伐还是"东线为主，西线为辅"那套，晋王带着在捕鱼儿海中立功的王弼出发，燕王则带着颍国公傅友德、南雄侯赵庸、怀远侯曹兴和全宁侯孙恪等人组成的豪华军团出发。

　　晋王前后左右翻了个遍，也没发现敌人的影子，毕竟对方只是来打劫的，达成目的自然就撤军了。可晋王还是不死心，想着继续率军深入。由于粮草供应不足，他只是带领大军在塞外耍了个威风，随即被迫往回撤，西线战事就这样结束了，波澜不惊。

当晋王无功而返的消息传至南京时，朱元璋没做任何表态。自己的儿子是什么德行，老朱心里是一清二楚。晋王有些小聪明，但没有大智慧，也没有经历过战争的磨炼，指望他扫平北元，实在是有些异想天开，这个儿子还需要继续成长。但对于燕王，朱元璋是抱有很大希望的，燕王的封地在北平（今北京）一带，自洪武十三年就藩（前往封地生活）以来，已经独自在边疆历练了十年，具备统兵出征的资格。如果燕王这次北伐能取得不错的战果，老朱就会将更多的资源向他倾斜。

燕王那边情况要好得多，得知自己将成为东线总指挥，他采取了"放空"措施，用一种最为轻松的心态带队出征。最初探马向燕王汇报：北元太尉乃儿不花正驻扎在迤都（今蒙古国境内）。众将纷纷表示这可能是疑兵之计，燕王却认为这些探马都曾随父皇的锦衣卫学习过，他们说乃儿不花的大部队在迤都，这事就不会有错，于是亲率大军往迤都赶。

由于天降大雪，众将纷纷认为应该暂停进军，燕王却认为父皇肯定也料到这个月份会天降大雪，却依然对我说兵贵神速，我有什么理由自作主张呢。于是率军冒雪前行，趁着乃儿不花一个没注意，就率军把对方给包围了。随后燕王率军一阵猛攻，乃儿不花抵挡不住，有了率亲军突围的念头，燕王又派一个名为观童的降将前往乃儿不花的营地劝降，因为朱元璋对他说过："观童在劝降纳哈出时立过大功，此人在北元有许多朋友，值得信赖。"

观童圆满完成任务，他带着乃儿不花前往燕王的大营请降，燕王大喜过望，亲自劝慰乃儿不花，表示朝廷一定会重用他，希望他能够打起精神，随时准备为大明效力。走完流程之后，燕王带着数万俘虏和数十万牲畜凯旋。

或许有人会说，燕王这仗打得也太轻松了，他爹朱元璋把一切都给安排好了，遇到问题之后想起爹说的话，就能把事情搞定，朱元璋难道是诸葛亮转世吗？真神啊！实际上朱元璋并没有那么神，燕王之所以敢照着朱元璋给的方子抓药，而不担心"刻舟求剑"的问题，是因为他看懂了朱元璋派他和晋王统兵出征的用意。

早在洪武三年五月，朱元璋就封了九个儿子一个侄孙为王。朱元璋有二十六个儿子，除了太子朱标还有二十五个儿子。老朱为什么只封了九个儿子为王呢？因为在洪武三年封王时，朱元璋只有十个儿子，年龄最大的是太子朱标，最小的是十子朱檀。到了洪武十一年一月，朱元璋加封五个儿子为王；洪武二十四年四月，朱元璋再封十个儿子为王。第一次九个，第二次五个，第三次十个，加起来二十四个，抛开太子朱标和早夭的小儿子朱楠不算，朱元璋的儿子分三次全部封王完毕。

封王之后，朱元璋还亲自教导他们。除了读书识字，还要进行严格的军事训练，更要懂民生、知民情，甚至还把他们送到凤阳老家接受再教育。经过这样一通历练，我们不难看出朱元璋对子侄的殷切期望，他迫切地希望后辈能够成长为参天大树，和自己一起组成茂密森林，荫蔽整个大明。

明白了朱元璋这番用意后，我们再来看此次北伐，很多细节其实都透着诡异。蓝玉刚在两年前重创北元，天元帝带领亲随仓皇逃离，在逃亡过程中被部将也速迭儿所杀。也速迭儿是阿里不哥的后裔，而天元帝是元世祖忽必烈的后裔。了解蒙古相关历史的朋友应该知道，忽必烈与阿里不哥是一母同胞的亲兄弟，他们都是拖雷的嫡子，也是成吉思汗的嫡孙，当初为争夺皇位大打出手，最后是阿里不哥输给了忽必烈。

阿里不哥虽然败了，但显然败得不算彻底。忽必烈建立元朝后，也没敢把阿里不哥的后裔赶尽杀绝，双方一直在明争暗斗。也速迭儿杀了天元帝就意味着阿里不哥一系和忽必烈一系结束暗战，正式决裂，双方随后展开了长达半个多世纪的争斗。北方宿敌一分为二，彼此之间打得不可开交，他们能有多少心思侵略大明呢？所以乃儿不花此次的所谓"犯边"，恐怕不像史书所写的那样主动入侵，只是被大明找了个借口开战而已。

退一步说，就算乃儿不花真是主动入侵，那必然也只是捞点外快，不可能带太多兵马。当燕王率领大军赶到迤都时，乃儿不花真敢抵抗吗？估计是不敢的。毕竟当时的蒙古正在内战，如果乃儿不花胆敢把对大明的抢劫升级为宣战，那么他在也速迭儿的朝堂上必将再无立足之地。对于明、元双方的统治者而言，他们都知道保持克制的重要性，谁也不希望轻启战端，因为双方都有更重要的事情要做。北元自然是希望尽快平定内乱，大明要做的事情我暂时卖个关子，下文再详细解读。

朱元璋将跟随锦衣卫训练的人派给燕王当探马，同时要求燕王速战速决，并派观童随行，表明朱元璋此次起意北伐的目的，就是派燕王率军去迤都劝降乃儿不花。只要燕王能把这件事情做好，朱元璋就有足够的理由抬高各藩王的地位。燕王对此也心知肚明，所以他尽可能地听从朱元璋的安排，因为他很清楚，这次所谓的"北伐"其实就是走个流程，乃儿不花早就被父皇安排得明明白白了，自己为什么要多操心呢？

当然了，燕王也不是两手一松心空空，什么都不管了，他还是会在细节方面做好把控。只要细节不出事，哪怕大方向出了问题，朱元璋肯定也会想办法为自己开脱的，更何况凭朱元璋的水平，他既然定了大方向，就不太可能出问题。我们可以肯定一点：朱元璋对晋王肯定也安排了这样一个任务，但或许是晋王不太熟悉军事，也有可能是与他对敌的北元丞相咬住（此人名叫"咬住"）水平比较高，挣脱了朱元璋的掌控，所以西路军无功而返。

看到这里，相信大家对朱元璋北伐战略的变化应该有所领悟。此前朱元璋多次北伐，那是恨不得把北元这个政权从地球上抹去；可当北元开始内讧时，他又把握良机频繁派兵北伐，就是打定主意要给儿子刷点功勋和威望。

从洪武三年封王，到洪武二十三年晋王和燕王率军北伐，朱元璋等这一天，足足等了二十年，他的儿子们终于长大了。儿子长大之后应该干什么？自然是要帮着老子，把他曾经受过的气、吃过的亏、丢掉的场子全都给找回来。

燕王于洪武二十三年三月凯旋，同年四月，也就是燕王凯旋之后的一个多月，大明第一功臣、太师韩国公李善长被朱元璋赐死，陆仲亨和费聚等人连坐，前后处死三万余人，罪名皆为"胡惟庸余党"。陆仲亨和费聚大家应该不陌生。洪武十三年胡惟庸倒台时，其罪名之一就是勾结吉安侯陆仲亨和平凉侯费聚，意图染指兵权。讽刺的是，十年前，他们两个人跟胡惟庸本人"勾结"时，却并没有因此被诛杀，陆仲亨的儿子随后还娶了朱元璋的女儿；十年之后，这两人却跟着李善长一起被追认为"胡惟庸余党"，这叫什么事儿呢？

朱元璋为什么心心念念地要弄死李善长呢？史书举了很多例子，比如说李善长找汤和借兵修房子，结果汤和把这件事报告给了朱元璋，老朱以为李善长打算借兵谋反；比如说李善长的某位部下贪赃枉法，他却找到朱元璋希望网开一面，老朱觉得李善长这个人已经沾染了一身官僚习气，无法再挽救；比如说李善长的部下劝他谋反，李善长则态度暧昧，说我现在老了，就不掺和你们的事情了，等我死了之后，你们自己看着办吧。

就在李善长被杀后不久，一位名叫王国用的官员就上疏朱元璋，为李善长鸣冤。王国用在奏章里说："李善长不掌兵，且已经快八十岁了，位极人臣，他没有足够的实力和理由造反；胡惟庸是李善长发掘并提拔的，就算胡惟庸要造反，肯定也是李善长授意的，不可能由李善长辅佐胡惟庸，这不是本末倒置了吗？李善长是陛下的儿女亲家，他造反岂不是连累子孙？"

应该说，这封奏折的言辞犀利，字字直指问题核心。如果朱元璋当真认定李善长谋反，他会怎么看待王国用呢？李善长肯定造反了，证据我都有，你王国用上这封奏折居心何在？是在替反贼鸣不平吗？到那时，王国用全家老小都要上刑场，想留个全尸恐怕都是奢望。但朱元璋在看到这封奏折之后，出乎意料地没有生气，反而是坐在皇位上沉默良久，然后就把这件事给揭过了。

从种种迹象来看，李善长并没有谋反，或者说朱元璋并未找到李善长谋反的确凿证据，所以老朱这是"葫芦僧判断葫芦案"，把李善长往"胡惟庸余党"这个垃圾桶里一扔就算完事。

从洪武十三年到洪武二十三年，这十年时间里，李善长在做什么呢？胡惟庸出事以后，他的同党御史大夫陈宁连坐被杀，李善长曾短暂复出代管御史台的工作，这也是他最后一次活跃在台前。没过多久，朱元璋就找人把他给顶替了。此后，李善长算是正式退休。退休之后的李善长没事就养养鸟、种种花，过着安闲自在的老年退休生活。他不闲也没办法，胡惟庸死了，朝堂被朱元璋整治得噤若寒蝉，谁也不敢没事找事。李善长借着以前的功劳，还能混个功成身退，其实也挺不错。

在李善长退休之后，朱元璋不止一次地向他释放善意，比如说多次委派他儿子负责赈灾；每次下发赏赐时，第一份肯定是李善长的。李善长也是个知好歹的人，面对朱元璋释放的善意，他照单全收，同时也不停地回馈这份善意。比如说，李善长将朱元璋以前赐给他的仪仗队还了回去，理由是自己老了，没机会为国家工作，用不着仪仗队了。

除此之外，李善长还带头吹捧朱元璋，说他是前无古人后无来者的圣君，希望他能定下一些具有代表性的节日，方便万民向圣天子磕头朝拜。时间长了，朝堂上逐渐宁静。朱元璋借着"空印案"和"郭桓案"收拾官僚士绅，李善长虽然没有亲自出面，但当官僚士绅集团向淮泗功臣集团求救时，得到的却是冷漠回应。这就是李善长在用实际行动向朱元璋表示：我们以前犯过错，但现在我们只听您一个人的话。

如果双方照着这样的剧本继续演下去，那么李善长肯定能够善终，后世在谈及他与朱元璋的君臣关系时，不说像刘备与诸葛亮那样和谐吧，至少也能像刘邦与萧何那样，在一片喧嚣中归于平静。

可李善长忘记了，他的主子朱元璋是一个极度阴狠又极度隐忍的不世枭雄，淮泗功臣集团一再触碰底线，早已引起了朱元璋的杀机。只要朱元璋想动手，哪怕是李善长手握两块免死铁券，却依然免不了一死。我在前文写国子监时说过，朱元璋的策略就是"一个萝卜一个坑"：挖掉李善长等人是清洗淮泗功臣集团的文官系统，然后用国子监出来的官员补位。可这关燕王的边疆藩王什么事啊？关系可大了，如果朱元璋的儿子们没能掌握兵权，谁敢保证淮泗功臣集团的武将们不会跳出来惹事呢？现在燕王借着一场所谓的"大捷"，名正言顺地掌握了兵权，军队里还有谁敢惹事？没了军队里的潜在盟友，李善长等人只能任由朱元璋拿捏。

当然了，不得不说，即使燕王和晋王没能掌握兵权，淮泗功臣集团的武将系统也未必敢跳出来惹事，毕竟朱元璋的威望太高，但老朱为求一个稳妥，非要等儿子们也能分忧了才出手，也是可以说得通的。

李善长被杀，在朝堂上引起了极大的震动，可朱元璋并没有太在意，他把所有精力都放在了自己的八儿子潭王朱梓身上。就在李善长被杀的前几天，朱梓死了，据说是与王妃一起自焚而亡。朱元璋固然是一个心性狠毒的枭雄，但他同样是一个心肠柔软的父亲。有好几个儿子违法犯罪，老朱都是网开一面；实在没办法，也只是斥责自己的儿子，再把儿子周围的人挑一个出来赐死，这事就算摆平了。比如秦王朱樉肆意妄为，朱元璋的做法居然是赐死朱樉的侧妃邓氏，说这个女人不是好东西，害得我儿子也不学好。邓氏是开国六公爵之一邓愈的女儿，如此显赫的出身，却被朱元璋以如此可笑的罪名处死，可见朱元璋溺爱儿子到了什么地步。

一个溺爱儿子的父亲，突然发现自己的儿子不明不白地死了，自然会火冒三丈。盛怒之下的朱元璋连给李善长等人收尾结案都顾不上了，命令锦衣卫立刻转移工作重心，总而言之，给我追查清楚，潭王到底是怎么死的！按说以朱元璋的威望，要查清楚一个人的死因，应该是轻而易举的。可我翻遍史书，也没能找到一个靠谱的答案，因为大多数史书只记载潭王自焚而亡，并没有说明原因。

查继佐写了一本《罪惟录》，并在里面爆了一个大料：潭王之所以自焚，是因为身世曝光，他根本不是朱元璋的儿子，而是陈友谅的遗腹子。陈友谅战败之后，朱元璋抢了陈友谅的妃子阇氏，阇氏入宫之后没多久就生下了一个孩子，这个孩子就是潭王。当潭王准备就藩时，阇氏把身世之谜告诉了他。从此之后，潭王就以颠覆大明为使命，时刻准备造反，最终失败，只得蛰伏起来等待时机。朱元璋在洪武二十三年重查胡惟庸余党，把协助朱梓造反的一个重要人物给查了出来，从而得知了潭王非自己亲生骨肉，并时刻准备造反的事，于是朱元璋命徐达之子徐辉祖率军讨伐。潭王眼看大势已去，只得选择与王妃一同自焚。

这个故事可以吐槽的点实在是太多，潭王生于洪武二年，陈友谅死于1363年，阇氏怀潭王的时间总不可能有六年吧？要知道，李靖的夫人怀哪吒也才三年多呢。查继佐或许也知道，自己写的这玩意儿没什么可信度，于是他又在解释潭王死因时，罗列了一条不知道从哪挖来的消息。

据说，潭王长得英俊帅气，最喜欢和宫女混在一起乱搞。等他就藩之后，依然对南京的宫女们念念不忘，所以经常假借"思念父母"回南京探视。朱元璋认为潭王孝心可嘉，所以对他越发喜爱。此次李善长被杀，潭王身边的一个心腹也被卷入其中，这位心腹哀求潭王救自己一命，可潭王不敢卷进朱元璋刻意制造的修罗场中，只能装看不见。这位心腹眼见潭王救不了自己，就把潭王回京与宫女厮混的消息捅了出去，潭王害怕被朱元璋追责，于是选择与王妃一同自焚。

"秽乱后宫"说比"私生子"说要靠谱一些，但同样有硬伤：无论朱元璋多喜欢自己的儿子，但他同样也喜欢被自己藏在后宫里的女人，也更在乎自己定下的制度是否得到遵守。从这个角度来看，如果潭王真干出了"秽乱后宫"的事，的确有可能被朱元璋处死，但最大的问题是，潭王真能随意回京吗？答案是否定的。

在讲倭寇作乱时我们提到过《皇明祖训》这本书，朱元璋花了六年时间亲自编纂，并反复删改过七次，最终才定稿。朱元璋之所以会如此慎重地对待《皇明祖训》，是因为他想用这本书来告诫后世子孙："别整天搞那些乱七八糟的事，该怎样当好大明皇室，我给你们立下了规矩！"

朱元璋是如何教后世子孙施政的我们暂且不提，单看他是怎么在生活方面给后世子孙立规矩的。

一、后世子孙们啊，你们一定要晚睡早起，少喝酒，按时吃饭，但是午饭不能吃饱，否则下午干活没精神。

二、在和大臣商谈国事时，必须在十丈以内安排，并且至少要有一名带刀护卫。晚上睡觉时不要挨枕头就睡着，要先思考一下，我今天是不是还有什么工作没完成；如果认为自己都完成了，那就再想想最近都发生了什么大事；如果没大事，那就先去院子里看看星空，有没有灾难即将发生的征兆。

三、如果后宫的女子生病了，必须在白天找医生，无论是多重的病，晚上都只能挺着。医生来的时候，需要监官、门官和局官各派一人，加上三名太监，两名老妇，共八个人陪医生进宫。如果陪医生进宫的人少了，那么少谁就杀谁，而无论杀谁，医生都必须一起去死。

四、皇帝必须待在皇宫里老实干活，不能到处瞎跑。亲王不能有工作，没事就在家待着，如果想出城，必须写信向皇帝申请；如果没有皇帝的许可，就不能进京。亲王与亲王之间终身不得见面，亲王出行时，必须带交椅一把、脚踏一个、水罐一个、水盆一个、香炉一个、香盒一个、拂尘两把。

看看《皇明祖训》里这些雷人的言语，就知道朱元璋是一个多么看重规矩的人，他岂会让潭王有事没事就往南京跑？如果有事没事就往南京跑，那为什么还要让他就藩呢？所以潭王经常回京秽乱后宫的说法其实也有漏洞。至于说潭王的手下有没有卷进"胡惟庸余党"的案子，其实这根本不重要，因为朱元璋就是借个由头收拾李善长，不会因为一些"莫须有"的原因迁怒自己的儿子。尽管我们没法切实得知潭王的死因，但他必然是触及了朱元璋对儿子设置的底线，否则他绝不会随意轻生。

各种史料在谈及李善长被杀的历史事件时，通常都会长篇大论地回忆朱元璋与李善长相识相知的一生，以及因此案被连坐的三万多人。可在朱元璋看来，李善长和这三万多人的性命肯定比不上自己的儿子潭王。当世人为李善长等三万多人呜呼哀哉个没完没了的时候，老朱恐怕正坐在深宫里，为他那可怜的儿子潭王掉眼泪呢。哪怕潭王真在图谋造反，那必然也是因为他的王妃太可恶，带坏了自己的宝贝儿子，唉！

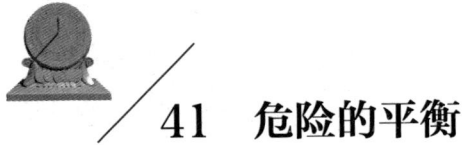

41　危险的平衡

　　处理掉李善长等人之后，朱元璋又重新惦记起了北伐。本来呢，朱元璋是不太愿意把军权继续交给宿将的，因为自己的儿子已经成长起来了，可由于李善长一案办得过于顺利，所以老朱想了又想，还是觉得不能过早弃用傅友德和蓝玉等人。

　　边疆由儿子守卫，朱元璋是非常放心的，但他的儿子不只是藩王，比如说老大朱标，那可是太子，名正言顺的接班人，大明的未来皇帝。藩王强大了，自然没人能篡夺老朱家的江山，可如果藩王凭借自身的强大实力，起来与太子争夺皇位该怎么办呢？要知道，这种事情在历史上并不少见，比如西晋时期大名鼎鼎的"八王之乱"。

　　就这样，在洪武二十四年三月，朱元璋派傅友德率军北伐，大胜；洪武二十五年三月，朱元璋派周兴率军扫荡兀良哈三卫的外围势力，大胜；洪武二十五年四月，朱元璋派蓝玉率军追击元军，大胜。

　　上述三次战争规模都不大，但朱元璋的思路非常清晰。傅友德是晋王世子朱济熺的岳父；周兴是楚王朱桢的旧部；蓝玉是太子朱标的死党，也是朱标太子妃的舅舅。在清理掉淮泗集团的异己分子之后，朱元璋也不会任由某一方独大，而是让彼此均衡发展，让太子和藩王们都拥有光明、美好的明天。

正当朱元璋美滋滋地坐在皇宫里，以为万事万物均在自己掌控之中时，命运给了他一记重击：在蓝玉出兵的同月，太子朱标因病去世。朱标这个人，在明初的戏份不太多，在整个明朝历史中的存在感也不强。这并不是因为朱标水平不够，而是他未能执政就已离世。

还有一个原因是，很多雄才伟略的皇帝爸爸，都有不太成气候的皇帝儿子。比如秦始皇英明神武，他儿子扶苏明显柔弱了不少；汉武帝雄才伟略，他儿子刘据被认为"子不类父"；唐太宗超世之杰，他儿子李承乾就显得百无一用；宋太祖功盖当世，他儿子赵德昭却被自家叔叔欺负得抬不起头。这很能说明一个问题：如果老子太强，那么儿子就注定只能活在老子的阴影里战战兢兢；要是儿子强到了老子都要忌惮的地步，那么整个朝堂就要永无宁日了。看看唐太宗是怎么对待他爹的，大家就该明白了。

朱标是一个完美的太子模板：比起朱元璋来，他不但不强势，反而一向有"宽仁"的美名。朝堂上绝大多数臣子和朱元璋的其他儿子对朱标都是非常服气的。

朱标出生于1355年，是朱元璋的嫡长子，就是正妻生的大儿子。到了1367年，朱元璋还是吴王时，就正式立朱标为世子，开始有意识地让朱标接受帝王教育，为将来接班做准备。1368年，朱元璋称帝，建立明朝，正式册立朱标为大明皇太子，并任命他为中书令，这时的朱标才十三岁。

十三岁就能在朝廷中担任要职，难道朱标是神童吗？答案是否定的，朱标算不上什么神童，但朱元璋为他配备的师资力量实在是过于强大：宋濂、李善长、徐达、常遇春、冯胜……有这帮牛人当老师，朱标只要不是天生愚鲁或天性顽劣，那么他肯定能成长为一个栋梁之材。

开府之后，朱元璋为朱标配备的班底有胡廷端、廖永忠、杨宪、康茂才、顾时、吴桢、耿炳文、邓愈、汤和、刘伯温、章溢等，随便搜一下这些人的名字，哪个不是响当当的大人物。

朱元璋为了培养朱标，可谓煞费苦心。在朱标二十二岁时，朱元璋认为他已经具备了成为执政者的一切素质，所以他命令胡惟庸等将政事逐步移交给朱标处理，自己只负责在朱标批示过的文件上画圈。这里面固然有与淮泗功臣集团争权夺利的因素，但也从侧面证明了一点：此时的朱标已经成长为朱元璋手中最重要的砝码之一，只要好好使用，就有破坏局势平衡的可能。

胡惟庸倒台后，他所遗留的权力大部分被朱标接收。朱标成为名副其实的执政官以后，并没有就此得意忘形，也没有想着干掉老子朱元璋，反而越发谦恭，生怕自己不小心做错事，造成更为严重的后果。

长子朱标非常省心，但朱元璋的其他儿子就不那么省心了。据说，他的二儿子秦王朱樉和五儿子周王朱橚屡次犯错，朱元璋甚至想把这两个败家子给贬到云南去，眼不见心不烦。最终还是太子朱标和皇后马氏出面说和，才算保住了这两个弟弟的王位。

在朱元璋看来，大明是自己一手建立的，朱标从大明建立伊始就开始熟悉工作，等自己故去以后，他一定是最合适的接班人。老朱的这个想法没错，朱标的确是最合格的接班人，但这个最合格的接班人没能活过他爹。据说朱标是去陕西视察工作，回来之后就感染了风寒，最终病亡。

听闻朱标的死讯之后，朱元璋痛哭流涕，这可不是哭郭天叙那种"猫哭耗子假慈悲"，而是真的悲从中来，不能自已。朱元璋既是为自己苦命的太子而哭，也是为大明的将来而哭。如今最合格的接班人没有了，接下来的棋应该怎么走呢？藩王、功臣、皇权，这是朱元璋亲手设计的"三权鼎立"格局，现在代表皇权的朱标死了，别人根本无法顶替他的位置，这可怎么办呢？

悲痛欲绝的朱元璋只得一边愤愤地咒骂上苍，一边急速地转动脑筋，希望能找出一个稳妥的解决方法。可老朱想来想去，却发现根本没办法解决，不是这里出问题，就是那里有缺陷。权力斗争历来都是残酷的，容不得有半点疏忽。如果朱元璋只想在原有的基础上进行调整，那注定得不到好结果。

看来必须行险招了。打定主意的朱元璋并没有急于实施新计划，而是躲了起来。据史书记载，在朱标去世之后，一生勤政的朱元璋连续二十八天未上朝，原因是过于悲痛，导致精神状态不佳。

朱元璋过于悲痛是事实，精神状态肯定也不算好，但要说因此而无法上朝，那显然不太可能。朱元璋故意躲了起来，就是想观察一下朝臣们的反应。朱标去世之后，应该由谁继任接班人呢？按照正常逻辑，应该是老大死了老二上，老二死了老三上，顺着来就行了。可群臣似乎并没有这种想法，当朱元璋恢复早朝之后，他们纷纷上疏，请立故太子朱标的次子朱允炆为皇太孙。

朱标有五个儿子，分别是朱雄英、朱允炆、朱允熥、朱允熞和朱允熙，其中朱雄英和朱允熥是正妃常氏所生，为嫡子；朱允炆、朱允熞和朱允熙是吕氏所生，为庶子。洪武十一年，常氏因难产而死，朱标立吕氏为正妃，这样一来，朱标的五个儿子都成了嫡子。朱雄英是朱标的嫡长子，但他已于洪武十五年病逝。所以在朱标病逝之后，如果要立皇太孙，就只能在朱允炆和朱允熥之间选，群臣的选择是朱允炆。

为什么不是朱允熥呢？因为他的母族太厉害。常氏是常遇春的女儿，常遇春虽然死了，但蓝玉可没死，这位功勋卓著的悍将是常氏的舅舅，也就是朱允熥的舅公（北方叫舅姥爷）。如果立朱允熥为皇太孙，蓝玉的实力必然会成倍增长，完全可以成为周公、霍光那样的人物。藩王、功臣、皇权共同构筑的"三权鼎立"格局已经够乱了，再给蓝玉加一个强势外戚的身份，那大家都别折腾了，以后老老实实地跟着蓝玉混就行。这个局面，别说群臣不想见到，朱元璋肯定也不想见到。

与朱允熥相比，朱允炆的家族势力就明显弱了许多。他的母亲吕氏是太常寺卿吕本的女儿。吕本是旧元官僚，直到1367年，也就是朱元璋建立大明之前的一年才归降，在大明根本就没什么势力可言，就是个普通官员，而且也已于洪武十四年去世了。对群臣而言，如果朱允炆成了皇太孙，将来继位成为皇帝，他没有母族可以依靠，必然只能依靠官员。这样一来，大家岂不是可以和朱允炆绑在一起代表皇权，成为藩王和功臣之外的第三极？

一聊到这个话题，大家就都不困了。这帮官员在想什么，朱元璋一清二楚，他要的也是这个效果。朱元璋之所以会二十八天不上朝，就是给官员们串联沟通留下充足的时间，只要他们能统一认识，自己确立的新接班人自然就会拥有一大批享有拥立之功的臣子，这是他为新接班人构筑势力的最快方法。

朱允炆这个人选，其实朱元璋不算特别满意，他本以为自己年幼的儿子还能有些希望，在经过一番简短的博弈之后，朱元璋发现自己很难改变官员们的看法，于是也只能顺水推舟，同意了官员们的上疏。在朱标去世五个月之后，朱元璋正式册立朱允炆为皇太孙。

朱允炆被立为皇太孙，就意味着全新的"三权鼎立"格局诞生：朱允炆联合官员代表皇权，秦王、晋王、燕王等代表藩王，汤和、冯胜、蓝玉、傅友德等代表功臣。可在这个全新的格局中，依然有一个致命的隐患，那就是蓝玉。

朱标的五个儿子虽说都是嫡子，但也有所不同。朱允熥是朱标第一任正妃常氏所生，一出生就是嫡子；朱允炆是朱标第二任正妃吕氏所生，刚出生时还是庶子。在朱元璋故去之后，如果有人抓住这一点不放，非要把水搅浑，最终惹得朱允熥的舅公蓝玉亲自下场肉搏，那会是怎样惨烈的景象？退一步说，就算没人站出来搞事，等蓝玉坐在家里一盘算："如果我拥朱允熥为帝，再让他任命我为五军都督府的大都督，最后把兵部的调兵权给撤了，权力回归五军都督府，这天下就没有比我权力更大的人了。"到那时，谁敢保证蓝玉不会利欲熏心、铤而走险呢？

朱标能压制住蓝玉，是通过他二十几年的执政经历换来的资历和威望；可此时的朱允炆才十五岁，朱允熥十四岁，他们都不曾被朱元璋当作接班人来培养，因此并不具备压制蓝玉的能力、资历和威望。无论是立朱允炆还是立朱允熥，都必须除掉蓝玉，朱元璋下定了决心。

不知从何时起，坊间开始流传出一些对蓝玉不利的流言。比如说，在捕鱼儿海大捷后，陛下本打算加封蓝玉为"梁国公"，可蓝玉在击败天元帝之后，居然强纳他的妃子，这种做法实在是有失国格，所以陛下就把"梁国公"改为了"凉国公"。这既是说蓝玉生性凉薄，又暗示他快要凉了。比如说，蓝玉居功自傲，居然私下向自己的嫡系保证官位，军队封赏这种事只有陛下能做，他蓝玉凭什么给部下封官许愿啊？比如说，蓝玉干了这么多违法乱纪的事，陛下都不追究，对他实在是太好了，可蓝玉心里一点数都没有，陛下封他为太子太傅，他居然抱怨陛下不让他当太子太师，还说自己不该位于宋国公冯胜和颍国公傅友德之下。蓝玉当初可是宋、颍二位国公的部下，两位老国公也没亏待过他，真是个白眼狼！

除此之外，蓝玉曾经干的一些破事也被逐渐披露，什么强占民田、蓄养庄奴义子、追打御史等，不一而足。你要单听这些传闻，很容易就把蓝玉和无恶不作的军阀联系在一起。蓝玉有没有干过这些事呢？不好说，因为蓝玉本就不是个守规矩的人，要说他贪花好色、私敛财物，恐怕并没有冤枉他。但话又说回来了，如果蓝玉真是一个洁白无瑕的圣人，朱元璋还敢用吗？能干的部下必须表现出足够的欲望，否则领导会觉得拿捏不住他的命脉，将来没准会反噬自己，所以肯定也不敢大用。当这个部下乖乖地将把柄送到领导手上之后，领导才会放心大胆地使用他。只要有了这些把柄，领导就是如来佛祖，这小子就算是孙悟空，也跳不出自己的五指山。

从这个角度来看，蓝玉有一些污点其实也不是坏事，因为有了这些污点的存在，朱元璋才会放心大胆地使用他，只要蓝玉一辈子乖乖听话，那么这些污点就不再是污点。比如说郭子仪，这位名将拥有"再造大唐"的不朽功勋，但他的污点同样有不少：郭子仪子女太多，以至于有些子女老郭自己都认不得；

他家富丽堂皇，所谓的大唐首富和他比起来就像个要饭的；他的权势极大，就连家仆都敢当街议论朝廷重臣；他傲慢无礼，唐德宗在他面前居然要执后辈礼。可就是这样的一个郭子仪，最后居然得了善终，享年八十五岁。

与郭子仪相比，你说蓝玉的那些行为能有多严重呢？从法治的角度来看，自然是非常严重的；从朱元璋的角度来看，这点小事显然不值得拿到台面上来说，暗地里敲打一下就完事了。现在的情况是，"如来佛祖"朱元璋打算毁掉蓝玉这位"孙悟空"，所以这些原本端不上台面的小事，自然就变成了被端上台面的大事。

南京风向转变，蓝玉知情吗？答案是否定的。朱标于四月去世时蓝玉接到了通知，但此时的他正领兵北伐。一直到同年十一月，蓝玉才算圆满完成任务，被朱元璋召回。回到南京之后，蓝玉听到了各种不利于自己的坊间传闻，但他的第一反应是：这是朝堂上那帮官僚在借机搞事。

在蓝玉看来，这种时候大肆炒作自己的黑料，就是为了断绝自己拥立朱允炆上位的念头，避免自己将来以皇帝舅公的身份在朝堂上兴风作浪。正是由于这种原因，蓝玉并没有把这些黑料当回事。你们爱传就传去，陛下肯定不会受你们的影响，我也没有拥立朱允炆的想法，目前的职位待遇也差不多了，想继续高升就等新皇登基吧，反正我还不算老。蓝玉为什么会出现这种误判呢？主要是他低估了自己的影响力，更高估了朱元璋的忍耐力。他以为朱元璋会留着自己震慑群臣，避免他们欺负皇太孙。蓝玉没想到的是，朱元璋最担心的是他欺负皇太孙，成为"三权鼎立"格局中最不稳定的一环。

就在这种"有心算无意"的背景下，洪武二十六年（1393年）二月，锦衣卫指挥使蒋瓛实名举报蓝玉谋反，朱元璋根本没有确认消息的来源，就立刻命人将蓝玉逮捕下狱。直到此时蓝玉才幡然醒悟：原来根本就没有什么官僚造谣，这一切都是朱元璋在捣鬼，他的目标就是自己。

尽管蓝玉悟了，却为时已晚，在一番严刑拷打之后，蒋瓛又称蓝玉招认了王弼等六名同党。王弼就是在捕鱼儿海替蓝玉"开牌"的那位老将，自那之后，两人走得越来越近，此时也顺理成章地被打成了同党。有了主谋，也有了同党，这已经是铁案了，可以收网了。就这样，蓝玉和王弼等人被诛，夷灭三族。此时距离蓝玉被捕入狱还不到十天。随后大案拉开帷幕，因"蓝玉案"被杀的足足有一万五千人。同年九月，朱元璋发布《逆臣录》，将"胡惟庸案"与"蓝玉案"合并，宣布两案到此结束，以后不再株连。

除掉了蓝玉，朱元璋总算是放心了些，但没过多久，他又发现了新问题：皇太孙朱允炆太不靠谱，他很可能不是自己要找的那位接班人。

某天，朱元璋问了朱允炆一个问题："等我死了之后，你会怎么对待叔叔们呢？"朱元璋所说的叔叔，就是自己的那些儿子，他们现在都是藩王，权势极大。朱允炆想了想，对朱元璋说："叔叔们都是国家的栋梁，如果他们愿意支持我，那真是再好不过了；如果他们阳奉阴违，那我就用您定下来的《皇明祖训》束缚他们；如果他们死不悔改，那我就逐步削夺他们的封地，进而废他们为庶人，甚至兴兵讨伐他们。"

朱元璋听朱允炆说话如此有条理，表现得非常开心，认为皇太孙讲话有理有据，思维也很有逻辑，自己可以放心了。可实际上，朱允炆的话等于戳中了朱元璋的肺管子。朱允炆前面的话没问题，但后面就有问题了，他认为应该以循序渐进的方式对付藩王，如果他们始终抗拒中央，则不排除刀兵相见的可能，这恰恰是朱元璋最担心的事情。

朱元璋始终有一种小农思维，认为只有儿子才是最可靠的，因为只有儿子才最懂父亲的心。孙子乖巧伶俐是一回事，但他根本不清楚他父亲和爷爷之间的那种感情与默契。朱允炆认为不能放弃"武力征服"这一选项，朱元璋从理智上是赞同的，但从感情上实在无法接受。那都是自己最亲爱的儿子，怎么能就这样被杀呢？

朱允炆虽然是皇太孙，但毕竟还年轻，又没有经受过帝王教育，所以朱元璋通过一段时间的近距离接触，随便一掂量，就看透了朱允炆的本性：这是一个眼高手低的年轻人，看似温良恭俭让，气量却比故太子朱标差得太远，等他当上皇帝，自己的儿子们恐怕都不会有好下场。

要不要换了他？朱元璋想了一下，最终放弃了这个打算。当初群臣推举朱允炆时，自己就没有反对，这次想推翻重来，恐怕不会有什么好结果。此时藩王、功臣、皇权的新格局已成，如果自己硬来，自然可以改变这一切，但一个不小心，恐怕又会卷起大案。朱元璋倒不是怕再杀几个人，而是他觉得有些累了，如果拿下朱允炆换朱允熥，或者换自己的某个小儿子，结局一定会更好吗？恐怕未必。此时的朱元璋已经六十六岁了，他很清楚自己没几年活头了。要是能把脏活干完还好，万一只干到一半，剩下的烂摊子又有谁来收拾呢？

按照朱元璋原本的设想，是功臣和官员在中央拱卫皇权，藩王在边疆镇守四方。可现在的问题在于：皇权过于强大，如果朱允炆非要痛下杀手，藩王肯定抵挡不住，因为功臣和官员都会站在皇权一边，毕竟朱允炆能够保证他们的荣华富贵；而一旦被藩王改天换地，就会有新的功臣和官员脱颖而出。正是由于这个原因，朱允炆一旦要对藩王放狠招，必然是多方齐用力，藩干孤掌难鸣。既然如此，那我不如从现在起剪除功臣，虽然无法改变多方合力压制藩王的格局，但至少能缩小他们之间的差距。

朱元璋是个行动派，说干就干。当初册立朱允炆为皇太孙时，他任命冯胜为太子太师，傅友德为太子太保，一左一右捍卫着自己新选定的接班人。可现在，朱元璋要对朱允炆的两位老师动手了。洪武二十七年（1394年），傅友德被迫自尽；洪武二十八年，朱元璋赐死冯胜。

但这里面还有一个问题：朱元璋除掉了朱允炆的左膀右臂，如果藩王有不臣之心，决定起来造反又该怎么办呢？难道朱元璋是在暗害朱允炆吗？答案也是否定的。囿于年龄和精力，朱元璋已经不可能再搞大动作了，所以他肯定不会暗害朱允炆。杀死傅友德和冯胜，只是朱元璋留给朱允炆的一次考试，如果允炆同学能够及格，那么他这个皇位肯定能坐得稳当，而玄机就隐藏在这对爷孙的那次谈话当中。

如果朱允炆真能说到做到，只在万不得已时才对藩王用兵，皇权必然可以联合大多数，从道义上压倒藩王。到那时，哪怕有不开眼的藩王想造反，他注定也是孤立无援的。如果朱允炆不能说到做到，看见藩王就是一副要打要杀的凶残模样，藩王久在边疆与强敌厮杀，自然不会束手就擒。届时爆发内讧，朱允炆这边没有傅友德和冯胜等宿将，藩王的胜算自然大增。

总的来说，朱元璋不希望朱允炆做出令自己失望的事，但他必须防一手。可此时朱元璋把李善长等人诛杀殆尽的恶果就开始显现了。随着傅友德和冯胜的死亡，朱允炆身边的宿将均被清除，他所能倚重的就只有齐泰、黄子澄等腐儒，这也为他日后的悲惨命运埋下了伏笔。我们完全可以想象，如果朱允炆身边依然有李善长、胡惟庸、陈宁、杨宪等淮泗功臣集团的重要文臣，他未必会在将来的削藩中急功近利。当然了，这是后话。

42　锦衣卫和南北榜

在处死蓝玉之后，朱元璋虽然宣布不再追究胡、蓝两案，但朝堂上大多数人心里恐怕是不信的。皇位宝座上的那位爷可是出了名的喜怒无常，谁要是轻信了他的话，恐怕第二天就要全家老小上刑场。

看着朝臣们唯唯诺诺的样子，朱元璋大概知道自己的信用早已破产，所以他也没多说什么。在发布了《逆臣录》之后，朱元璋又宣布锦衣卫不再负责内外刑狱，而是将权力交还给刑部，等于是彻底废除了锦衣卫这一机构。

朱元璋虽然可怕，但历史上强势的帝王也并不少见。在客观条件具备的前提下，强势帝王其实比普通君主更好忽悠，因为越是强势的帝王，就越容易刚愎自用。一旦他有了自己的判断，旁人的意见就不太听得进去。所以，只要能小心翼翼地蒙住强势帝王的耳目，接下来的事情就好办多了。

君不见秦始皇和隋炀帝，那都是非常强势的帝王，可他们听惯了歌功颂德，逐渐走进了死胡同，当发现问题时，已经是积重难返，他们的帝国也只能"无可奈何花落去"。而锦衣卫就是朱元璋的眼和耳，大家虽然不太敢相信朱元璋说的话，但看他连锦衣卫都废掉了，就等于蒙住了自己的眼和耳，所以他们不约而同地长舒了一口气："天总算是亮了。"

哪怕是对明朝历史并不了解的人，对锦衣卫这个词也不会感到陌生，毕竟市面上到处都充斥着以"锦衣卫"命名的影视剧、书籍等。但对当时的官员而言，锦衣卫则一直是"血腥""恐怖""狡诈""狠毒""无孔不入"的代名词。

如果用官方说辞来介绍锦衣卫的话，应该这样说："锦衣卫的主要职责是保护皇帝、刺探敌情、监视百官、暗访民情，是大明的特工组织，也是封建时代的情报机构。"可实际上，锦衣卫的权力比我们所了解的任何特工组织都要大。他们不但有上述各项职能，还拥有扣押、审判和处罚的特权。换言之，如果锦衣卫铁了心要整死某位官员，根本就不用上报其他部门，只要向内部领导通个气就行。官员最害怕的就是特工。如果皇帝派了特工专门针对某一位或某几位官员，对方肯定会吃不香、睡不着的，更别提这伙特工还有自主杀人、便宜行事的权力。

就拿"洪武四大案"来说，其中都有锦衣卫活跃的身影。在"胡惟庸案"中，认定胡惟庸意图谋反并实施抓捕的就是锦衣卫；在"空印案"和"郭桓案"中，拿出官员贪赃枉法罪证，亲手拿下第一批涉案官员的也是锦衣卫；在处置李善长时，是锦衣卫亲耳听到李善长说出"你们看着办"的不忠言辞；在"蓝玉案"中，是锦衣卫指挥使蒋瓛实名举报蓝玉谋反，这才有了后来的下狱。

无论锦衣卫提供的罪证是真是假，我们都必须承认一点：当朱元璋与官僚士绅和淮泗功臣们处于僵持阶段时，锦衣卫往往能像"惨案开瓶器"那样，为他们的皇帝主子破局。而朱元璋为什么要废掉锦衣卫呢？这可不是老朱欲盖弥彰忽悠人，而是他真的用不着锦衣卫了。皇太孙朱允炆上位，他所能倚仗的就是这帮官员和功臣了，现在派锦衣卫查他们，等于是给皇太孙拆台，朱元璋并不希望看到这样的场景出现。

都说朱元璋权势滔天，想杀谁就杀谁，可他作为一个高明的政治家，始终明白应该以大局为重。必要时，哪怕自己受点委屈，哪怕国家暂时性地蒙受一些损失，也不是不能接受的，此时万万不能乱，一切以权力平稳过渡为主。

可树欲静而风不止，总有不长眼的人，看朱元璋天天往佛堂钻，就以为他已经改吃素了，那颗蠢蠢欲动的心终于无法按捺，以至于又搞出了大新闻。

洪武三十年（1397年）二月，主考刘三吾和副主考白信蹈主持殿试，这二位老兄一共录取了五十一人。单看数字没什么问题，可这些人全部都是南方学子，北方学子一个都没录取上。二月殿试被称为"春榜"，意即春试名榜。在五十一人名单出来之后，北方学子怒称其为"南榜"，痛斥朝廷不尊重北方人，是分裂亡国之兆。

从古至今，读书人都是惹不起的。北方学子这么一闹，整个南京城立刻谣言满天飞，刘三吾和白信蹈成为漩涡中心。有人说他们收受贿赂，也有人说他们歧视北方学子，还有人说他们意图分裂国家。

春榜的南北比例为51比0，这是大明前所未见的奇事，自然也引起了朱元璋的注意。最初朱元璋并不想把事情闹大，只是成立了一个十二人组成的调查小组，命他们重新阅卷，酌情增录一些北方学子，争取大事化小。可这个调查小组查来查去，给朱元璋的答复居然是："刘、白二人没问题，这五十一名学子全凭真才实学录取，北方学子水平太差，且有许多不敬言辞，根本不足与南方学子争锋。"

看到这个结语，朱元璋当时就火了："你们是不是以为朕的年纪大了，智商也降低了？你们是不是以为，没了你们，朕的皇太孙就坐不稳江山了？你们是不是以为，没了锦衣卫，朕就拿你们没办法了？"

同年五月，朱元璋正式宣布：刘三吾和白蹈信是"蓝玉余党"；刘三吾更在十多年前为胡惟庸鸣冤，是一个潜伏在忠臣之中的反贼，被发配西北。十二人调查小组中有一人被杀，九人被发配，仅两人幸免于难，这就是大名鼎鼎的

"南北榜案"。后世在谈及"南北榜案"时，总是会指责朱元璋滥杀无辜。北方多战乱，江南则是鱼米之乡，两地经济情况不同，北方学子不如南方学子有什么可奇怪的呢？

谎言千遍即成真理，六百多年前官僚们的辩解之词，到了今天居然还能有市场，这是我没有想到的。在聊"南北榜案"之前，我首先要简单科普一下大明的科举制度。

大雄是一个读书人，他需要参加的第一次考试叫院试，参加考试的学生叫童生；院试过关之后，大雄就可以被称为秀才，继续参加第二次考试，也就是乡试；乡试过关之后，大雄就可以被称为举人，继续参加第三次考试，也就是会试。会试需要前往京城赶考，考生是来自全国各地的举人，通过会试的人称为贡士，然后还需要参加最后一次考试，那就是殿试。

大家可以看看大明读书人的上升之路，哪一步容易？能走到最后一步的人，哪怕个体上依然有差距，但他们绝对都是同一档次的人才，怎么可能出现北方学子全军覆没的情况呢？辽阔的北方选出几百个学子，难道连一个人才都没有？这根本不符合概率学，也不符合现实逻辑。

都说南北差距极大，可事实真是如此吗？答案显然也是否定的。"南北榜案"发生于洪武三十年，也就是大明建国三十年之后，而北方的山东、河北、河南、山西和陕西等地更是在洪武元年就被明军光复了。随后朱元璋一直从江南吸血供给北方，这一政策延续了几十年。从洪武六年开始，移民不断从山西迁往中原各地，人口同样不是问题。我们就算从洪武六年开始算，到洪武三十年时，北方也有二十四年的时间安心搞发展，更有来自南方的补助，再差又能差到哪去呢？

要说南北有差距，这是没问题的，可要说南北差距极大，以至于北方第一名到南方排不进前五十，这显然是信口雌黄。更重要的是，文无第一，武无第二，一篇好文章有大体的标准，但关于多篇文章的排位问题，如果没有事先磋商，是不可能得到统一答案的。当我们从选秀节目中听到一首好歌时，都恨不得导师立刻按键转身，可有些导师就是不转，你能说导师们不专业吗？并不是，因为审美是多样的，一首好歌无法满足所有导师的要求，这是很正常的一件事。把这个类比具体到文章范畴，答案也是一样的。

"十二人调查小组"中为什么会有两人幸免于难呢？是因为这两人选出了一些可以录取的北方学子的文章，但小组长最后给朱元璋的却是那样一个回复，这里面的弯弯绕还用多说吗？朱元璋组建调查小组的用意已经很明显了：你们说南方学子比北方学子强，朕不想就这个话题跟你们争论。但能走到最后一步的学子，甭管他来自南方人还是北方，那肯定都不会是个混子，肚子里必然也是有墨水的。你们从中挑出几个不那么差的，把这次危机公关做好，朕也就不追究了。

可问题是，南方官僚们抱成一团，非要和朱元璋正面交锋，这不是找死是什么？朱元璋早就承诺过，以后再不追究"胡惟庸案"和"蓝玉案"，但在给刘、白等人定罪时，却依然说他们是"蓝玉余党"，那就是在明白无误地告诉南方官僚们："你们不是以为朕改口吃素了吗？现在朕就继续耍流氓给你们看，你们的那些歪招、邪招、怪招统统放马过来，朕随时奉陪！"

如果是别的事情，朱元璋或许还会看在皇太孙的分上忍让一二，但事关科举，朱元璋肯定不会给任何人面子。为什么？我在大明数据化的那章已经说得很明白了，朱元璋想打造一个数据化的大明，就必须有刚直不阿的人为他跑腿干脏活、累活，而朱元璋确定科举成为当官的唯一途径，并将殿试当成最后一关，就是要将决定官员升迁的权力攥在自己手中。现在可倒好，居然有不怕死的人胆敢打教育系统的主意，从人才身上动歪脑筋，朱元璋怎么可能容忍呢？这是挖大明立国的根基啊！

从性质上来看，"南北榜案"其实远比"洪武四大案"更严重。官僚士绅蛀空国家，杀掉他们换一批就是了；文臣武将威胁皇权，也只是某个或某几个皇帝遭殃，于大明国本无碍。可教育系统一旦出现问题，整个国家就会逐渐变成一棵歪脖子树，结出来的果子也都是歪瓜裂枣。久而久之，大家都会以"歪"为荣，以"正"为耻，还有比这更可怕的未来吗？

如果"南北榜案"早几年爆发，那我们今天讨论的就应该是"洪武五大案"了。可朱元璋既然已经打定主意不再兴大狱，就不会随意犯禁。所以他只是从源头斩断了南方官僚们伸出的手，却并没有砍他们的脑袋。如果"南北榜案"早几年爆发，那么刘三吾和白信蹈就不会只被判处流放了，他们全家老小一个都别想活下来。可朱元璋既然决定给南方官僚们留点面子，自然就不会赶尽杀绝。

除了清理啃食教育系统的蛀虫，朱元璋还要考虑团结北方的问题。回望中国历史，早在西晋末年的"衣冠南渡"时期，南北矛盾就已经是极大的问题了。留下"三定江南"典故的南方士族重要人物周玘甚至在临终前对儿子说："我就是被那些北方人给逼死的，你如果不能为我报仇，就不是我儿子！"

很多人都说"天下大势，分久必合，合久必分"，这也在客观上说明了一个事实：在南北相互歧视的传统背景下，南北分开过日子并不是什么偶然事件。从东汉末年到南宋末年，几乎是一半时间分裂，一半时间统一。我在前面的章节也说过：元廷有"人分四等"的国策，其中北方汉人被列为第三等，而南方汉人则被列为第四等。对于这个结果，南方人一直不服气："大家都是汉人，凭什么你是三等，我是四等？凭什么你是'汉人'，我就只能是'南人'？"南方官僚们发起"南北榜案"，除了欺负朱元璋年老体弱，也有把持国家、排挤北方官僚的意思。

朱元璋是由南向北统一的天下，他的基本盘在南方，首都南京更是江南重镇，这事要是做得不好，无异于自掘坟墓。在"南北榜案"中唯一被处死的人是调查小组的组长张信，他说北方学子水平低，对皇帝言辞不敬。如果张信所言是真，那么问题就严重了：是谁给这些学子秀才和举人身份的？是谁推荐这些学子进京赶考的？这些人的水平如此低劣，你们在其中有没有不可告人的勾当呢？

朱元璋干脆利落地杀了张信，就是向北方官僚们传递一个信息："你们推举的人都很好，朕相信这其中没有任何不可告人的勾当。张信胡说八道污蔑你们，朕现在替你们出出气。"五月份解决掉相关涉案人员之后，朱元璋又在六月份重开殿试，这次他没有委任主考官，而是亲自策问，录取了六十一人，全部都是北方学子，此次殿试被称为"夏榜"或"北榜"。故此，"南北榜案"还有个别名，叫"春夏榜案"。

"南北榜案"就是南方官僚作死试探朱元璋底牌的行为，这一点毋庸置疑，但同时我们也必须承认，在明初，南方的经济水平明显强于北方，读书人的平均水准自然也要略高一些，这也是客观事实。朱元璋虽然干脆利落地解决了这件事，但他也从中得到了启发。"南北榜案"之后，朱元璋不再搞统一殿试，而是开始尝试按地区划分考生，不同地区的考生所做试卷的难度也不一样。

这种划分很难做，自朱元璋起的几位明朝皇帝前后接力，终于在明宣宗朱瞻基（朱元璋重孙子）时期有了一个较为系统的划分方式，他把全国学子分为三部分：浙江、江西、福建、湖广（包括今湖北、湖南全境）、广东五省，以及南直隶的应天、松江、苏州、常州、镇江、徽州、宁国、池州、太平、淮安、扬州和广德州（今安徽宣城广德）等地的学子为南方学子，做南卷；山东、山西、河南和陕西四省，以及北直隶的顺天、保定、真定、河间、顺德、大名、永平、广平、延庆州（今北京延庆）和保安州（今河北涿鹿），外加辽东、大宁、万全三个都司的学子为北方学子，做北卷；四川、广西、云南、贵州四省，以及南直隶的庐州、凤阳、安庆、和州、徐州和滁州等地的学子为中部学子，做中卷。三大地区的学生水平不一样，试卷难度自然也不一样。

43 落幕

　　朱元璋当初之所以会选择废掉锦衣卫，除了向皇太孙的支持者们释放善意，也有他本人身体状况不佳的原因。毕竟在洪武二十六年时，朱元璋已经是一位六十六岁的老人，他也该安享晚年了。在今天的医学和养老条件下，六十六岁或许还不算很老，可我们看看大明诸位开国功臣的年龄，能活过六十岁的也没有几个，朱元璋还属于长寿的那类人。可人一旦上了年纪，想不服老都不行。朱元璋并没有患上什么威胁生命的大病，但一身细细碎碎的老年病就足够折腾人了。

　　自洪武十五年结发妻子马皇后病故之后，朱元璋并未再立皇后，因为他觉得除了马皇后，后宫中就没有哪个女人是真心关怀自己的。后宫管理和国家大事比起来，似乎很是微不足道。可实际上，后宫才是皇帝的家，他在家中的表现虽然也会有作秀成分，但相比于身处其他场合，后宫中的皇帝无疑会真实得多。随着马皇后的离世，朱元璋变得越发敏感和狂躁，他看谁都不顺眼，但他又必须为皇太孙做打算，所以他总会在心里强行安慰自己："大家都不错，朕现在看谁都顺眼。"

可以说，晚年的朱元璋是越活越拧巴，但这种状态怎么可能长久保持呢？所以他身上的那些老年病反复发作，就从来没有彻底好转过，而且随着年龄的增加，很多小病正逐渐变得越来越严重。

朱元璋在六月份收拾完"南北榜案"的烂摊子之后，算是得了几天安生，但在夏末秋初的时候，他又病了。太医们说这个病需要休养，希望朱元璋能够少操心朝堂上的事。老朱表面上答应得好好的，结果却依然故我。这几年来，朱元璋每年都要花点时间躺在病床上，他早就习惯了，以为这次还是老样子，过几个月就没问题了。皇太孙经常来看望朱元璋，老朱每次见他都会说很久的话，有时还要皇太孙陪着出去走走。皇太孙担心他的身体，他总是哈哈一笑说没事没事，老毛病了，将养几天就能好。出乎朱元璋预料的是，细菌和病毒这一次打算跟他玩真的，它们努力打洞、筑巢，准备安居乐业，不走了。

洪武三十一年（1398年）正月，朱元璋已经休养了四五个月，可身体状况依然没有好转。他强撑着在南郊祭祀完天地，回头就把太医们招了过来，询问自己的身体状况如何。实际上太医们心知肚明，按照朱元璋这种折腾法，估计也就是这一两年的事。但谁都不敢说实话，否则以朱元璋的脾气，没准他真能干出让全体太医给自己陪葬的事。所以大家异口同声地说："陛下千秋万代，些许小病不足挂齿，好好休养调理即可。"

朱元璋眼见太医们都是这副德行，他立刻就明白了，自己这病恐怕不太容易好了，人生之路也许已到尽头。朱元璋一辈子刀头舔血，大小战役经历了无数，他怕死吗？肯定也是怕的。如果死亡突然降临，或许他可以不怕，若他躺在床上静待死亡来临，谁又会真的不怕呢？但此时的朱元璋已经顾不上害怕了，他变得异常清醒，并开始从头到尾，以一种极为客观的姿态审视自己的一生。

想当初，朕只是一介布衣，心里所思所想也就是吃饱穿暖、有妻有儿，大多数平民应该也是这样想的吧？可世道艰难，朕被迫参加义军，一路走来，有许多辛酸与苦楚不足为外人道，却也有许多欣喜与快乐大慰平生。

想当初，元廷只顾内部倾轧，无视百姓死活。义军群起而攻之，本该在极短时间内还天下一个太平，可义军内部同样派系林立，曾经的兄弟也会在顷刻间变成切齿仇敌。面对残破的中原大地，朕数次忍不住失声痛哭，立志要拯救万民于水火，立志要成为后世敬仰的大明太祖爷。千头万绪不知从何处理起，莫如推倒重来一遍。

想当初，陈友谅声威惊人、张士诚隐忍潜伏、方国珍阳奉阴违、王保保死而不僵……其余诸如陈友定、明玉珍、何真、李思齐等人，莫不是一时翘楚，可这天下到底还是姓了朱。朕手下文臣武将云集，大家可以勠力同心，为了共同的目标奋发图强；大家可以互助友爱，为了更美好的明天披肝沥胆。可当我们的事业成功了，他们却变了，曾经对他们施加种种痛苦的官僚士绅，变成了他们的新伙伴，可恨可恶！

想当初，朕与马氏相濡以沫，全天下只有她真正懂得朕的心思，只有她真正理解朕的苦衷，可老天爷不长眼，非要把她从朕的身边夺走。朕的太子标儿聪明伶俐、仁慈宽厚，大家都说他是朕最合适的接班人，是大明最合适的掌舵人，可老天爷许是担忧马氏在九泉之下孤苦无依，于是把标儿也带走，让他去陪伴母后了。

躺在病床上的朱元璋，感受着从未有过的轻松，可他根本就静不下来。只要闭上眼睛，往事便如电影一般开始自动播放，那些早已被埋藏在记忆深处，本以为早该忘怀的人和事，又清晰地浮现在眼前。

在外人看来，这段时间的朱元璋有些神神道道，面部表情极为丰富，一会儿泪流满面，一会儿咧嘴傻笑，一会儿满脸阴沉，一会儿眉头紧锁……宫女和太监们战战兢兢地从旁服侍，生怕一个不小心就会惹来这位老皇帝的杀心。他们有些多虑了，此时的朱元璋沉疴在身，早已没有了往日的杀气。洪武三十一年四月，朱元璋反复发病，强撑着立下了遗诏；同年闰五月八日，朱元璋病情恶化；十日，朱元璋病危。

在弥留之际，朱元璋对前来探视的皇太孙等人说道："朕在位三十一年，整日操劳只为让百姓过上好日子，但受出身学识和时间精力所限，朕做得并不算好。朕即将离世，这是自然规律，尔等不必悲伤。皇太孙朱允炆英明仁孝，是合格的接班人，希望文武大臣们好好辅佐他，为我大明的千秋万代贡献力量。朕的葬礼要从简，金银器皿一概不用，孝陵（朱元璋陵寝）外部的山水不得妄动，保持自然风貌即可。不要给百姓太多负担，最多守孝三天就够了。各藩王不用进京了，好好守卫边疆比什么都强，需要时刻警惕周边强敌，他们无一日不想颠覆我大明。现在情况还好，就怕子孙不争气，那就麻烦大了……"

朱元璋拉拉杂杂地说了一大堆，到后来脑子迷糊了，又翻来覆去地重新这一套说辞，听众也不敢不耐烦，只能静静地听着。朱元璋说着说着，突然感觉到一阵天旋地转，眩晕感越来越强。有一个女人在他耳畔轻言细语："累了吗？好好休息一会吧。"朱元璋努力辨认，那似乎是亡妻马皇后的声音，他努力地想要睁大眼睛仔细搜寻，却发现眼皮越来越重，最终慢慢地合在一起，再也睁不开了。

洪武三十一年闰五月十日（1398年6月24日），大明开国皇帝朱元璋于南京紫禁城驾崩，享年七十一岁。闰五月十六日，朱元璋于明孝陵下葬，被追封为高皇帝，庙号太祖。永乐元年（1403年），明成祖朱棣追尊朱元璋为"圣神文武钦明启运俊德成功统天大孝高皇帝"；嘉靖十七年（1538年），明世宗朱厚熜追尊朱元璋为"开天行道肇纪立极大圣至神仁文义武俊德成功高皇帝"。

朱元璋的一生就这样结束了，但关于朱元璋的研究，可能永远都不会有结束的那一天。他的一生过于恢宏，史学界关于他的研究文献汗牛充栋，任何人都不敢说自己能把朱元璋研究透，顶多就是根据现有的研究成果，勉强下个似是而非的"定论"罢了。我最近一直在读明史泰斗李新峰先生所著的《明前期兵制研究》，他说："明朝军事制度的框架体系是近代的，领导体制却是古代的；武装力量体制是当代的，兵役制度则是现代……一个纯粹以武力建立的、自称具备高度合法性的强大国家，以无比暴虐的方式，践踏、改造了社会与个人生活的方方面面。"

李新峰先生的这段评语虽然不是在说朱元璋，但我认为，这段评语完全可以用来评价朱元璋的治国政策和理想蓝图，而且是到目前为止最深刻、最入骨、最醒神的点评，没有之一。朱元璋出身于穷苦百姓，他立下宏愿，誓要终生为百姓谋福利，虽然他没能完全做到，但他这一生都在朝着这个目标前行。从这个角度来看，说朱元璋是一位出自平民之中的英雄，是非常恰当的。

为了保证自己的"理想国"不被推翻，朱元璋创立了许多制度。我在前文为大家解读过《皇明祖训》中的部分内容，相信许多人是哭笑不得的，朱元璋之所以会这样做，就是希望用自己的阅历和经验，为后世框定一个"平民理想国"的模板，只要在这范围内，老百姓一定会很幸福。可事实真是如此吗？

朱元璋规定职业承袭，父亲是木匠，子子孙孙都必须是木匠。他的本意是让木匠之家世世代代都能有一技之长，不至于饿死。可在我们现代人看来，这不就是限制和剥夺老百姓自由的行为吗？在朱元璋看来，自己给了老百姓一个安定祥和的社会环境，自己就是他们的再生父母。既然是父母，当然有资格决定子女将来的择业、婚嫁乃至丧葬问题。在朱元璋看来，自己是最英明的主子，老百姓们只要老老实实地按照他的规划，亦步亦趋地生活即可，甚至在出生时都不用带脑子，他早就给你规划好了。

我一直认为，朱元璋的行为暗合《道德经》中的某些观点，老子曾说："不尚贤，使民不争；不贵难得之货，使民不为盗；不见可欲，使民心不乱。是以圣人之治，虚其心，实其腹；弱其志，强其骨。常使民无知无欲，使夫智者不敢为也。为无为，则无不治。"

这段话的意思就是说，治国的最高准则，就是"养民如养猪"，他们只需要"无忧无恼，每日吃饱"，天下就可以实现大治。朱元璋不断地开创制度，他本人则带头遵守制度，目的就是为了达到"天下大治"。

当时的臣民是什么想法呢？恐怕是喜忧参半的。他们之所以喜，是因为在朱元璋之前，根本没有人愿意为老百姓规划一个"理想国"；之所以忧，是因为这个"理想国"对平民乃至官员都具有极强的束缚，很多人因此窒息而亡，朱元璋却置若罔闻。

这样的生活真能持久吗？这样的国家真是"理想国"吗？我没有资格下定论，只能把相关情况列出来，请读者们自行判断。你可以说朱元璋是"圣主"和"伟人"，也可以说他是"暴君"和"小人"，但有一点我们都无法否认，那就是关于朱元璋的争议将永远存在，因为社会的构成永远是复杂且多样化的。老百姓的利益诉求不一样，他们对"理想国"的看法不一样，对朱元璋的评价自然也不会一样。

通过不同的人，看到不同的朱元璋，进而发现不一样的明朝，这才是历史研究的最大乐趣，不是吗？